高等职业院校关务与外贸服务专业系列教材

全国职业院校关务技能大赛备赛参考书

跨境电商 通关实务

主 编◎季 琼 罗 鹏

副主编◎唐曼兰 孙国芳

中国海关出版社有限公司

中国·北京

图书在版编目（CIP）数据

跨境电商通关实务 / 季琼，罗鹏主编；唐曼兰，孙
国芳副主编. -- 北京：中国海关出版社有限公司，
2025. -- ISBN 978-7-5175-0903-5

Ⅰ. F713. 36

中国国家版本馆 CIP 数据核字第 2025FL7647 号

跨境电商通关实务

KUAJING DIANSHANG TONGGUAN SHIWU

策划编辑：景小卫
责任编辑：景小卫　王文静
责任印制：王怡莎
出版发行：中国海关出版社有限公司
社　　址：北京市朝阳区东四环南路甲 1 号　　　邮政编码：100023
编 辑 部：01065194242-7527（电话）
发 行 部：01065194221/4238/4246/4247（电话）
社办书店：01065195616/5127（电话）
　　　　　https://weidian.com/?userid=319526934（网址）
印　　刷：北京华联印刷有限公司　　　　　经　　销：新华书店
开　　本：787mm×1092mm　1/16
印　　张：16　　　　　　　　　　　　　　字　　数：380 千字
版　　次：2025 年 7 月第 1 版
印　　次：2025 年 7 月第 1 次印刷
书　　号：ISBN　978-7-5175-0903-5
定　　价：52.00 元

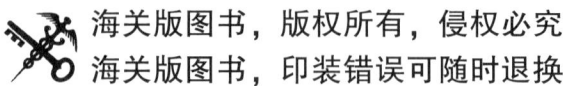

编委会

主　　编：季　琼　罗　鹏

副 主 编：唐曼兰　孙国芳

参编人员：朱小丽　李　颖

前　言

党的二十届三中全会指出，积极应对贸易数字化、绿色化趋势，创新发展数字贸易，推进跨境电商综合试验区建设。跨境电商是以科技创新为驱动，积极运用新技术、适应新趋势、培育新动能的外贸新业态新模式，为外贸经济增长发展提供新动能。2024年4月，商务部发布《数字商务三年行动计划（2024—2026年）》，提出"支持跨境电商赋能产业带，引导传统外贸企业发展跨境电商"。同年6月，商务部等九部门联合发布《关于拓展跨境电商出口推进海外仓建设的意见》，大力推进跨境电商海外仓的发展。

本书根据《代理报关服务规范》《报关服务作业规范》等行业标准、国家教学标准进行编写，突出职业教育"类型化"特征，本书的特色为：

一、岗课赛证融通

本书编写过程中坚持以岗位定技能，内容紧密围绕跨境电商通关行业的实际岗位需求设计，确保学生所学知识和技能能够直接应用于工作岗位。以技能定知识，课程知识由实训项目需要引出相关知识；以实训强素质，通过实训项目的交互过程强化学习者的素质。同时，本书融入技能大赛、职业技能等级证书的内容，通过"技能报国"栏目、实操演练等形式实现赛证融通，激发学生的学习兴趣和竞争意识，提高学生的实践能力和解决问题的能力，增强就业竞争力。

二、校企产教融合

本书组建了校企合作的编写团队，跨境电商通关的专家参与本书的编写和审定工作，确保内容的实用性和前沿性。围绕跨境电商通关模式分别设计实训项目，数据和素材来自跨境电商企业的真实案例，汇集了行业新动态和企业实际运营情况。书中内容按照"前期准备—通关申报—后期作业"的实际通关流程进行编排，章内采用"项目导入—操作分析—操作示范—知识链接—课后习题—能力实训"的编写顺序，实现了专业与岗位对接，课程内容与职业标准对接，教学过程与生产过程对接，学历证书与职业资格证书对接，职业教育与终身学习对接，有助于学习者系统掌握跨境电商通关业务操作，并将其应用于实践中。

三、学习资源多样

本书大部分项目都配备了操作流程图，在项目示范中还展示了通关环节的详细图例，同时附有实际操作中所设计的单证，有助于学习者快速学习，提高实操能力。本书还通过插入二维码拓展学习资源，设计"智关强国""数字中国""技能报国"等栏目，帮助学习者进一步了解跨境电商通关的前沿知识和行业动态。

本书由北京劳动保障职业学院季琼和广东科学技术职业学院罗鹏担任主编，唐曼兰、孙国芳担任副主编。其中，项目一由罗鹏、季琼编写，项目二由季琼、罗鹏编写，项目三由唐曼兰、季琼编写，项目四由罗鹏、季琼编写，项目五由孙国芳、季琼编写，项目六由罗鹏、季琼编写。浙江国际海运职业技术学院朱小丽老师、重庆城市管理职业学院李颖老师参加了部分章节的编写和实训项目资料的整理、编写工作。青岛领先物流有限公司仲杰、杭州乐链网络科技有限公司王薇和朱陈琛、宁波日晟报关代理有限公司等业内专家和机构提供了行业实践素材和业务指导。

本书的顺利出版，要感谢中国海关出版社的大力支持和帮助。本书在编写的过程中参考了大量的书籍和文献，在此一并向相关文献作者表示衷心的感谢。

由于本书编写时间仓促，编者水平和能力有限，书中难免有疏漏和不足，敬请广大读者提出宝贵意见，以便本书在再版时日臻完善。

编　者

2025 年 3 月

跨境电商业务案例选取和教学设计说明

为体现关务行业中代理报关服务这一代表性业务类型，并让师生了解不同关区海关监管和企业关务操作的差异，方便教与学的活动组织，编写团队主要选取了浙江和山东两地跨境电商通关实际业务代表性案例进行项目化设计。全书根据通关业务基本程序设计了 5 个工作领域，每个工作领域根据实际通关作业环节设计工作项目和典型工作任务（子任务）。为保守相关企业的商业秘密，书中项目任务所涉相关商业信息已进行改编，采用虚拟信息呈现①。因此，全书设定代理报关权是虚拟的宁波友达物流有限公司、青岛通达物流有限公司和青岛开源进出口报关有限公司的企业资质之一，并选取 3 家公司近年来经营的 10 票跨境电商通关业务作为典型工作任务（其中 5 票业务用于课中操作示范，另 5 票用于课后能力实训），进行系统化的教学任务设计和实施。具体设计如下：

一、代理报关企业基本信息

(一) 宁波友达物流有限公司（本书简称"宁波友达"）

该公司成立于 1996 年，是目前浙江地区规模较大、服务功能较齐全、综合实力较强的物流企业，并获得海关备案的"报关企业"资质。主要经营家纺类商品的进出口业务和海运、空运、陆运进出口货物的仓储物流、运输代理、报关报检实务等业务。公司信息如下：

地址：浙江省宁波市北仑区保税南区庐山西路 18×号

统一社会信用代码：91330200MA29888888

海关代码：3302482222

---

① 本书所涉及的公司名称、地址、代码、电话、人名等均为虚拟，如有雷同，纯属巧合。

检验检疫编码：3800916666

主管海关：甬保税区

办公电话及传真号码：0574-868228××

邮政编码：315800

法定代表人：唐志祥

联系人：舒达

联系电话：134292266××

本书展示的部分代表性业务由其具有一定经验的报关人员关慧通（联系电话134292215××）负责。

（二）青岛通达物流有限公司（本书简称"青岛通达"）

该公司是一家具有多种经营权的企业，既是物流企业又是报关企业。公司信息如下：

地址：山东省青岛市黄岛区黄河东路15×号

统一社会信用代码：91370214812036874U

海关代码：3702988888

检验检疫编码：3800926666

主管海关：前湾口岸

办公电话及传真号码：0532-86908×××

邮政编码：266599

法定代表人：孙宇辉

联系人：刘一丹

联系电话：188292266××

本书展示的部分代表性业务由其具有一定经验的报关人员仲良（联系电话189532622××）负责。

（三）青岛开源进出口报关有限公司（本书简称"青岛开源"）

该公司根据自身业务发展需要，在海外租用了海外仓。主要经营食品、保健品和化妆品等商品的进出口业务，以及海运、空运、陆运进出口货物的仓储物流、运输代理、报关报检等业务。公司信息如下：

地址：山东省青岛市市北区胶州路 1X 号

统一社会信用代码：91370211MA3TP9DD20

海关代码：3702W1111W

检验检疫编码：3702W1111W

主管海关：青岛大港

办公电话及传真号码：0532-5865×××

邮政编码：266011

法定代表人：朱可昂

联系人：罗大海

联系电话：139292288××

本书展示的部分代表性业务由其具有一定经验的报关人员纪元阳（联系电话 138392266××）负责。

二、主要跨境电商企业信息

（一）浙江飞驰电商发展有限公司（本书简称"浙江飞驰"）

该公司位于浙江省宁波市鄞州区首南街道泰康中路 99×号，统一社会信用代码：91330200MA29777777，企业法人：朱国强，联系人：罗建华，联系电话：139053233××。

（二）青岛海淘电子商务有限公司（本书简称"青岛海淘"）

该公司位于山东省青岛市市南区山东路 6 号甲 1 号楼 8888 户，统一社会信用代码：91370211334134905D，海关代码：3702W6123V，主管海关为"青岛大港"，企业法人：张刚，联系人：李荣，联系电话：139053200××。

（三）杭州智赢纺织有限公司（本书简称"杭州智赢"）

该公司位于浙江省杭州市，统一社会信用代码：913302010777777A，海关代码：3302934321，检验检疫编码：3800925555，主管海关为"杭州综保"。

三、主要跨境电商通关业务

2024 年上半年，关慧通、仲良和纪元阳了解到，多家公司均委托其进行跨境电商业务代理报关，本书选取其中 5 票代表性业务（涉及海关监管方式"1210""9610""9710"和"9810"）作为典型工作任务，根据业务流程的实施逐步展开。详情如下：

【代表性业务 1 详情】韩国洗发水进口通关

浙江飞驰于 2024 年 4 月以海运拼箱运输方式、T/T（Paypal）支付方式和 CIF 贸易术语，从韩国进口一批洗发水，货物从北仑港进境，在一线清关后储存于宁波综合保税区的区内企业宁波达联达跨境科技有限公司（统一社会信用代码：91330206MACJ9R0P××，海关代码：33029607××，主管海关为"甬北城办"，地址：浙江省宁波保税区兴业大道 2 号 A8××室）保税仓库，然后在电商平台上架进行销售。消费者下单购买商品后，该公司将从保税区进行清关出区，通过国内快递运输将包裹送往消费者的手中。该公司现委托宁波友达办理该票跨境商品的通关业务。宁波友达安排其报关人员关慧通完成相关通关事务。

【代表性业务 2 详情】韩国化妆品保健品进口通关

国内个人消费者在青岛海淘电子平台已经下了 51 个订单（总金额为人民币 27681.4 元），青岛海淘安排海外商家将货物集货至韩国指定海外仓，在海外仓按照订单进行分拣打包、粘贴面单。货物在韩国进行出口申报，申报放行后通过空运运输至青岛，青岛通达负责此批货物的清关，委托陆路监管车辆青岛璐璐通运输有限公司（承运单位编号：718048281）派汽车鲁 UK5910（境内运输工具编号：4227015058），将货物存放于海关监管场所经营企业青岛跨国购电子商务产业园有限公司（3702266666）的跨境产业园，并委托国内物流企业青岛通达（3702988888）负责物流相关事宜。海关清单申报完成后交接指定快递，将货物送往国内消费者的手中。具体信息如下：

主单号：98820127586/订单数：51 单/毛重：298kg/尺码：1.5CBM/内件数：51/航班号：OZ317/航班日期：20240624/申报金额：27681.4 元人民币。

【代表性业务 3 详情】中国纺织品出口美国通关

杭州智赢于2024年3月将一批床罩、被子、枕套等纺织品提前备运到杭州综合保税区，存放于区内企业杭州瀚涵物流有限公司仓库，然后将商品从杭州综合保税区运往AMAZON仓库，待境外消费者下单后，从海外仓快递商品给境外消费者。在全国通关一体化背景下，由于该公司与宁波友达建立了长期友好合作关系，现委托宁波友达办理该批商品的入区、出区和出口等环节的通关事务。

【代表性业务4详情】 中国轻工纺织日杂百货出口加拿大通关

加拿大消费者在跨境电商平台eBay付款下单购买个人跨境网购商品。青岛海淘（3702W6123V）负责收集此批加拿大消费者在eBay平台下单的各种商品，然后集货至深圳宝通物流有限公司通过陆路运输至青岛跨国购电子商务产业园有限公司，青岛海淘以汇总申报方式向海关申报订单、收款单、清单、清单总分单、汇总申请单；委托国内物流企业青岛通达向海关申报运单、离境单；委托海关监管场所经营企业青岛跨国购电子商务产业园有限公司向海关申报运抵单。海关清单核放后，通过航空运输出口至加拿大，将货物送往加拿大消费者的手中。具体资料信息如下：

主单号：78464557430/订单数：21单/箱数：21箱/毛重：9.393kg/净重：8.904kg/尺码：0.3CBM/内件数：32/航班号：CZ8117/航班日期：20240616/申报金额：203.763美元。

【代表性业务5详情】 家居家纺类产品出口日本海外仓通关

LOFT.Co，.Ltd日本海外仓（已在中国海关备案）与青岛海淘在跨境电商平台eBay达成一笔出口订单交易，交易订仓单编号：eBay1001。LOFT.Co，.Ltd采购了三脚架100箱、不锈钢置物架200箱、浴室拖鞋20箱、女式针织棉制睡衣套装30箱、直杆伞20箱，合计370箱。青岛海淘以电商企业主体的身份委托青岛开源（3702W1111W）以报关单模式向海关申报。报关单放行后，装载以上货物的1*40GP集装箱船期为2024年6月27日，通过水路运输，出口至LOFT.Co，.Ltd日本海外仓。仓库详情如下：

企业和海外仓名称：LOFT.Co，.Ltd

设立方式：自建

中国海关备案编码：JAAA 1234 220101 1234

地址：1-11-1 NAKATSU KITA-KU OSAKA 531-0071JPN

根据所在报关企业的关区地理位置，为方便通关业务的开展，关慧通负责代表性业务1和3，仲良负责代表性业务2和4，纪元阳负责代表性业务5。

目 录

二维码索引 ◆────────────────────

项目一

跨境电商通关业务
相关资质审查及办理

学习目标

【知识目标】

1. 识记海关的基本职能；

2. 区分海关对不同类型跨境电子商务相关企业的监管要求；

3. 熟悉跨境电商物流账册与核销要求。

【能力目标】

1. 能够熟练地查询和审核跨境电子商务相关企业资质；

2. 能够通过教学软件或现实场景，查询和模拟协助办理跨境电子商务相关企业资质；

3. 能够办理跨境电商物流账册备案。

【素质目标】

1. 培养学生秉持遵纪守法、合规经营的职业原则；

2. 培养学生关务风险识别和判断意识；

3. 培养学生良好的职业行为。

思维导图

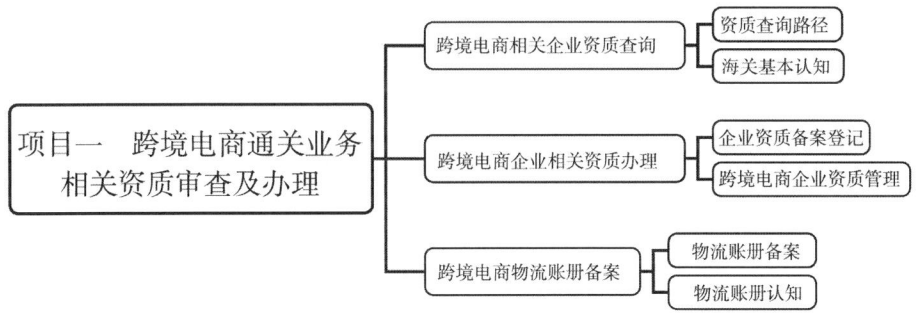

项目导入

党的二十届三中全会明确指出，创新发展数字贸易，推进跨境电商综合试验区建设。2025 年《政府工作报告》也指出，促进跨境电商发展，完善跨境寄递物流体系，加强海外仓建设。为推动跨境电商新业态发展，国家持续加大对跨境电商支持政策措施的宣传和引导，释放跨境电商优势和潜力，培育外贸新动能。在当今严峻的国际经济形势下，跨境电子商务作为国际贸易新业态，有效促进了我国外贸的稳步发展，许多传统外贸企业纷纷开展跨境电子商务业务，跨境电商通关业务量也相应增加。但是，一些报关企业发现，许多委托报关的跨境电商企业缺乏跨境电商通关的相关资质，需要临时办理，增加了通关时间和额外的人力与经济成本。因此，在接到相关跨境电商业务时，要做好跨境电商相关资质的预审与办理，确保跨境电商业务顺利展开。2024 年上半年，关慧通、仲良、纪元阳分别接到浙江飞驰电商发展有限公司、杭州智赢纺织有限公司、青岛海淘电子商务有限公司等多家公司委托其进行跨境电商业务代理报关的意向，于是开始对接业务，并根据企业相关信息与业务信息进行操作处理。

任务 1-1　跨境电商相关企业资质查询

《中华人民共和国海关法》（以下简称《海关法》）第十条规定："报关企业接受进出口货物收发货人的委托，以委托人的名义办理报关手续的，应当向海关提交由委托人签署的授权委托书，遵守本法对委托人的各项规定。报关企业接受进出口货物收发货人的委托，以自己的名义办理报关手续的，应当承担与收发货人相同的法律责任。委托人委托报关企业办理报关手续的，应当向报关企业提供所委托报关事项的真实情况；报关企业接受委托人的委托办理报关手续的，应当对委托人所提供情况的真实性进行合理审查。"

换言之，如果代理报关企业向海关报关时发生伪报、瞒报行为的，由海关按照法律的规定追究报关企业的经济责任。代理报关企业因被海关暂停或取消报关权所发生的与委托人之间的经济纠纷，责任自负。因此，在与委托人签订代理报关服务合同和代理报关委托协议前，代理报关企业的报关服务人员必须从跨境电商场景"人、货、场"入手，分析和审核业务的合理性。

根据《关于跨境电子商务零售进出口商品有关监管事宜的公告》（海关总署公告2018年第194号）、《关于跨境电子商务企业海关注册登记管理有关事宜的公告》（海关总署公告2018年第219号）规定，以跨境电商的方式进行进出口货物的报关，跨境电商业务经营人（即进出口货物收发货人、代理报关业务中的委托方）需具备跨境电商企业的资质。因此，报关单位要确认委托人是否具备跨境电商企业资质。可以通过以下两种途径进行查询。

一、通过登录"中国海关企业进出口信用信息公示平台"进行查询

查询人直接输入企业名称或统一社会信用代码进行查询，或者进入跨境电子商务企业名录模块进行查询，如图 1-1 所示：

图1-1　中国海关企业进出口信用信息公示平台查询示例

根据查询结果，可以判断委托企业是否具备跨境电商企业资质。如出现本企业信息，则备案已通过；如暂未出现，则备案未完成或公示数据存在延迟推送。企业可联系备案地海关咨询。如果申请企业没有跨境电商企业资质，就需要办理相应的资质。

二、通过"互联网+海关"一体化网上办事平台或者中国国际贸易"单一窗口"进行查询

企业登录中国国际贸易"单一窗口"（https：//www.singlewindow.cn/），点击"业务应用—口岸执法申报—企业资质—行政相对人统一管理3.0—综合查询—备案信息查询"，当查询状态显示"生效"时，表示已在海关完成备案（如图1-2所示）。

图1-2　报关单位备案查询界面

除了审核上述资质以外，报关企业还需要审核委托人下列信息：

1. 企业营业执照：确认经营范围是否包含所要进出口的商品；

2. ICP备案：跨境电商平台企业除了做ICP备案，还需办理"电信增值业务经营许可证"；

3. 经营平台网址：跨境电商企业需要向海关说明销售网址，比如入驻的第三方平台、自建站等。

除了查询上述资质外，委托企业的经营范围如果涉及特殊业务，还需要查询其是否具备相应的资质。

操作示范

关慧通等3名报关人员通过"中国海关企业进出口信用信息公示平台"查询了（由于企业名称是虚拟名称，查询动作亦为虚拟）代理报关委托人浙江飞驰电商发展有

限公司、杭州智赢纺织有限公司、青岛海淘电子商务有限公司的企业资质，如图 1-3 所示（以浙江飞驰电商发展有限公司为例）。

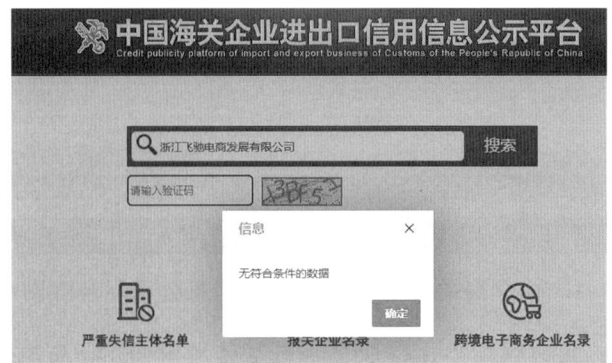

图 1-3　浙江飞驰电商发展有限公司企业资质查询

通过查询可以看出，浙江飞驰电商发展有限公司目前没有完成海关报关单位备案，也没有跨境电商企业资质，需要立即办理相关资质。其余企业的查询方式也是一样。除了海关报关单位备案和跨境电商资质以外，上述公司的业务范围如果涉及特殊业务，如进口食品等，还需要核查其是否具备相应的企业资质。具体资质种类查询表格及操作示范详见本书配套教学资源 SCY1-1。

海关基本认知

一、认识海关

1. 海关含义

《海关法》第二条规定："中华人民共和国海关是国家的进出关境监督管理机关。"海关是国家行政机关，代表国家对进出境的货物、运输工具、行李物品、邮寄物品等实施监督管理。

2. 海关职能

二维码 1-1　海关职能

《海关法》第二条规定，海关主要有 4 项职能，即监督管理、征收税费、查缉走私、海关统计。随着原出入境检验检疫管理职责和队伍划入海关，检验检疫职能也成为海关的主要职能之一。

海关实行垂直领导体制，即海关总署、直属海关和隶属海关三级行政管理体系。海关总署为国务院直属机构，领导 42 个直属海关，隶属海关是海关职能基本执行单位。

3. 海关改革

二维码 1-2　两中心、三制度

海关积极推进全国通关一体化改革。通关一体化模式的核心是"两中心""三制度"。"两中心"即设立全国海关风险防控中心和税收征管中心；"三制度"即实施"一次申报、分步处置""税收征管方式改革"和"协同监管"。

随着关检融合改革深入，海关在保持作业流程和业务架构不变的前提下，执法内容得到拓展，管理手段也延伸至供应链全流程。

智关强国

以海关之"智"服务强国之"强"

党的二十届三中全会指出，要深化外贸体制改革，推进通关、税务、外汇等监管创新，营造有利于新业态新模式发展的制度环境。2025 年《政府工作报告》中也明确提出，"扩大高水平对外开放""加大稳外贸政策力度""推进智慧海关建设与合作，提升通关便利化水平"。智慧海关建设作为稳外贸的重要抓手，正以科技创新驱动监管与服务模式变革，护航外贸高质量发展，为高水平开放注入新动能。

智能化提升通关便利。AI 审图实现"秒级通关"，无人机巡检、智能单兵、智能查验台等 40 多种智能装备设施在防范外来物种入侵、查缉走私等工作中发挥了日益重要的作用；通过移动式木材 AI 鉴定，实现对上百种木材和昆虫的即时鉴定，智能初筛可在 10 分钟内完成；铁矿石等大宗商品智能监管场景实现在线实时检测和智能研判处置，使货物通关时长大幅压缩，船舶靠港停留等费用显著降低。

大数据应用助力智慧监管。海关搭建大数据通用分析平台，引入机器学习等技术汇聚业务系统数据、部委交换数据、外部数据、国际合作数据以及互联网采集数据等供应链数据。截至 2025 年 5 月，大数据池已经汇入各类数据达 2600 多亿条。海关开发了多个大数据业务应用模型，开展监测预警、风险分析、智能布控。通过大数据模型自动布控辅助人工精准分析布控，实现高风险精准识别，减少实货查验。在科技赋能下，海关监管从"人盯货"转向"数智控"，实现通关效率与安全双提升。

中国海关推动海关监管业务流程以数字化、智能化方式实现优化再造，深化人工智能等技术的实战应用，打造"无感通关、智能监管、无事不扰、无处不在"的监管新模式。中国海关认真贯彻落实习近平总书记重要讲话和重要指示批示精神，切实履行守国门、促发展职责使命，持续深化海关监管制度改革创新，促进高质量发展高水平开放，以海关工作现代化服务和助推中国式现代化。

资料来源：《中国国门时报》，有删改

二、报关与报关单位

报关是指进出境运输工具的负责人、进出境物品的所有人、进出境货物的收发货人或其代理人向海关办理进出境手续的全过程。报关可分为自理报关和代理报关。自理报关是指进出口货物收发货人自行办理报关手续。代理报关是指接受进出口货物收发货人的委托,代理办理报关手续。

代理报关又分为直接代理报关和间接代理报关。直接代理报关是以委托人的名义报关,代理人代理行为的法律后果直接作用于被代理人;间接代理报关是以报关企业自身的名义报关,报关企业承担其代理行为的法律后果。我国报关企业大都采用直接代理报关,间接代理报关只适用于经营快件业务的国际货物运输代理企业。

报关单位是指依法在海关注册(备案)登记的进出口货物收发货人和报关企业。根据《中华人民共和国海关报关单位备案管理规定》(海关总署令第 253 号),从 2022 年 1 月 1 日起,企业可以同时备案为进出口货物收发货人和报关企业,应先后提出申请,海关分别核发不同经营类别的海关备案编码。报关单位的备案登记证书有效期为长期有效。

任务 1-2 跨境电商企业相关资质办理

根据《关于跨境电子商务零售进出口商品有关监管事宜的公告》(海关总署公告 2018 年第 194 号)规定,跨境电子商务平台企业、物流企业、支付企业等参与跨境电子商务零售进口业务的企业,应当向所在地海关办理备案登记;境外跨境电子商务企业应委托境内代理人向该代理人所在地海关办理备案登记。

根据上述规定,跨境电商企业要想获得跨境电子商务业务的资质,需要完成以下操作:

一、办理海关报关单位备案登记

跨境电子商务企业需要进行报关单位备案,其中已备案的进出口货物收发货人需要办理变更业务备案申请,增列跨境电商业务。仅在跨境电商平台上从事跨境电商零售业务并通过行邮渠道邮寄商品的跨境电商企业无须办理报关单位备案。

跨境电子商务企业在"多证合一"模式下办理市场监管部门市场主体登记时,可以同步办理报关单位备案,只需要登记时勾选报关单位备案,并补充填写相关备案信息。市场监管部门按照"多证合一"流程完成登记,并在国家市场监管总局层面完成与海关总署的数据共享,企业无须再向海关提交备案申请。

企业未选择"多证合一"方式提交申请的,仍可通过国际贸易"单一窗口"或"互联网+海关"一体化网上办事平台提交报关单位备案申请,申请人可以同时备案进出口货物收发货人、报关企业，但应先后提出申请，海关分别核发不同经营类别的海关备案编码。具体流程如下。

第一步：填写信息，提交申请。

企业登录中国国际贸易"单一窗口"，通过"口岸执法申报—企业资质"子系统，或登录"互联网+海关"一体化网上办事平台（http://online.customs.gov.cn/），通过"企业管理和稽查—进出口货物收发货人备案或报关企业备案"子系统填写相关信息，并向海关提交申请。

第二步：查询和打印备案申请表。

企业登录中国国际贸易"单一窗口"，进入"企业资质"板块下的"申请单查询"页面，可以查询备案申请的受理进度。若页面呈现"海关入库成功，转人工审核"的提示，表明企业的备案申请已成功提交至海关系统。当页面显示"审核通过"时，表明海关已完成对该备案申请的审核流程，备案业务已经完成。

企业申请人在确认海关备案成功信息后，根据需要可登录中国国际贸易"单一窗口"，通过"业务应用—口岸执法申报—企业资质—行政相对人统一管理3.0—企业备案—备案申请—备案回执申请—备案回执打印"，打印已加盖"中华人民共和国海关进出口货物收发货人备案专用章"的《海关进出口货物收发货人备案回执》（如图1-4所示）。完成备案后的报关单位，同时获得报关、报检两项资质。

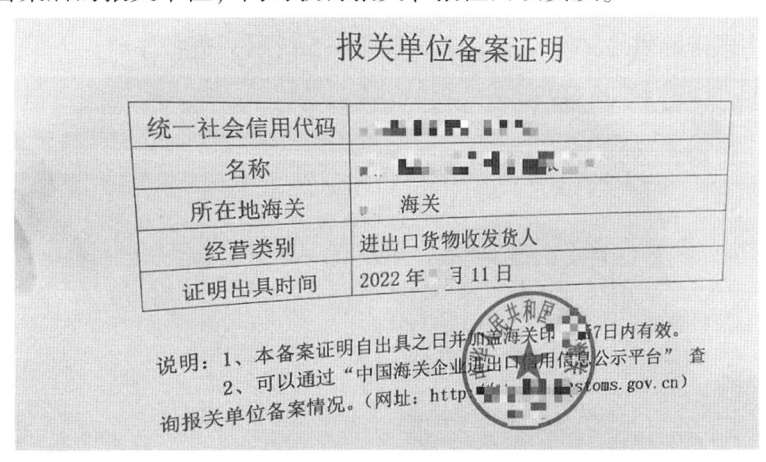

图1-4 进出口货物收发货人备案回执样本

二、办理跨境电子商务企业类型备案

1. 办理备案

对于尚未完成海关报关单位备案的跨境电子商务相关企业，可以在进行报关单位备案的同时，一并完成跨境电子商务企业类型备案；对于已经办理了海关报关单位备案的企业，则可通过变更企业信息的方式进行跨境电子商务企业类型备案。具体流程如下。

第一步：办理电子口岸IC卡。

跨境电子商务相关企业需要在中国电子口岸注册企业用户，办理电子口岸IC卡。

第二步：跨境电子商务企业类型备案。

需要办理跨境电子商务企业备案，且按照规定需要在海关进行报关单位备案的新企业，可以在中国国际贸易"单一窗口"的"行政相对人统一管理3.0"或"互联网+海关"一体化网上办事平台的"企业管理和稽查"模块，申请报关单位备案，同时办理跨境电子商务企业备案。已经办理报关单位备案登记的企业，需要通过申请备案登记变更的方式向海关申请跨境电子商务企业备案，变更时需要勾选对应企业类型，可复选。如通过"单一窗口"申请变更需使用电子口岸IC卡插卡登录。提交申请时，应在"经营范围"栏目注明"跨境电子商务类型""跨境电子商务网站网址"。海关受理后，予以确认，即可完成备案。

2. 申请海关传输编号（DXPID）和数字签名证书

跨境电子商务企业在海关办理报关单位备案登记之后，还需要在本地的跨境电商通关服务平台上办理企业备案，申请海关传输编号（DXPID）和数字签名证书。海关审批通过后备案完成，申请人可以通过委托人端或者API对接模式传输跨境电商相关数据。具体流程各地会有差异，下面以中国国际贸易"单一窗口"为例进行说明。

第一步：完成电子口岸委托人服务平台注册登记。

已经完成电子口岸备案的企业，可以直接使用卡介质或者账号进行登录。企业进入中国国际贸易"单一窗口"，点击"立即注册"填写相应资料。

（1）在中国国际贸易"单一窗口"（如图1-5所示）进行注册。

图1-5　中国国际贸易"单一窗口"备案申请界面

（2）"海关企业注册备案"申请。登录中国国际贸易"单一窗口"，登录后选择"中央标准应用—企业管理—企业资质—行政相对人统一管理3.0"，进入系统后，点击左边菜单栏中的"资质备案—备案申请"，填写完信息后点击"申报"，等待审批通过即可。

第二步：完成数据交换平台和数字签名证书申请。

注册成功后，平台会给企业分配操作员账号和密码，企业则需要提交下列资料：①所有企业都要提交《中国电子口岸跨境电子商务业务开户申请表》；②申请海关传输编号（DXPID）的企业，需上传《电子口岸数据交换平台用户申请表》；③申请数字签名证书的企业，需上传《数字签名技术服务委托书》《中国电子口岸数字证书服务申请受理登记表》《中国电子口岸企业情况登记表》；④企业可同时申请海关传输编号和数字签名证书，也可先申请海关传输编号，再申请数字签名证书。

第三步：进行委托人端/API 对接。

（1）海关审核完成后，会分配 DXPID 等信息，平台客服会通知企业相关申请已完成。企业可至"系统管理—委托人端配置查询"模块查询相关数据。

（2）系统支持企业通过委托人端或者 API 对接模式传输数据，企业完成跨境电商委托人端配置、各业务类型报文生成后，即可开展跨境电商业务。

操作示范

根据查询结果，关慧通发现浙江飞驰尚未进行报关单位备案，也未获得跨境电商企业资质，于是立刻通知对方办理相关资质。

一、"单一窗口"备案

企业使用中国电子口岸 IC 卡登录中国国际贸易"单一窗口"，点击"中央标准应用—企业管理—企业资质"。

进入系统后，点击"行政相对人统一管理 3.0—资质备案—备案申请"，选择备案的资质类型，支持多选，一次可备案多个资质，各个资质间有互斥关系校验，请根据提示信息选择可同时备案的资质类型，点击最下方"确定"按钮。在线填写相关信息，点击"打印报关单位备案信息表"，并通过"添加文件"上传加盖公章的"报关单位备案信息表"，如图 1-6 所示。

图 1-6　中国国际贸易"单一窗口"备案申请界面

二、接入备案

提交"报关单位情况登记表"和申请书、营业执照副本各一份（均需加盖企业公章），开通通关服务平台的相应权限。

三、申请数据传输 ID

打开"互联网+海关"一体化网上办事平台，使用中国电子口岸 IC 卡登录，依据提示录入信息并上传相关资料，宁波数据分中心会根据数据中心反馈的数据传输 ID，通过系统告知申请企业申请的 DXPID、本地系统账号、客户端许可证以及开通本地数据传输通道。所需的申请材料如下：

1. 跨境电商统一版系统企业接入申请表；
2. 电子口岸数据交换平台用户申请表；
3. 数字签名技术服务委托书；
4. 被委托人身份证正反面扫描件。

四、申报报文传输方式

申报报文可通过客户端和接口两种方式进行传输。

1. 企业使用浏览器打开宁波电子口岸官网，点击"客户服务—下载中心—应用下载—跨境电商客户端安装（进出口）"。

2. 下载完成后，解压文件将获取安装文件及客户端操作手册，根据客户端操作手册指引进行操作即可。

至此，浙江飞驰完成了跨境电商企业资质、报关单位及相关资质海关备案，结果如下：海关代码为 3302934321，检验检疫编码为 3800925555，主管海关为"鄞州海关"。与此同时，关慧通等报关人员查询和确认了其他委托人的相关资质和信息并补办了缺少的资质。

知识链接

跨境电商企业资质管理

一、海关对跨境电子商务相关企业的管理

跨境电子商务是指分属不同关境的交易主体，通过电子商务平台达成交易、进行支付结算，并通过跨境物流送达商品、完成交易的一种国际商业活动。

1. 跨境电子商务相关企业

"跨境电子商务企业"是指自境外向境内消费者销售跨境电子商务零售进口商品的境外注册企业（不包括在海关特殊监管区域或保税物流中心内注册的企业），或者境内向境外消费者销售跨境电子商务零售出口商品的企业，为商品的货权所有人。

"境外跨境电商企业的境内代理人"是指开展跨境电子商务零售进口业务的境外注册企业所委托的境内代理企业，由其在海关办理注册登记，承担如实申报责任，依法接受相关部门监管，并承担民事责任。

"跨境电子商务平台企业"是指在境内办理工商登记，为交易双方（消费者和跨境电子商务企业）提供网页空间、虚拟经营场所、交易规则、信息发布等服务，设立供交易双方独立开展交易活动的信息网络系统的经营者，包括自营平台和第三方平台，境内平台和境外平台。向海关实时传输施加电子签名的跨境电商零售进口交易电子数据，并对交易的真实性进行审核，承担相应责任。

"跨境电子商务物流企业"是指在境内办理工商登记，接受跨境电子商务平台企业、跨境电子商务企业或其代理人委托为其提供跨境电子商务零售进出口物流服务的企业。

"跨境电子商务支付企业"是指在境内办理工商登记，接受跨境电子商务平台企业或跨境电子商务企业境内代理人委托为其提供跨境电子商务零售进口支付服务的银行、非银行支付机构以及银联等。

"跨境电子商务监管场所经营人"一般指跨境电子商务监管作业场所经营人、仓储企业。根据海关《关于跨境电子商务零售进出口商品有关监管事宜的公告》（海关总署公告 2018 年第 194 号）的规定，跨境电子商务监管场所经营人应当建立符合海关监管要求的计算机管理系统，并按照海关要求交换电子数据。

"消费者（订购人）"是指跨境电子商务零售进口商品的境内购买人。

2. 跨境电子商务企业注册（备案）登记要求

跨境电子商务平台企业、物流企业、支付企业等参与跨境电子商务零售进口业务的企业，应当依据《中华人民共和国海关报关单位备案管理规定》（海关总署令第 253 号）相关规定，向所在地海关办理备案登记；境外跨境电子商务企业应委托境内代理人向该代理人所在地海关办理备案登记。跨境电商企业申请进出口货物收发货人、报关企业备案的，应当取得市场主体资格。

参与跨境电子商务业务的物流企业还应获得国家邮政管理部门颁发的《快递业务经营许可证》。其分支机构向邮政管理部门备案并列入《经营快递业务的分支机构名录》的，可以办理物流企业注册登记。直购进口模式下，物流企业应为邮政企业或者已向海关办理代理报关登记手续的进出境快件运营人。

支付企业为银行机构的，应具备银保监会或者原银监会颁发的《金融许可证》；支付企业为非银行支付机构的，应具备中国人民银行颁发的《支付业务许可证》，支付业务范围应当包括"互联网支付"。

二、跨境电子商务企业信用管理

1. 含义与分类

AEO 是 Authorized Economic Operator 的英文缩写，即"经认证的经营者"，是指以任何一种方式参与货物国际流通、符合海关总署规定标准的企业。

海关依据企业的信用状况将报关单位分为高级认证企业、失信企业和其他企业三种类型，并分别实行相应的信用管理措施。高级认证企业是中国海关 AEO，海关对高级认证企业实施便利的管理措施，对失信企业实施严格的管理措施，对其他企业实施常规的管理措施。

海关根据社会信用体系建设有关要求，与国家有关部门实施守信联合激励和失信联合惩戒，推进信息互换、监管互认、执法互助。

2. 管理措施

按照《中华人民共和国海关注册登记和备案企业信用管理办法》（海关总署令第251号）的规定，高级认证企业是中国海关 AEO，适用以下管理措施：

（1）进出口货物平均查验率低于实施常规管理措施企业平均查验率的20%，法律、行政法规或者海关总署有特殊规定的除外；

（2）出口货物原产地调查平均抽查比例在企业平均抽查比例的20%以下，法律、行政法规或者海关总署有特殊规定的除外；

（3）优先办理进出口货物通关手续及相关业务手续；

（4）优先向其他国家（地区）推荐农产品、食品等出口企业的注册；

（5）可以向海关申请免除担保；

（6）减少对企业稽查、核查频次；

（7）可以在出口货物运抵海关监管区之前向海关申报；

（8）海关为企业设立协调员；

（9）AEO 互认国家或者地区海关通关便利措施；

（10）国家有关部门实施的守信联合激励措施；

（11）因不可抗力中断国际贸易恢复后优先通关；

（12）海关总署规定的其他管理措施。

二维码 1-3　失信企业认定及其管理措施

智关强国

AEO 制度与中国贸易便利化

2024 年 5 月，第六届全球"经认证的经营者"（AEO）大会在中国深圳市举办，主题为"发挥 AEO 制度优势，促进包容和可持续的全球贸易"，全球 AEO 大会正式进入中国时间、深圳时刻。

自 2012 年开始，全球 AEO 大会已经举办过五届。在韩国首尔，世界范围内海关和地区组织实施 AEO 项目的进展、AEO 互认面临的挑战等议题被多次提及；在西班牙马德里，世界海关组织秘书长强调海关与商业伙伴关系是推进全球 AEO 项目发展、加快和帮助世界贸易组织成功实施贸易便利化协定的关键；在墨西哥坎昆，来自 80 个国家（地区）的 1000 多名代表共同探讨全球贸易的安全演化。

第六届全球 AEO 大会是中国海关承办的重大全球性会议，进一步展示中国新时代改革开放发展成就，诠释中国式现代化是走和平发展道路的现代化，形成更大范围、更宽领域、更深层次对外开放格局，在推动共建"一带一路"，助推我国高水平对外开放、促进高质量发展方面具有积极作用。

2008 年，中国海关正式实施 AEO 制度，并将世界海关组织有关认证标准与国家社会信用体系建设要求有机结合，建立了具有中国特色的 AEO 制度体系。2019 年 4 月 26 日，国家主席习近平在第二届"一带一路"国际合作高峰论坛开幕式上的主旨演讲中，作出"加快推广'经认证的经营者'（AEO）国际互认合作"的重要指示。

截至 2025 年 3 月，我国共与新加坡、欧盟、南非等 31 个经济体签署 AEO 互认协议，覆盖 57 个国家（地区），其中，共建"一带一路"国家（地区）增加至 38 个，互认协议签署数量和互认国家（地区）数量居全球"双第一"。

资料来源：中国海关传媒，有删改

任务 1-3 跨境电商物流账册备案

操作分析

根据《关于进一步规范综合保税区电子账册管理有关事项的公告》（海关总署公告 2023 年第 158 号）的规定，企业在综合保税区内开展保税货物存储、物流分拨等业务，应当设立物流账册。企业申请设立物流账册，应当如实向海关备案仓储地址、仓储面（容）积等信息。物流账册实施记账式管理，企业可以根据实际需要，自主选择账册记账模式为可累计或不累计。同时，根据《关于实施保税物流账册核销管理的公告》（海关总署公告 2024 年第 174 号），自 2025 年 1 月 1 日起，对保税物流账册实施核销管理。

关慧通在审核完客户的企业资质和商品之后，在进一步确认仓储物流时，发现浙江飞驰拟将跨境进口货物先存放于综合保税区内，杭州智赢的货物拟从综合保税区出境，但是两家公司并没有办理相关的仓储物流手续，没有保税物流账册。因此，需要提前建立保税物流账册。

操作示范

根据浙江飞驰和杭州智赢的业务需要，结合宁波友达拥有北仑港综合保税区区内自营仓库的情况，关慧通于 2024 年 1 月 31 日开始督促客户在中国国际贸易"单一窗口"办理物流账册备案手续，申请的账册有效期截至 2024 年 12 月 31 日。本书以【代表性业务 1】进行操作示范。具体操作如下：

1. 登录中国国际贸易"单一窗口"或者"互联网+海关"一体化网上办事平台，进入"海关特殊监管区域"界面。

一般情况下，物流账册备案时，可以使用物流公司的操作员卡通过上述两种方式进入相关页面。

2. 填写备案表相关信息。

关慧通进入保税物流账册申请界面，如图 1-7 所示，实训表格另见配套教学资源 SCY1-2。

图 1-7　"单一窗口"保税物流账册申请界面

（1）"经营单位编码""经营单位社会信用代码""经营单位名称"栏目，填写区内仓库经营者的相关信息。

（2）"申报单位编码""申报单位社会信用代码""申报单位名称"栏目，填写区内仓库经营者或者电商企业的相关信息。

（3）"申报单位类型"栏目的填写。申报单位类型分为"企业""代理公司""报关行"三种，根据仓库经营者和账册申请者的关系填写。如果账册用于存储区内企业（仓库经营者拥有进出口货物收发货人、报关企业资质）自身的货物，选填"企业"；如果账册用于存储电商公司的货物，并由区内企业代理电商公司办理账册，选填"代理公司"；如果申报单位只具有报关企业资质，选填"报关行"。

该任务中，由于宁波友达为浙江飞驰代办物流账册备案业务，因此选填"代理公司"。

（4）"主管海关"栏目，填写区内企业或仓库经营单位所属海关名称。

该任务中，根据前文所述宁波友达公司的详情，此栏填写"甬保税区"。

（5）"区域场所类别""企业类别"栏目的填写。区域场所类别和企业类别共 17 种，分别为：A-保税物流中心 A；B-保税物流中心 B；D-公共保税仓库；E-液体保税仓库；F-寄售维修保税仓库；G-暂为空；H-特殊商品保税仓库；I-备料保税仓库；J-国内结转监管仓；K-保税区；L-出口加工区；M-保税物流园区；N-保税港区；P-出口配送监管仓；Q-跨境工业园区；S-特殊区域设备账册；Z-综合保税区。

该任务中，根据前文所述宁波友达所在的区域，此栏填写"Z-综合保税区"。

（6）"申报类型"栏目的填写。申报类型分为"备案""变更"两种。该任务中，由于是第一次办理物流账册备案，所以填写"备案"。

（7）"仓库代码""仓库名称"栏目的填写。仓库代码填写仓库经营者的海关代码，仓库名称填写仓库经营者的单位名称。

（8）"记账模式"栏目的填写。记账模式分为"可累计""不累计"两种，企业需要向海关确认填写哪种。

该任务中，经与海关确认，选填"不累计"。

（9）"账册用途"栏目的填写。账册用途分为"进口跨境电商""出口跨境电商""海外仓"三种。

该任务中，由于商品从韩国进口，因此选填"进口跨境电商"。

（10）"录入单位编码""录入单位社会信用代码""录入单位名称"栏目，填写实际录入单位信息，一般与经营单位信息一致。

该任务中，填写宁波友达的相关信息。

（11）"备注"栏目，一般填写仓库租用方账册信息，如"×××电商公司跨境保税仓专用账册""×××电商公司网购保税进口专用账册"等字样。

关慧通填制的保税物流账册备案表如图1-8所示：

图1-8　"单一窗口"保税物流账册备案表填制

智关强国

"账册互转"助力跨境电商高质量发展

2024年8月，青岛阿兰朵电子商务有限公司通过"互联网+海关特殊区域系统"向青岛海关所属青岛胶东机场海关分别提交进、出口保税核注清单，将其物流账册项下的一批干红葡萄酒转入其跨境电商账册，这标志着青岛空港综保区首票"账册互转"保税进口业务顺利开展。

与以往不同的是，这批跨境电商货物不是直接从境外进口，而是由其公司物流账册结转而来。海关通过电子账册对综保区内保税货物的进、出、转、存和耗用情况进行管理，凭保税核注清单增减账册。账册分为加工账册、物流账册、设备账册等，企业根据生产经营的实际状态选择相匹配的账册类型，账册的特定用途范围不得随意扩大。"账册互转"模式打破了以往保税账册管理的"壁垒"，将进一步促进网购保税跨境电商的多元发展。

据介绍，"账册互转"模式保税货物和跨境电商货物同仓运作、账册互转，依托该模式，混合经营一般贸易、跨境电商等多业态的企业可以根据市场需求，一站式完成多种贸易方式的分拨、集拼等业务，进一步提升企业储备货物能力，降低多业态综合运营成本，提升市场竞争力。在满足监管要求的同时，通过不同属性账册间数据互转，打通账册管理壁垒，实现货物状态无缝转换，有助于提升特殊区域拓展跨境电商、集拼分拨等功能，促进新型贸易业态融合发展。

资料来源：《中国国门时报》，有删改

知识链接

跨境电商物流账册

一、物流账册的含义与功能

1. 物流账册的含义

物流账册是区内物流企业开展仓储业务前必须向主管海关申请建立的电子底账，是企业向海关申报进出区货物的电子凭证，是海关为控制和记录企业申报进出及存仓货物所建立的电子数据账册。

2. 物流账册的功能

物流账册模块能够实现物流账册的备案新增、修改、删除、申报、查询、变更、打印等功能。企业可自行录入或者委托预录入机构完成物流账册数据录入，录入完成后向海关发送申报信息。海关收到物流账册信息后，由关员进行审核，审核后将审核结果发送至中国电子口岸。企业可通过中国电子口岸查询审核结果。

二、物流账册的基本操作

企业可登录中国国际贸易"单一窗口"保税物流管理系统办理物流账册，信息录入界面包含三部分：表头、表体和随附单据。

1. 物流账册备案表头信息填写

物流账册备案时，表头信息表为必填项，表头信息录入完成后，点击"暂存"按钮，系统保存表头数据，备案时表体信息不可录入。企业完成物流账册表头数据申报且经审批完成后，即可进行报关单录入、申报操作，经海关审批后自动生成账册表体数据。

物流账册分为可累计和不累计两种记账模式，账册备案时需要提前与主管海关确认采用哪种模式。

当记账模式为可累计时，已有备案序号的商品申报核注清单时需填写原商品备案序号，申报数量会累计到原商品备案序号，如不填写备案序号，海关系统会给物流账册表体新增一条商品明细。按原商品序号累计申报时，计量单位需要与原备案商品保持一致，否则会因申报数据与商品备案信息不符而被退单，币制、单价、原产国可以与原备案商品不一致。

当记账模式为不可累计时，每次入库的核注清单申报都需将商品备案序号留空，由海关系统自动生成新的商品备案序号。

中国国际贸易"单一窗口"物流账册备案表头如图1-9所示。

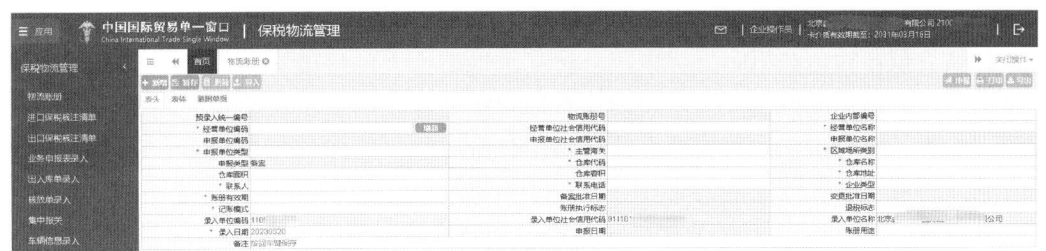

图1-9　"单一窗口"物流账册备案表头

2. 物流账册表体信息处理

物流账册为记账式账册，备案时表体不可录入，将根据海关终审通过的核注清单记账回执记录物流账册表体数据。

物流账册变更时，可以使用"导入"功能批量导入表体。此时需填写海关审批物流账册通过后给出的"账册编号"，由12位字符组成，规则为：H+4位关区代码+W+6位顺序号，表体中仅商品编码与存储（监管）期限字段可以录入。

三、保税物流账册核销

1. 含义

保税物流账册核销是指开展保税货物仓储物流业务的企业，根据生产经营情况，将保税物流账册核销周期内保税货物的进口、出口、流转、库存等情况如实向海关申报，海关予以审核、核销的过程。

2. 核销范围和周期

实施核销管理的保税物流账册包括保税监管系统中的海关特殊监管区域保税物流账册（简称TW账册）和保税监管场所保税物流账册（简称L账册），包含跨境电商账册。

核销周期可根据企业实际生产经营周期确定，原则上不超过1年。

3. 报核要求

（1）时限要求。企业应在保税物流账册核销周期结束之日起60日内完成报核，即企业报核的最后时限为上次核销截止日期（首次核销为新版保税物流账册设立日期）+核销周期+60日。确有正当理由不能按期报核的，经主管海关批准可以延期，但延长后报核期限不得超过90日。未在规定期限内报核的，账册将被系统自动锁定，无法申报进出口核注清单。

（2）内容要求。企业应当在规定时间内向海关办理保税物流账册报核手续，如实报送本核销周期内的下列电子数据：

①参与本核销周期核算的保税核注清单编号。除特殊情况外，本核销周期内已核扣的保税核注清单应当全部纳入核算；

②期末实际库存数据；

③受灾保税货物、销毁货物等处置的电子数据。

海关认为有必要的，可以要求企业以电子或纸本方式提供关于核销有关情况的补充说明。

企业报核时，应将本次报核起始日至截止日（含当日）涉及保税货物进口、出口、流转等所有保税核注清单向海关申报，包括本期所涉的后续补税以及调整类核注清单等均应纳入本周期报核。企业需确保本期报核所涉及的保税核注清单均已纳入报核范围，检查是否有遗漏、清单是否已核扣，对需要删改的保税核注清单，应当在正式报核前及时向主管海关提请删改。

企业通过自行盘库等方式发现保税货物实际库存盈余或短缺的，应当排查原因，及时向主管海关报告，并按照海关相关规定进行处置。

企业报核如存在申报数据不完整、不符合审核要求等情况被海关退回的，企业应当按照海关要求重新申报。

4. 核销处置

企业申请报核后，海关将进行账册核销，根据企业申报的实际库存量与电子底账核算结果的对比情况，进行不同处置：

①对比一致的情况：若实际库存量与电子底账核算结果一致，海关将直接办结核销手续。

②多于电子底账的情况：若实际库存多于电子底账且企业能提供正当理由，将按实际库存调整电子底账的当期结余数量。

③少于电子底账的情况：若实际库存少于电子底账且企业能提供正当理由，企业需办理后续补税手续。

④企业无法提供正当理由的情况：若实际库存与电子底账不一致且企业无法提供正当理由，海关将按有关规定进行相应处置。

2025年7月1日之后，全部启用新版保税物流账册，旧版保税物流账册需要办结注销手续。

技能报国

世界职业院校技能大赛

世界职业院校技能大赛是教育部牵头发起、联合34家部委和事业组织举办的一项公益性、国际性职业院校师生综合技能竞赛活动。2024年，大赛组委会在全面总结全国职业院校技能大赛16年办赛经验基础上，将"全国职业院校技能大赛"升级为"世界职业院校技能大赛"，这是我国职业教育的一项重大制度设计和创新。大赛从参赛内容、项目呈现、评分要素等方面进行了科学设置，注重对参赛学生专业技能、职业素养、协同配合、创新意识等考核，促进了学生运用专业技能解决现实问题和团队协作、应变与表达等综合能力的培养。根据教育部《全国职业院校技能大赛设赛指南（2023—2027年）》的赛项设置，与课程对接的赛项有：

1. 互联网+国际经济与贸易赛项（GZ045），每年举办。主要考查选手掌握外贸接单、制单、跟单业务操作的能力。

2. 关务实务赛项（GZ103），双数年举办。主要考查选手进出口货物通关、国际物流、外汇管理、税收征缴等知识，进出口商品归类、进出口税费核算、国际贸易"单一窗口"操作、通关现场操作、关务咨询等技能，进出口货物合规管理、时间管理和团队合作等职业素养。

3. 跨境电子商务赛项（GZ104），双数年举办。主要考查选手跨境电商法律法规、平台规则、产品设计、供应链管理、运营策略、营销推广知识，跨境电商业务操作和跨境电商运营决策等技能，商业敏感度和市场洞察力、跨文化沟通、创新意识、合规意识、风险意识、团队协作等素养。

资料来源：世界职业院校技能大赛官网，有删改

课后习题

一、单选题

1. 跨境电子商务是指分属不同（　　　）的交易主体，通过电子商务平台达成交易、进行支付结算，并通过跨境物流送达商品、完成交易的一种国际商业活动。
A. 关境　　　　B. 国境　　　　C. 平台　　　　D. 区域

2. 下列选项中关于跨境电商零售进口商品海关管理规定正确的是（　　　）。
A. 仅征收关税　　　　　　　　B. 纳税人是电子商务企业
C. 计税价格即货物零售价格　　D. 单次交易限值为人民币 2000 元

3. 跨境电商零售进口业务类型适用的海关监管方式不包括（　　　）。
A. 0110　　　　B. 9610　　　　C. 1210　　　　D. 1239

4. 海关的职能不包括（　　　）。
A. 监管　　　　B. 征税　　　　C. 查缉走私　　　　D. 国际文化交流

5. 企业对企业的电子商务简称为（　　　）。
A. B2B　　　　B. C2C　　　　C. O2O　　　　D. B2C

二、多选题

1. 海关的基本职能包括（　　　）。
A. 监管　　　　B. 统计　　　　C. 缉私　　　　D. 征税

2. 报关单位与跨境电商相关企业海关管理包括（　　　）内容。
A. 报关单位的分类
B. 不同报关单位的海关管理要求
C. 跨境电商相关企业的海关管理规定
D. 跨境电商出口海外仓业务模式备案

3. 参与跨境电子商务业务的企业中，应当向海关办理注册登记的有（　　　）。
A. 跨境电子商务企业　　　　　　B. 物流企业

C. 支付企业　　　　　　　　　　D. 跨境电子商务平台企业

4. 参与跨境电商业务的相关企业在开展业务前要完成的准备工作有（　　）。

A. 海关登记备案　　　　　　　　B. 申请电子口岸 IC 卡

C. 申请数据传输 ID　　　　　　　D. 接口改造与对接

5. 以下跨境电商通关模式中，属于出口通关模式的有（　　）。

A. 9610　　　　　B. 9710　　　　　C. 9810　　　　　D. 1239

三、判断题

1. 跨境电子商务零售进口商品以实际交易价格作为货物计税价格，实际交易价格包括货物采购价格、运费和保险费。（　　）

2. 海关的监管不包括对运输工具的进出境申报的检查。（　　）

3. 企业应当分别通过中国国际贸易"单一窗口"或跨境电商通关服务平台向海关传输交易、物流等电子信息，无须传输收款单电子信息。（　　）

4. 海外仓业务模式改变了传统的跨境电商物流和通关方式。（　　）

5. 海关的新增职能不包括出入境检验检疫管理职责。（　　）

能力实训

现有一家企业，主要从事将国内特色手工艺品批量出口到欧美市场，同时也计划在国内电商平台开展部分进口商品的零售业务。请分析该企业应选择哪些备案类型，并阐述理由，同时说明不同备案类型在备案流程和要求上可能存在的差异。

项目二

跨境电商代理报关业务的受理及申报前审查

学习目标

【知识目标】

1. 能够解释《代理报关服务合同》《代理报关委托书/委托报关协议》的法律效力；

2. 能够说明跨境电商进/出口通关的主要海关监管方式；

3. 能够举例说明归类总规则及其次则。

【能力目标】

1. 能够商定代理报关服务合同和委托代理报关协议内容；

2. 能够选择和审核正确的跨境电商进/出口通关的主要海关监管方式；

3. 能够审查委托人所提交单据的合规性；

4. 能够审查委托报关跨境电商商品归类的准确性和合规性；

5. 能够进行跨境电商商品归类。

【素质目标】

1. 培养学生辨别和判断被委托业务真实性和合规性的思辨意识、风险意识和契约精神；

2. 培养学生的准确表达与理解能力及商务沟通能力。

思维导图

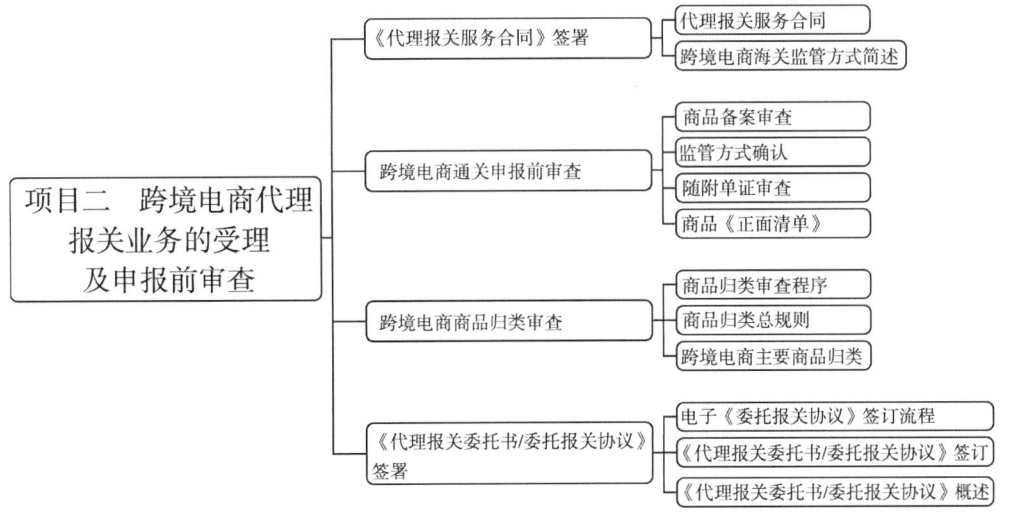

项目导入

本书中的代理报关业务即指代理报关服务业务（customs brokerage service）。代理报关服务是指报关企业受委托方的委托，依法向海关办理货物进出境手续及相关海关事务的服务。为保障代理报关服务业务双方合法合规地完成业务，一般通过《代理报关服务合同》《代理报关委托书/委托报关协议》的签署对双方赋予约束力，体现代理报关业务的实质性受理。它们是进出口货物收发货人根据《海关法》要求提交报关企业的具有法律效力的授权证明。合同和协议一旦签订，即对委托方和被委托方产生法律效力。

为了保证双方利益和业务顺利进行，报关人员在确认了每个委托人的主要诉求及其相关的资质与商品合规性之后，根据 GB/T 37518—2019《代理报关服务规范》，代理报关企业需要与委托人首先签署代理报关服务合同，然后进行申报前审查（其中至关重要的是监管方式的确认、相关单证的审查和商品归类审查），之后再签订委托代理报关协议。

任务 2-1　《代理报关服务合同》签署

报关企业接受委托方代理报关服务，应与委托方签订《代理报关服务合同》和《代理报关委托书/委托报关协议》。在签署前，报关企业应制定合同管理制度、确定委托事项，委托方属于初次洽商对象的应对双方资质进行确认。双方需对合同、协议具体条款进行仔细审查和评估。报关企业同为货运代理、快件公司的，在提供代理报关服务时其有关合同中应包含与代理报关服务相关的条款。

报关企业应根据自身条件和业务情况，征求专业法律人员的意见，在遵守国家法律、法规及有关规定的前提下，依照平等互利、协商一致的原则制定本企业的代理报关服务合同通用文本。合同应包括但不限于下列条款：

1. 委托方双方的全称、注册地址、联系方式；
2. 详细、明确的服务内容；
3. 委托双方的权利和义务；
4. 收费条款和结算方式；
5. 保密条款；
6. 不可抗力条款；
7. 违约责任和争议解决方式；
8. 委托方应避免发生侵犯知识产权行为；
9. 要求委托双方遵守其他有关法律规定及海关的各项管理规定；
10. 合同期限；
11. 附加协议：未纳入通用文本的特殊要求。

报关企业将委托方的全部或部分业务委托给第三方时，应与第三方签订委托合同。报关企业应在提供代理报关服务前告知委托方代理报关服务费用包含的范围、内容、计收方式和标准，且具体列明在服务合同中。合同签署时间不宜晚于代理报关服务实际操作时间。

操作示范

在了解了委托人浙江飞驰的企业资信等基本情况后，为了就委托事项达成双方共识，商定代理报关服务合同条款，关慧通等报关人员对相关意向性业务做了进一步了解。

下面将以【代表性业务 1】为例进行代理报关服务合同签署示范操作。为了呈现一个完整的合同，对合同形成系统理解，在解释每个合同条款的时候，不再单独进行每个条款的演示，详见后文的完整版合同。

一、明晰合同主要条款的内涵并确认双方信息

关慧通与浙江飞驰的业务员按照国家规范，认真领会合同各主要条款涉及的法律责任并确认各方信息与相关权利与义务。

1. 委托方双方的全称、注册地址、联系方式

这些信息是确定合同主体身份的基础，确保合同的签订方具有合法的经营资格和明确的联系途径。在发生纠纷或需要沟通协调时，准确的注册地址和联系方式有助于双方及时取得联系，解决问题。例如，如果报关企业在业务过程中需要向进出口货物收发货人核实某些货物信息，能够通过合同中提供的联系方式迅速找到相关负责人。

2. 详细、明确的服务内容

合同应明确报关企业提供的具体服务项目，如报关手续的办理、单证的准备与提交、海关查验的配合、税费的代缴等。同时，还应规定服务的标准和质量要求，如报关单的填写准确率、申报的及时性等。例如，合同可约定报关企业应确保报关单的填写错误率不超过一定比例，且在收到完整货物信息和单证后的一定工作日内完成报关申报。

3. 委托双方的权利和义务

委托人的权利包括要求报关企业按照合同约定提供高质量的报关服务，对报关过程进行监督，获取报关业务的进展情况和相关信息等。例如，委托人有权要求报关企业及时告知海关查验结果和货物放行时间。委托人的义务包括提供真实、准确、完整的货物信息和单证，按照合同约定支付报关服务费用，配合报关企业的工作等。如委托人应及时向报关企业提供货物的原产地证明、合同、发票等必要单证。

报关企业的权利包括收取报关服务费用，要求委托人提供必要的协助和信息等。报关企业的义务包括按照法律法规和海关规定办理报关手续，对委托人提供的信息和单证进行审核，保守委托人的商业秘密，及时向委托人反馈报关业务进展情况和问题等。例如，报关企业在发现委托人提供的货物信息存在疑点时，应及时与委托人沟通核实，不得擅自处理。

4. 收费条款和结算方式

收费条款明确报关服务费用的计算方式，如按照报关单票数收费、按照货物价值的一定比例收费等，以及费用包含的具体服务内容。结算方式则规定了委托人支付费用的时间、方式，如在报关手续完成后的一定期限内支付，采用银行转账、支票等支付方式。例如，合同可约定报关企业在完成每一票货物报关手续后的 15 个工作日内，委托人以银行转账方式支付报关服务费用，费用根据货物的种类和报关难度按照不同的标准计算。

5. 保密条款

由于报关业务涉及委托人的商业秘密，如货物的价格、供应商信息、销售渠道等，合同中的保密条款要求报关企业对在业务过程中知悉的委托人商业秘密予以保密。报关企业不得将这些信息泄露给第三方，否则将承担相应的法律责任。例如，报关企业的员工在处理报关业务时，不得将委托人的货物价格信息透露给竞争对手。

6. 不可抗力条款

该条款约定在不可抗力事件发生时，双方的权利和义务如何调整。不可抗力事件是指不能预见、不能避免及不能克服的客观情况，如自然灾害、战争、政府行为等。当不可抗力事件发生导致代理报关业务无法正常进行时，双方可根据合同约定部分或全部免除责任。例如，因地震导致海关办公场所损坏，报关手续无法按时办理，双方可根据不可抗力条款协商处理相关事宜。

7. 违约责任和争议解决方式

违约责任条款明确双方在违反合同约定时应承担的责任，如支付违约金、赔偿对方损失等。例如，如果报关企业未能在约定时间内完成报关手续，导致货物滞留产生额外费用，报关企业应承担相应的违约金和货物滞留费用。争议解决方式通常包括协商、调解、仲裁和诉讼等，合同双方可根据实际情况选择合适的争议解决方式。例如，双方可约定在发生争议时先通过友好协商解决，协商不成的，可向有管辖权的人民法院提起诉讼。

8. 委托方应避免发生侵犯知识产权行为

这一条款提醒委托人在进出口货物过程中要确保货物不存在侵犯知识产权的问题。报关企业在接受委托时，也应关注货物是否可能涉及知识产权纠纷，如有疑虑，应要求委托人提供相关证明文件或进行进一步核实。例如，对于带有品牌标识的货物，委托人应提供品牌授权证明，以避免在报关过程中因知识产权问题导致货物被扣押或其他法律风险。

9. 要求委托双方遵守其他有关法律规定及海关的各项管理规定

强调双方在代理报关业务中必须遵守国家法律法规和海关的各项管理规定，如《海关法》、《中华人民共和国关税法》（以下简称《关税法》）、海关监管规定等。任何一方违反这些法律法规和规定都将承担相应的法律后果，这有助于确保代理报关业务的合法性和规范性。例如，进出口货物收发货人不得伪报、瞒报货物信息，报关企业不得从事非法代理报关业务。

10. 合同期限

合同期限明确了双方合作的时间范围，在合同期限内，双方按照合同约定履行各自职责。合同期满后，如双方无异议，则可根据实际情况决定是否续签合同。例如，合同期限为一年，自签订之日起生效，在这一年内，报关企业为委托人提供代理报关服务，一年期满后，双方可根据合作情况决定是否继续合作。

11. 附加协议

未纳入通用文本的特殊要求：该条款为双方提供了灵活性，以应对特殊业务需求或特定情况下的额外约定。例如，对于某些涉及特殊货物或特殊贸易方式的代理报关业务，双方可通过附加协议约定特殊的服务要求、风险承担方式或费用计算方法等。

二、拟订、评审与签署合同

经过详细洽商之后，双方拟订了下列合同，待公司指定人员评审之后进行正式签署。

代理报关服务合同

合同编号：YF20240488

签约日期：20240328

甲方：浙江飞驰电商发展有限公司

地址：浙江省宁波市鄞州区首南街道泰康中路99×号

法定代表人：朱国强

电话/传真：0574-872256××   邮政编码：315100

联系人：罗建华

乙方：宁波友达物流有限公司

地址：浙江省宁波市北仑区保税南区庐山西路18×号

法定代表人：唐志祥

电话/传真：0574-868228××   邮政编码：315800

联系人：舒达

甲、乙双方根据《中华人民共和国民法典》的有关规定，就甲方委托乙方代办甲方自己拥有、代理或承运货物的进出境运输报关手续及相关事宜，甲、乙双方经友好协商，签订本《代理报关服务合同》，甲、乙双方共同遵照执行。

第一条　代理事项

甲方委托乙方代理甲方货物进出境的运输报关手续，以及提货、送货至甲方指定地点等有关事项。

第二条　乙方代理权限

乙方的代理权限仅限于办理清关或者转关运输、报关、报检、验放，将甲方货物安全送至甲方指定地点。

第三条　行为准则

1. 乙方接受甲方委托，在向甲方提供代理报关服务全过程中，应遵守海关相关法律规章。乙方提供的代理报关服务依赖于甲方提供信息的准确性和完整性，如甲方提供的信息受到商业机密、资料翻译等限制，不能提供完整、准确的信息，乙方提供的代理报关服务将不能保证准确。

2. 乙方提供的代理报关服务依据的是现行海关法律法规。相关法律法规存在发生变更的可能，并可能具有追溯既往之效力，对乙方提供的代理报关服务产生不利影响。该事件发生时，乙方并无责任对可能影响代理报关服务的未来情形进行监控或更新代理报关服务。

3. 乙方提供的代理报关服务是根据该服务提供时有效的海关法规而给出的。如乙方提供的代理报关服务被延迟或再次执行或明显类似的事项有可能再次发生，在上述情形下，原代理报关服务可能已不适用或不再适合，乙方重新审阅原代理服务对贵公司而言是极为重要的，甲方应当给予全面的配合与协助。

4. 作为被委托人，乙方应在严格遵循第三条第1、2、3款前提下，积极高效地完成甲方所委托的代理报关服务。凡涉及有第三方参与的业务活动中，乙方应协助维护甲方的利益。

5. 在进出口贸易实践中，海关目前仍为最具权威性的审核、评判机构，第三方机构尚未具备对各类问题作出权威判断的综合能力。乙方提示甲方，海关可能会对乙方提供的代理报关服务提出异议。若乙方在为甲方提供服务中，遇到海关或相关政府部门的查询，应及时通知甲方，并提出应对该查询的措施建议。然而，乙方并不能保证海关不会就某事项提出异议，也不能保证被海关质疑的后果；但乙方不得作出损害甲方利益的违法行为。

第四条　代理期限

甲方委托乙方的代理期限为一年，自2024年4月1日起至2025年3月31日止。本合同期满之日前如无异议，本合同顺延一年，依此类推。

第五条　甲方责任

1. 甲方必须及时向乙方提供齐全、正确及有效的报关、报检文件（包括但不限于合同、发票、提单、法律文件及授权委托书等），以便于乙方办理通关手续，包括提供重要的通关信息，如：商品编码、商品名称、申报要素、监管方式、成交条款、是否为木质包装等。通关业务中，发生海关、商检等官方机构的询问时，甲方按照真实情况反馈说明。甲方负责完成进出境货物的税费缴纳，或协助纳税人完成税费缴纳，并审核所缴纳税费的准确性。因甲方提供相关文件不完整、不准确或无效，造成报关逾期等问题等，相关责任均由甲方承担。

2. 甲方向乙方提交发票时应同时附中文译文。

3. 甲方应遵照《中华人民共和国海关法》等有关规定，委托乙方报关的货物不存在伪报、低报、漏报等现象。

4. 甲方委托乙方代办报关手续，提货、送货所涉及货物的所有权属于甲方。

5. 按照第七条的规定，及时与乙方结清各项费用。

第六条　乙方责任

1. 接受甲方的委托，代理甲方办理甲方货物的进出口报关、检验、检疫、提货、送货等手续；双方约定在甲方提供单据及时及齐全情况下尽快将货物运输到双方约定地点。因海关及检疫原因造成的清关及派送延误甲方应予以理解。具体情况双方另行协商。

2. 在业务开始后，乙方有义务跟踪查询报关、报检、运输等服务进度并通知甲方。乙方在代理甲方办理报关、检验、检疫、提货、送货等手续过程中，有义务保证甲方货物完整、安全，不得损坏或丢失（货物由于进出境运输过程中产生的破损除外）。

3. 乙方在代理报关过程中，应当为甲方保守秘密，不得向任何第三方扩散甲方的技术资料、合同、协议书等法律文件和有关信息。

4. 乙方严格按照甲方要求办理各项业务并建立档案，便于查询。乙方有义务妥善保管甲方提交的文件和资料，并负责将报关单据，如税单原件、报关单、查验单据等定期及时返还给甲方或甲方指定的接收方。乙方只有经过甲方书面授权后方可利用甲方的文件、资料或代理甲方行使权利。

5. 因第三方原因导致甲方货物缺损或丢失，乙方有义务督促第三方出具书面证明。

第七条　报关费用

报关费用以本合同附件的报价单为准，报价单与本合同具有同等法律效力。

第八条　结算

乙方应将上月报关费用结算清单于次月五日前提供给甲方，甲方自收到乙方结算清单之日起三个工作日内审核完毕。经审核无误后，甲方自审核完毕之日起五个工作日内与乙方结清各项费用。因甲方未给乙方结算造成的各项损失应由甲方承担。

第九条　违约责任

甲、乙任何一方违反本《代理报关服务合同》的各项规定，即构成违约，违约方有义务纠正其违约行为，并应赔偿因违约行为而给守约方造成的实际损失。

如甲方未能在规定时间内支付乙方相关费用，将根据日千分之五的违约金向甲方收取。直至甲方付清所有费用为止。同时，乙方有权停止办理甲方委托的事项，或对甲方所交付的文件和货物行使留置权，直至甲方付清所有欠款为止，由此产生的保管费、仓储费，以及风险和损失等相关费用由甲方承担。

第十条　争议仲裁

本《代理报关服务合同》中任一条款与《代理报关委托书/委托报关协议》背面委托报关协议通用条款不一致时，应以委托报关协议通用条款为准。

甲、乙双方因执行本《代理报关服务合同》而发生的分歧，或与本合同有关的一切争议，甲、乙双方应通过友好协商解决，协商未能达成一致时，甲、乙任何一方有权将争议提交乙方所属地仲裁委员会，根据该委员会的仲裁程序和仲裁规则进行裁决。仲裁裁决为终局的，对双方均有约束力。仲裁费用由败诉一方承担。

第十一条　终止或变更

甲、乙任何一方终止或变更本《代理报关服务合同》时，须提前三十日向对方发出终止或变更的书面申请，经甲、乙双方签订书面终止或变更协议书后，本合同即可终止或变更。

第十二条　效力

1. 本《代理报关服务合同》经甲、乙双方法定代表人或其授权委托人签字、盖章后生效；

2. 本《代理报关服务合同》一式贰份，甲、乙双方各持一份，两份协议书具有同等法律效力。

第十三条　其他事宜

本《代理报关服务合同》的其他未尽事宜，甲、乙双方可另行签订补充协议，该补充协议为本协议的附件，与本协议具有同等法律效力。

甲方（签章）　　　　　　　　　　乙方（签章）：

法定代表人（签章）：　　　　　　法定代表人（签章）：

2024 年 4 月 2 日　　　　　　　　2024 年 4 月 2 日

随后，关慧通等报关人员参照上述《代理报关服务合同》，拟订了其他四个代表性业务的代理报关合同，待公司审核和签署。

跨境电商海关监管方式简述

目前，跨境电商进出口通关模式主要有 7 种，分别是"9710""9810""0110""1039""9610""1210""1239"。从类别来说，跨境 B2B（企业与企业之间通过互联网进行产品、服务及信息交换的营销模式）和 B2C（商业机构对消费者的电子商务模式）所采用的报关模式不同，B2B 所采用的模式为"9710""9810""0110""1039"，而 B2C 多采用"9610""1210""1239"，如图 2-1 所示。

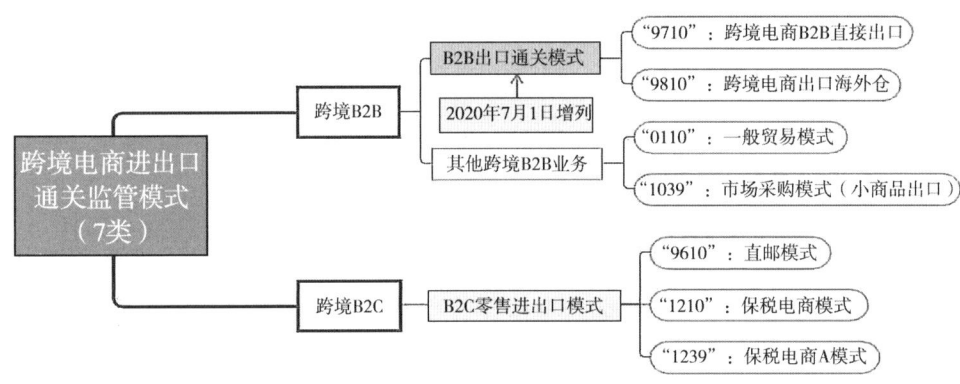

图 2-1 跨境电商进出口通关监管方式（模式）

一、海关监管方式代码"1210""1239"

"1210"全称"保税跨境贸易电子商务"，简称"保税电商"。适用于境内个人或电子商务企业在经海关认可的电子商务平台实现跨境交易，并通过海关特殊监管区域或保税监管场所进出的电子商务零售进出境商品［海关特殊监管区域、保税监管场所与境内区外（场所外）之间通过电子商务平台交易的零售进出口商品不适用该监管方式］。

"1210"保税跨境贸易电子商务分为跨境进口模式"网购保税进口"和跨境出口模式"特殊区域出口"。"1210"监管方式用于进口时仅限经批准开展跨境贸易电子商务进口试点的海关特殊监管区域和保税物流中心（B 型）。"1210"监管方式适用于海关公布的试点区域以内的跨境电商企业。不在试点区域内的企业可以选择"1239"模式。随着海关监管逐步改革，"1239"模式基本不复存在。

"1210 特殊区域出口"也叫保税备货出口，可以进一步划分为特殊区域包裹零售出口和特殊区域出口海外仓零售两种方式。

特殊区域包裹零售出口。货物通过一般贸易（"0110"）出口方式批量出口至综合保税区等海关特殊监管区域，由海关对其进行账册管理，消费者通过跨境电商平台下单后，货物在特殊区域内拆分打包为小包裹，拼箱离境后送达境外消费者。

特殊区域出口海外仓零售。货物通过一般贸易（"0110"）出口方式整批进入综合保税区等海关特殊监管区域，由海关对其进行账册管理，在特殊区域内完成理货、拼箱后，再批量出口至海外仓，在跨境电商平台完成零售后，再根据销售订单将商品从海外仓打包后送达境外消费者。

二、海关监管方式代码"9610"

"9610"全称"跨境贸易电子商务"，简称"电子商务"，适用于境内个人或电子商务企业通过电子商务交易平台实现交易，并采用"清单核放、汇总申报"模式办理通关手续的电子商务零售进出口商品（通过海关特殊监管区域或保税监管场所一线的电子商务零售进出口商品除外）。

三、海关监管方式代码"9710""9810"

海关总署于2020年6月颁布了《关于开展跨境电子商务企业对企业出口监管试点的公告》（海关总署公告2020年第75号），对跨境电商企业对企业出口（以下简称"跨境电商B2B出口"）试点有关监管事宜做了相关规定。

"跨境电商B2B出口"是指境内企业通过跨境物流将货物运送至境外企业或海外仓，并通过跨境电商平台完成交易的贸易形式，企业根据海关要求传输相关电子数据。

公告增列了海关监管方式代码"9710"，全称"跨境电子商务企业对企业直接出口"，简称"跨境电商B2B直接出口"，适用于跨境电商B2B直接出口的货物。境内企业通过跨境电商平台与境外企业达成交易后，通过跨境物流将货物直接出口送达境外企业。

公告同时增列了海关监管方式代码"9810"，全称"跨境电子商务出口海外仓"，简称"跨境电商出口海外仓"，适用于跨境电商出口海外仓的货物。境内企业将出口货物通过跨境物流送达海外仓，通过跨境电商平台实现交易后从海外仓送达购买者。

数字中国

数字商务三年行动计划（2024—2026年）出炉

2024年4月，商务部印发《数字商务三年行动计划（2024—2026年）》（以下简称《行动计划》），提出"数商强基""数商扩消""数商兴贸""数商兴产""数商开放"5项重点行动，以及推动各领域数字化发展的20条具体举措。

具体来看，在开展"数商强基"行动方面，《行动计划》提出培育创新主体、构建监测评价体系、提升治理水平、强化智力支撑、推动规范发展5项举措，持续夯实数字商务发展基础。

在开展"数商扩消"行动方面,《行动计划》提出培育壮大新型消费、促进线上线下融合、激发农村消费潜力、促进内外贸市场对接、推动商贸流通领域物流数字化发展5项举措,更好激发数字消费活力。

在开展"数商兴贸"行动方面,《行动计划》提出提升贸易数字化水平、促进跨境电商出口、拓展服务贸易数字化内容、大力发展数字贸易4项举措,加快培育对外贸易新优势。

在开展"数商兴产"行动方面,《行动计划》提出建强数字化产业链供应链、优化数字领域吸引外资环境、扩大数字领域对外投资合作3项举措,推动赋能现代化产业体系建设。

在开展"数商开放"行动方面,《行动计划》提出拓展"丝路电商"合作空间、开展数字规则先行先试、积极参与全球数字经济治理3项举措,不断深化数字经济国际合作。

《行动计划》还明确,到2026年年底,商务各领域数字化、网络化、智能化、融合化水平显著提升,数字商务规模效益稳步增长,产业生态更加完善,应用场景不断丰富,国际合作持续拓展,支撑体系日益健全。商务领域数字经济规模持续增长,网络零售规模保持全球第一,跨境电商增速快于货物贸易增速,贸易电子单据使用率达到国际平均水平,数字贸易整体规模持续扩大。

资料来源:新华社,有删改

任务 2-2　跨境电商通关申报前审查

根据 GB/T 37518—2019《代理报关服务规范》,报关企业接受进出口收发货人的委托,办理报关手续时,应当对委托人所提供资料的真实性、完整性进行合理审查。主要审查进出口货物的品名、规格、用途、产地、贸易方式、监管方式、商品归类、申报要素、监管证件、原产地、价格等信息。在实际业务操作中,一般可以从跨境电商商品企业内部备案审查、监管方式确认、随附单证审查等重点事项着手。

一、跨境电商商品企业内部备案审查

根据国家现行规定,跨境电商出口商品不需要办理商品企业内部备案,但跨境电商进口商品由于受到《正面清单》[本书指《跨境电子商务零售进口商品清单(2019年版)》《跨境电子商务零售进口商品清单调整表(2022年版)》的合并简称]的管理,在开展业务前需要先进行商品企业内部备案。《正面清单》即跨境电商零售进口商品清单，是指对跨境电商零售进口商品实施正面清单管理，非清单内商品不得以跨境电商零售进口方式入境销售。在准备商品企业内部备案资料时，要注意核实拟进口的商品是否在《正面清单》范围内，并注意正面清单备注栏的要求，有些商品仅适用于网购保税（"1210"）模式进口，而有些商品有例外规定或者限制规定。

各代理报关企业对商品企业内部备案的要求存在差异，跨境电商生产企业应当按照要求提供商品清关材料，提供商品详细信息，包括商品名称、条形码、用途、规格型号、成分、成交单位、计量单位、包装图、品牌、净重、价格、原产国（地区）、生产商等。

在实际业务中，跨境电商商品企业内部备案一般由跨境电商企业办理，代理报关企业将内部统一制作的商品备案信息表发送给委托人，委托人提供备案表所需信息，报关企业审单人员进行审核后备用，以降低申报差错率。企业内部商品备案信息表见配套教学资源SCY2-1。

1. 审核整体数据信息

在跨境电商通关业务中，跨境电商企业或其委托的代理报关企业、境内跨境电商平台企业、物流企业应当通过中国国际贸易"单一窗口"或"互联网+海关"一体化网上办事平台向海关提交申报数据、传输电子信息，并对数据真实性承担相应法律责任。跨境电商参与企业应按照最新版的《中华人民共和国海关进出口货物报关单填制规范》和《"单一窗口"标准版用户手册》等要求进行数据申报。代理报关企业审核申报数据的要点如下：

（1）单货一致

跨境电商进出口业务需在海关特殊监管区域或保税监管场所内开展，因此货物必须先行运抵海关特殊监管区域或保税监管场所完成集货操作。货到仓库后，仓库需进行理货作业，反馈实际到货情况，包括但不限于到货提单号、箱数、分单号等。如实际到货与申报资料存在差异，仓库需反馈委托人确认是以资料为准还是以实际到货为准，整个过程务必遵循单货相符原则。

（2）单票限额

根据财政部、海关总署、国家税务总局联合发布的《关于完善跨境电子商务零售进口税收政策的通知》（财关税〔2018〕49号）第一条的规定"将跨境电子商务零售进口商品的单次交易限值由人民币2000元提高至5000元，年度交易限值由人民币20000元提高至26000元"，跨境电商零售进口货物单票金额应在人民币5000元（含）以内。

（3）其他资料和信息

①委托人需在发货前2~3天以邮件形式向报关企业提供准确的清关资料以及发货到货时间，如果货物是拼箱货，须提前告知，以便提前做好接货准备。

②若一票到货多个集装箱，需提供装箱明细，以便于报关时对应商品项号关系。

③发货前贴好唛头，对应的提单上要打上对应的唛头或者标志，特别是拼箱货物，方便仓库区分货物，提高理货及提货效率。

④进口货物收发货人或通知人要准确填写，方便到港后分货。

2. 审核委托人原始资料及《商品备案信息表》

代理报关企业收到委托人按其模板返填的《商品备案信息表》与原始资料后，在审核时需注意以下几点：

（1）进口商品归类税号（HS 编码）前 8 位必须在《正面清单》内。

（2）商品备案表里的申报要素须按照申报规范填写。

申报要素是对进出口商品的一个补充说明，不同的 HS 编码有不同的申报要素，通常包括品牌、产品主材、型号、功能作用等。跨境电商零售商品的申报要素一般涉及品名、品牌类型、出口享惠情况、用途、包装规格、品牌等。申报要素按照不同的归类税号（HS 编码）要求填写即可，普通货物不用填写申报要素中的 GTIN 码（全球贸易项目代码，即商品条码）和 CAS 号，但部分进口婴幼儿食品、面食、啤酒、化妆品等商品的 GTIN 码为必填要素。

3. 审核计量单位填写的规范性

法定计量单位、第二计量单位、法定数量和第二数量根据归类税号（HS 编码）查询的计量单位填写，归类税号有第二计量单位的，备案需要填写第二计量单位和第二数量。

4. 审核商品的成分含量

若商品含有《农药进出口管理目录》所列成分，则禁止进口；药品禁止进口；如属于《进出口野生动植物种商品目录》中的商品需核实能否进口，若可进口，需向相关部门提供资料申请办理《中华人民共和国濒危物种进出口管理办公室非〈进出口野生动植物种商品目录〉物种证明》（以下简称《物种证明》），需商家配合提供产品原产地证、详细的成分含量表等资料。

办理《物种证明》的目的是证明此成分不是来源于濒危野生动植物，而是属于人工繁殖或人工培植物种的提取物。

5. 审核商品相应的贸易管制条件

有些跨境商品的进出境有一些特别的限制条款，必须满足相应的海关监管要求。

二、监管方式确认

在跨境电子商务进出口通关业务中，海关监管方式亦称为跨境电商通关模式。跨境电子商务参与主体应根据海关相关要求，选择正确的通关模式。完成跨境电商企业资质备案的企业在选择跨境电商业务的通关模式（即海关监管方式）时，需要结合业务产品性质、业务流程、企业所在区域等因素来综合考虑。

对于跨境电商出口企业而言，选择跨境电商通关模式主要考虑的是企业业务是B2B 还是 B2C。如果是 B2B 业务，根据企业是否在海外设立海外仓，可以选择"9710"模式或者"9810"海外仓模式。如果是在市场采购聚集区内的企业，可以采用"1039"的市场采购模式进行跨境电商商品的出口。如果是 B2C 业务，可以选择"1210"跨境电商特殊区域包裹零售出口或"1210"跨境电商特殊区域出口海外仓零售两种模式。其中，特殊区域包裹零售出口是指企业将商品批量出口至区域（中心），海关对其实行账册管理，境外消费者通过电商平台购买商品后，通过物流快递形式送达境外消费者；特殊区域出口海外仓零售是指企业将商品批量出口至区域（中心），海关对其实行账册管理，企业在区域（中心）内完成理货、拼箱后，批量出口至海外仓（"1210"），通过电子商务平台完成零售后再将商品从海外仓送达境外消费者。企业也可以按照"0110"一般贸易模式进行商品出口。

报关企业可以协助跨境电商企业进行业务分析并选择合适的通关模式，并与委托方进行通关模式最终的确认，详见配套教学资源SCY2-2。

三、随附单证审查

一般情况下，报关申报需要随附单证的种类主要包括合同、发票、装箱清单、载货清单（舱单）、提（运）单、代理报关授权委托协议、进出口许可证件以及海关总署规定的其他进出口单证。代理报关企业应对委托人提供的所有单证进行审查。

1. 审查装箱单、发票要点

（1）箱单总毛重与提单上的毛重必须一致；

（2）商品毛重必须大于商品净重；

（3）箱单发票内商品单件净重必须与备案净重保持一致；

（4）严格把控价格合理性，币制填写正确；

（5）单票报关单务必控制在 50 个 SKU 以内；

（6）箱单发票内需盖发货方电子章，没有电子章的需盖公章并提供电子版扫描件；

（7）箱单发票内商品信息与实际到货商品完全一致。

2. 审核进出口许可证件要点

跨境电商出口商品有可能存在涉证、涉检、涉税的情况，需通过查询工具书或在官方专业网站等查询相应商品 HS 编码的监管条件，例如，监管条件代码出现"B"的商品表示商品出口时需要报检。凡是出现监管条件代码的商品，意味着在出境时需要验核相关许可证件，核实其商品是否涉证、涉税、涉检。如果涉证，要确认是否获得了国家相关部门的许可，并备齐了相关单证，以保证"单证一致"；如果涉检，也要准备好相关材料，以便在检验检疫时提供给海关。

此外，如若使用木质托盘必须保证印有 IPPC 熏蒸标识；有危险品进口计划的，也要提前沟通确认能否进口。

3. 明确报关单随附单证的种类、编号栏目填写要求和格式标准

报关单内随附单证及编号栏目分为随附单证代码和随附单证编号两栏，其中代码栏按海关规定的《监管证件代码表》和《随附单据代码表》填报相应证件代码；随附单证编号栏填报证件编号。

在通关作业无纸化模式下，企业以电子文件方式保存或向海关上传的报关单随附单证按照《海关总署关于发布〈通关作业无纸化报关单证电子扫描或转换文件格式标准〉的公告》（海关总署公告 2014 年第 69 号）有关要求扫描或转换文件格式。

企业应根据海关规定的《监管证件代码表》和《随附单据代码表》选择填报相应随附单据代码及编号。

一、跨境电商商品企业内部备案审查

关慧通等报关人员在与委托人确认了 5 票代表性业务中所有商品的信息（见配套教学资源 XXY2-1、XXY2-2）后，开始重点审核进口商品的 HS 编码并与《正面清单》对照检查，经审核发现，韩国洗发水和化妆品进口通关业务中有些商品不完全符合跨境电商零售商品进口的条件。

一是驱蚊防蚊喷雾。其主要成分有：避蚊胺 78%，酒精 12.5%，透明质酸钠 2.3%，水 7.15%，香料 0.05%。经查阅《农药进出口管理目录》，避蚊胺是农药成分，禁止以跨境电商方式进口。

二是人参面霜。其主要成分由人参根提取物、黄芪、桑根萃取物等组成，用途为护肤用，包装规格为 60mL/瓶，品牌为雪花秀牌，按照归类流程可以确定其商品编码为 3304.9900。对照《正面清单》，发现其在清单管理目录内，但根据《正面清单》备注内容，"列入《进出口野生动植物种商品目录》的商品除外"，如图 2-2 所示，需进行进一步分析。

456	3304.9900	其他美容品或化妆品及护肤品	列入《进出口野生动植物种商品目录》的商品除外

图 2-2　《正面清单》备注部分内容

经进一步分析，此商品含有人参成分，可能涉及《濒危野生动植物种国际贸易公约》（以下简称 CITES）濒危物种进口管理。经查阅，发现仅俄罗斯联邦种群的人参在 CITES 内（如图 2-3 所示），禁止跨境电商进口。因此，需要与供应商进一步确认该商品含有的人参是否属于俄罗斯联邦种群。若确认为非俄罗斯联邦种群，则需提前申请办理《物种证明》来证明此商品中人参为非俄罗斯联邦种群，允许跨境电商进口，海关凭《物种证明》予以验放；若为俄罗斯联邦种群的人参，则此商品禁止以跨境电商形式进口。

五加科 ARALIACEAE

人参 *Panax ginseng* [#3]（仅俄罗斯联邦种群；其他种群都未被列入附录。）
西洋参 *Panax quinquefolius* [#3]

图 2-3　CITES 附录 II "人参" 相关说明截图

如果根据商品描述无法确定商品编号时，还可以查询商品归类决定和申请商品预裁定，从而确定准确的商品编码，确认是否属于《正面清单》中的商品。

三是洗发水。根据委托人所提供的商品信息，该洗发水含有纯植物提取精华、发酵黑豆、人参等成分，经归类确定其商品编码为 3305.1000。经查询《正面清单》，该商品可能涉及 CITES 濒危物种进口管理，需要进一步确认人参的种属，看其是否属于俄罗斯联邦种群，同样需要办理《物种证明》。

二、监管方式确认

关慧通等报关人员根据委托人的通关需求，逐一分析其跨境电商业务特征，列出以下表格并向委托人确认海关监管方式。具体情况如表 2-1 所示：

表 2-1　代表性业务监管方式确认

代表性业务编号	代表性业务名称	海关监管方式	选择理由
【代表性业务 1】	韩国洗发水进口通关	“1210” 保税电商	1. 跨境电商业务模式：B2C； 2. 物流模式：先入境（综合保税区）备货，后国内消费者电商平台下单
【代表性业务 2】	韩国化妆品保健品进口通关	“9610” 直邮进口	1. 跨境电商业务模式：B2C； 2. 物流模式：境外集货后运送到境内跨境电商监管场所
【代表性业务 3】	中国纺织品出口美国通关	“1210” 特殊区域出口	1. 跨境电商业务模式：B2C； 2. 物流模式：货物出口前存放于综合保税区
【代表性业务 4】	中国轻工纺织日杂百货出口加拿大通关	“9610” 出口	1. 跨境电商业务模式：B2C； 2. 物流模式：境内集货后报关出口
【代表性业务 5】	家居家纺类产品出口日本海外仓通关	“9810” 跨境电商出口海外仓	1. 跨境电商业务模式：B2B； 2. 物流模式：境内企业出口至境外海外仓

三、随附单证审查

在与委托人确认海关监管方式之后，关慧通通知委托人提供跨境电商通关所需单证并进行审查。下面以【代表性业务 1】韩国洗发水进口通关单证为例进行示范操作（基础业务单据详见配套教学资源 XXY2-3）。关慧通收到浙江飞驰提供的单证如下（如图 2-4、2-5、2-6、2-7 所示，只摘取主要信息）。

1. 合同（contract）

CONTRACT					
SELLER:	JUNCHENG TRADING CO., LTD	CONTRACT NO.:		FB-CG-KJKOR-240222	
	ADDR:#B1 24,ACHASAN-LO 143 SEONGDONG-GU , SEOUL, KOREA	DATE.:		13/Mar/24	
		SHIPMENT FROM:		INCHON,KOREA	
		DESTINATION.:		NINGBO,CHINA	
BUYER:	ZHEJIANG FEICHI E-COMMERCE DEVEOPMENT CO., LTD	SHIPPING METHOD:		BY SEA	
	No.99X TAIKANG RD.(MID),SHOUNAN STREET,YINZHOU DISTRICT,NINGBO, ZHEJIANG, P.R.C.	PAMENT TERM:		T/T	
	TEL:86-574-553312XX FAX:86-574-553308XX	PRICE:		CIF NINGBO,CHINA	
MARKS	DESCRIPTION OF GOODS	QTY(PCS)	UNIT PRICE (USD/PC)	AMOUNT(USD)	原产国
310518615090011032	韩国紫吕防脱固发洗发水 400ml（油性）	504	5.00	2520	韩国
310518615090011031	韩国红吕染烫损伤修护洗发水400ml	1536	3.50	5376	韩国
310518615090011033	韩国黑吕莹韧滋养固发洗发水400ml（中干性）	1536	4.50	6912	韩国
310518615090011034	韩国棕吕防脱固发滋养洗发水 500ml	1304	4.00	5216	韩国
310518615090011034	韩国棕吕防脱固发滋养洗发水 500ml	1000	4.30	4300	韩国
310518615090003749	韩国红吕2件套 （洗发水 400g + 护发素400g）	1000	7.20	7200	韩国
	TOTAL:	6880		31,524.00	
	THE SELLER:	THE BUYER:			

图 2-4　合同截图（部分）

2. 发票（invoice）

JUNCHENG TRADING CO., LTD

INVOICE			INVOICE NO.:	FB-CG-KJKOR-240XXX/240XXX/181XXX
TO: ZHEJIANG FEICHI E-COMMERCE DEVEOPMENT CO., LTD No.99X TAIKANG RD.(MID),SHOUNAN STREET,YINZHOU DISTRICT,NINGBO, ZHEJIANG, P.R.C. TEL:86-574-553312XX FAX:86-574-553308XX			DATE.:	13/Mar/24
			SHIPMENT FROM:	INCHON, KOREA
			DESTINATION:	NINGBO, CHINA
			SHIPPING METHOD:	BY SEA
			PAYMENT TERM:	T/T
ITEM	DESCRIPTION OF GOODS	QTY(PCS)	PRICE(USD/PC)	AMOUNT(USD)
				CIF NINGBO,CHINA
FB-CG-KJKOR-190225	韩国紫吕防脱固发洗发水 400ml（油性）	504	5.00	2520
	韩国红吕染烫损伤修护洗发水400ml	1536	3.50	5376
	韩国黑吕莹韧滋养固发洗发水400ml（中干性）	1536	4.50	6912
FB-CG-KJKOR-190103	韩国棕吕防脱固发滋养洗发水 500ml	1304	4.00	5216
	韩国棕吕防脱固发滋养洗发水 500ml	1000	4.30	4300
FB-CG-KJKOR-181023	韩国红吕2件套（洗发水 400g + 护发素400g）	1000	7.20	7200
	TOTAL:	6880		31,524.00

图 2-5　发票截图（部分）

3. 装箱单（packing list）

JUNCHENG TRADING CO., LTD

PACKING LIST			INVOICE NO.:	FB-CG-KJKOR-240XXX
TO: ZHEJIANG FEICHI E-COMMERCE DEVEOPMENT CO., LTD No.99X TAIKANG RD.(MID),SHOUNAN STREET,YINZHOU DISTRICT,NINGBO, ZHEJIANG, P.R.C. TEL:86-574-553312XX FAX:86-574-553308XX			DATE.:	13/Mar/24
			SHIPMENT FROM:	INCHON,KOREA
			DESTINATION:	NINGBO,CHINA
			SHIPPING METHOD:	BY SEA
ITEM	DESCRIPTION OF GOODS	CTNS	N.W(KGS)	G.W(KGS)	QTY(PCS)
1	韩国紫吕防脱固发洗发水 400ml（油性）	63	201.60		504
2	韩国红吕染烫损伤修护洗发水400ml	32	614.40		1536
3	韩国黑吕莹韧滋养固发洗发水400ml（中干性）	32	614.40	4477.30	1536
4	韩国棕吕防脱固发滋养洗发水 500ml	163	652.00		1304
5	韩国棕吕防脱固发滋养洗发水 500ml	125	500.00		1000
6	韩国红吕2件套（洗发水 400g + 护发素400g）	100	800.00		1000
	TOTAL:	515.00	3382.40	4477.30	6880.00
	TOTAL:		10PLTS		

图 2-6　装箱单截图（部分）

4. 提单（bill of lading）

海运提单			B/L No.JNGLNGB24030XXX
Vessel and Voyage number	Port of Loading	Port of Discharge	Date
PEGASUS TERA/7777W	INCHEON	NINGBO	11/Mar/24
Place of Receipt	Place of Delivery	Number of Original B(s)/L	Price
NINGBO	NINGBO	ZERO(0)	CIF NINGBO
PARTICULARS AS DECLARED BY SHIPPER - CARRIER NOT RESPONSIBLE			
Container Nos./Seal Nos. Marks and Numbers	No.of Containe/Packages/Description of Goods	Gross Weight(Kilos)	Measurement(cu-metres)
AS ADDR //CONTAINER NO// TRHU2875XXX/215XXX(20DC)	10 PLTS OF R SHAMPOO INVOICE NO.:NGNJ2024_XXXX	4477.30	20.00

图 2-7　提单截图（部分）

关慧通在审查完上述单证后，发现了以下问题：

1. 单单不一致。发票中的发票号码为 FB-CG-KJKOR-240XXX/240XXX/181XXX，而装箱单中的发票号码却是 FB-CG-KJKOR-240XXX，于是向委托人进行确认，以发票中的发票号码为准。

2. 缺少《物种证明》。由于该批洗发水含有人参成分，根据国家现行规定，需要提供符合跨境电商进口的相关证明。

3. 缺少中文标签。

关慧通将上述问题通知浙江飞驰进行修改和补充相关单据，经申请，浙江飞驰办理的《物种证明》编号为2024CX111111XX。

代理报关企业对单证资料的合理审查

一、单证资料审核要求

一般代理报关都是直接代理的性质。报关行以委托人的名义进行报关。根据《海关法》规定，委托人要对报关资料的真实性负责，报关行的主要义务是"合理审查"。如果未尽"合理审查"义务导致申报违规，报关行将承担相应的责任。在理单环节，报关行必须检查报关资料是否合格，合格的标准是齐全、有效、一致。

"齐全"是指单证资料的种类、单证的内容是否符合报关要求。报关所需的单证可以分为报关单和随附单证两大类。随附单证包括基本单证和特殊单证两种，基本单证包括出口装货单据、贸易合同、商业发票、装箱单等，特殊单证包括原产地证明。

"有效"是指相关的证明、许可证件、批件等的抬头是否与其他单据的抬头一致，是否在有效期之内使用，是否符合法律法规的规定。

"一致"是指报关人员应检查报关资料的内容，做到各资料之间"单单一致""单证一致"。"单单一致"是指报关单的数据与其他报关资料的数据要一致，"单证一致"是指报关单数据与许可证件的数据一致。在有实物样品的情况下，报关人员还需要核对"单货一致"，即报关资料与实物保持一致。若发现资料内容互相矛盾，报关人员应催促委托方及时修正并确认。

二、跨境电商零售进口商品《正面清单》

1.《正面清单》的概念、由来及历次调整

《正面清单》即跨境电子商务零售进口商品清单，是指对跨境电商零售进口商品实施正面清单管理，非清单内商品不得以跨境电商零售进口方式入境销售。

2016年3月，财政部、海关总署、国家税务总局联合发布《关于跨境电子商务零售进口税收政策的通知》（财关税〔2016〕18号）。通知指出跨境电子商务零售进口适用《跨境电子商务零售进口商品清单》范围内的商品，并随后发布该清单开始执行。这标志着跨境电商零售进口正式开始施行正面清单管理。

为促进跨境电子商务零售进口业务健康发展，跨境电子商务零售进口商品清单自初次发布起历经了2016年、2018年、2019年和2022年的多次调整。

2. 2022 年版《正面清单》的调整内容

（1）增加 29 项商品

2022 年版清单优化调整，增加了滑雪用具、家用洗碟机、番茄汁和视频游戏机等 29 项近年来消费需求旺盛的商品。纳入《正面清单》后的商品可以通过跨境电商渠道进口，国内消费者通过跨境电商方式购买这些商品可以享受税收优惠政策。

（2）调整部分清单商品品目

结合近年来税则转版和品目调整，对清单内的商品品目进行技术调整。以商品税号维度统计，2022 年版清单内有 1476 项商品税号，比 2019 年版的正面清单增加了 63 项。主要涉及两类：一类是商品范围不变或从原品目直接拆分出的新品目，直接纳入清单；另一类是由多个原品目合并或重新组合而成的新品目，按照新品目项下主要商品选择是否纳入清单。

（3）部分商品调整商品备注

2022 年版清单根据监管要求调整优化了 206 项清单商品的备注，跨境电商零售进口商品不仅要满足商品税号要求，而且要符合正面清单中商品备注要求，具体如下：

①增加备注。对 73 项品目新增了"仅限网购保税商品"备注，商品范围集中于第 4 章~12 章的初级动植物产品、第 17 章的糖类以及第 23 章的饲料添加剂产品。该项备注的调整，意味着之后上述类别的商品将无法通过"9610"模式直购进口，而仅能通过"1210"网购保税模式申报进口。

②增加非濒危产品的备注内容。将清单备注中原有"列入《进出口野生动植物种商品目录》除外"的，调整为"列入《进出口野生动植物种商品目录》且不能提供《中华人民共和国濒危物种进出口管理办公室非〈进出口野生动植物种商品目录〉物种证明》的商品除外"。含非濒危动植物成分的产品可凭《中华人民共和国濒危物种进出口管理办公室非〈进出口野生动植物种商品目录〉物种证明》予以放行，实现了对涉及濒危野生动植物的商品更精准化的监管，解决了跨境电商企业无法进口部分畅销品类非濒危产品的问题。

③部分商品不再允许通过跨境电商零售进口。明确了列入《禁止进口货物目录（第七批）》《中华人民共和国进出口农药管理名录》和《两用物项和技术进出口许可证管理目录》等的商品不允许通过跨境电商零售进口，比如含汞的化妆品、肥皂、消毒剂、温度计、血压仪、气压仪等。

④部分商品设定购买限量要求。例如，调整了 9 个糖类商品的限量备注，仅限网购保税进口且每人每年进口合计不超过 2 千克。

（4）删除了一项商品

此次调整删除了税号 9307.0090 的"其他剑、短弯刀、刺刀、长矛和类似的武器及其零件；其他刀鞘、剑鞘"。

智关强国

海关探索应用"智慧审证"新模式

智慧海关建设是海关坚决贯彻落实党的二十大精神的重要实践。广州海关认真践行"智慧海关、智能边境、智享联通"合作理念，按照海关总署党委部署要求，持续推进智慧海关建设和"智关强国"行动，积极探索应用"智慧审证"等新模式，实现监管更强、通关更快、基层减负、风险可控。

为保障进口生鲜食品质量安全，广州海关以"智慧审证"为抓手，整合企业申报数据、电子信息核查、证书笔迹印章等要素，在"智慧审证"平台进行集约式"全版识别"展示，运用光学字符识别（OCR）、图文智能 AI 识别技术和机器学习等技术，设计应用 AI 证书场景文本检测与识别模型，实现对证书文字高质量、抗干扰识别，综合运用 OCR 图文识别去噪技术，提高识别率和准确度，准确率高达 95% 以上。

在"智慧审证"新模式下，只需点击单证审核页面"智慧审证结果"按钮，就可自动调取随附单据结构化数据和证书签章、模板，实现同屏比对，省去了跨系统检索、核对等流程，既便捷又高效。

对境外检验检疫证书识别结果进行智能计算和比对，比对不一致的进行预警提示，每份证书后台运算比对平均耗时 109 秒。广州海关现已全面实现单证审核智能化、便捷化运作，证书审核作业效率得到极大提升，平均每票报关单的单证审核作业时间缩短 80% 以上。

目前，"智慧审证"已率先在海关主干作业系统应用，覆盖 19 个国家和地区的水果、冻肉等 30 类国（境）外官方证书的智能识别和比对功能，该模式已于 2023 年 12 月 22 日在全国海关推广应用。

资料来源：《中国国门时报》，有删改

任务 2-3　跨境电商商品归类审查

操作分析

商品税号（HS 编码）是海关监管、征税和统计等工作的依据，是商品申报要素、监管条件、进出口税率确定的前提和基础。

跨境电商商品报关之前的首要任务是确认跨境电商商品是否纳入正面清单管理、是否涉及许可证管理、是否涉及征税和检验检疫等问题，而回答这些问题的关键是要对商品进行准确归类，确定商品 HS 编码。因此，商品归类是进出口企业办理各项进出口报关相关业务的重要基础。

一、明确商品归类的工作环节和操作步骤

报关人员在进行海关进出口商品归类时应运用具有法律效力的归类依据，按照法定归类程序，对通关商品进行归类。正确的操作程序是准确进行商品归类的前提和保证。海关进出口商品归类（以 8 位编码为例）的基本方法和具体操作步骤如下：

1. 收集和确认商品信息

在实际工作中，报关公司通过公司规定的方式向委托人收集相关商品的信息，如果所提供的信息不足以进行商品归类，需要向委托人索要更为详细的信息，比如工作原理图、成分表、中文标签、图片、商业信息等；如果报关公司对所提供的信息有疑问，需要与委托人沟通确认。

2. 查询商品 HS 编码

（1）确定品目（前 4 位编码）

①明确待归类商品的特征。此处的特征是指决定商品属于不同类、章的特征。也就是说，确定商品名称的中心词，并根据业务资料分析商品特性（如组成、结构、加工、用途等）。

②查阅类、章标题，初步判断该商品可能涉及的章和品目，查找涉及的几个有关品目的品目条文。

③找出可能归入的标题。

④查阅标题对应的类、章注释和品目条文，查看所涉及的品目所在章和类的注释，检查一下相关章注和类注是否有特别的规定。如果能够使用归类总规则一确定品目，则进行下一步。

⑤如果不能够确定品目，则依次运用归类总规则二至规则四确定品目。

（2）确定子目（第 5~8 位编码）

①查阅所属品目项下的一级子目条文及相关注释。

②运用归类总规则六确定一级子目（又称"一杠子目"）及其项下范围，同时可以推算出第五位数码。

③查阅所属一级子目项下的二级子目条文及相关注释。

④运用归类总规则六确定二级子目（又称"二杠子目"）及其项下范围，同时可以推算出第六位数码。依次重复前述程序，可确定三、四级子目，也可推算出第七、八位数码，最终完成归类。

确定子目的过程中应当注意同级的子目才能进行比较。

3. 商品归类复核与双方确认

企业归类人员进行归类后，由其他归类人员或者关务经理进行复核，并向委托人进行确认，双方对所查询的 HS 编码达成一致意见。

二、确定查询 HS 编码的途径

1. 查阅归类参考工具书

查询最新出版的《中华人民共和国进出口税则》《进出口商品编码查询手册》《进

出口税则商品及品目注释》《进出口税则对照使用手册》等。

2. 查询 HS 编码参考网站

途径一，通过"互联网+海关"一体化网上办事平台查询。

途径二，通过"海关归类一指通"公众号查询。

操作示范

关慧通在协助委托人办理需要的企业资质之后，将公司统一制作的空白商品备案信息表模板发送给委托人，用于收集和确认商品信息，并根据委托人返填的商品信息进行审核和修改，以便确定每一种商品的 HS 编码。由于每票业务涉及商品品种较多，下面将选择每票业务中一种商品的归类方法进行归类示范操作。

一、韩国洗发水进口通关业务代表性商品详情及归类步骤

关慧通在审核委托人所返回的商品备案信息表时发现，所进口的商品都是洗发水，其中一种商品详细信息如下：

品名：韩国紫吕防脱固发洗发水 400mL（油性）

用途：洗发；包装规格：净含量 400mL/瓶；货号：2227788

成分：纯植物提取精华，含发酵黑豆、人参等成分

品牌：吕

归类步骤：

第一步，根据商品的名称"紫吕防脱固发洗发水"和用途"洗发"，功能是"防脱固发"，可以判断该商品属于护发品，通过查询章节目录，该商品归入品目 33.05 护发品项下。

第二步，由于洗发水属于洗发剂（香波）的一种，该商品可以归入税号 3305.1000 项下，进一步查询章注，400mL 的洗发水符合章注释三中列明的零售包装。

第三步，根据产品成分，该洗发水含有人参等成分，而人参被列入《进出口野生动植物种商品目录》，该商品属于含濒危物种成分的洗发剂。

最后确定该商品的 HS 编码为 3305.1000。

二、韩国化妆品进口通关业务代表性商品详情及归类步骤

关慧通对委托人所返回的商品备案信息表中 7 种商品进行了归类审核，确认商品编码均正确。

品名：人参面霜

主要成分：人参根提取物、黄芪、桑根萃取物等；净含量：50g

归类步骤：

第一步，根据商品"人参面霜"，可以判断该商品属于化妆品，通过查询章名称和品目条文，可以初步判断该商品归入品目 33.04 项下美容品或化妆品及护肤品（药品除外）。

第二步，根据人参面霜的用途分析，人参面霜是用来防护面部的。比较品目 33.04 项下的子目条文，该商品不属于唇用、眼用、指甲用化妆品，因此，可以归入税号 3304.9000 项下。进一步分析，该商品的状态不是粉状的，进一步可以明确归入税号 3304.9900 项下。

第三步，根据人参面霜的成分分析，该商品含有人参根提取物，根据《进出口野生动植物种商品目录》附录，人参属于濒危物种，因此，该商品属于含有濒危物种成分的美容品或化妆品及护肤品。

最后确定该商品的 HS 编码为 3304.9900。

三、美容美体仪器出口通关业务代表性商品详情及归类步骤

委托人所返回的该票业务的商品备案信息表中一共有 6 种商品（详见配套教学资源 XXY2-4），下面是其中一种商品的详情。

品名：面部修剪器

品牌：PANASONIC/松下；型号：ES-WF30VP405；闪光次数：10 万~20 万发；使用频率：两周一次；类型：电动修眉刀；适用部位：面部

能量：3J/cm² 以下；功能：无线便携用于修剪面部毛发

归类步骤：

第一步，根据商品"面部修剪器"的描述，大致可以判断该商品是电动器具，通过查阅章名称，可以初步确定在第 85 章。

第二步，通过比较品目条文，可以初步判断该商品既可以归入品目 85.09 的"家用电动器具"项下，又可以归入品目 85.10 的"电动剃须刀、电动毛发推剪及电动脱毛器"项下。进一步查阅章注四，面部修剪器不属于品目 85.09 的范围，因此可以归入品目 85.10 项下。

第三步，在品目 85.10 项下的一级子目中，面部修剪器看起来既可以归入子目 8510.10 的"电动剃须刀"，又可以归入子目 8510.20 的"电动毛发推剪"，还可以归入子目 8510.30 的"电动脱毛器"，但进一步分析，该商品用于修剪面部毛发，因此，根据归类总规则三（一），子目 8510.20 "电动毛发推剪"的名称更为具体。

最后确定该商品的 HS 编码为 8510.2000。

四、服装服饰类和家居家纺类产品出口加拿大通关业务代表性商品详情及归类步骤

关慧通从委托人处收集到的商品备案信息表中一共有 23 种商品（详见配套教学资源 XXY2-5），下面是其中一种商品的详情：

品名：机织涤纶短裙；织造方法：机织；种类：裙子；类别：女式；成分含量：涤纶 100%；品牌：内外牌 NEIWAI；货号：5613686

归类步骤：

第一步，根据商品名称和织造方法，可以判断该商品归入第十一类第 62 章的非针织或非钩编的服装及衣着附件。

第二步，根据商品是机织涤纶短裙，可以将商品归入品目 62.04 项下，进一步查

询类注章注，排除了针对该商品有特别的规定。

第三步，比较子目条文，由于该商品是短裙，可以将该商品归入子目 6204.53 项下，进一步分析其成分为含 100% 涤纶的信息，可以将商品归入合成纤维制其他女士裙子及裙裤。

最后确定该商品的 HS 编码为 6204.5300。

五、家居家纺类产品出口日本海外仓通关业务代表性商品详情及归类步骤

关慧通收到的这批商品备案清单中一共有三脚架、不锈钢置物架、浴室拖鞋、女式针织棉制睡衣套装、直杆伞 5 种商品（详见配套教学资源 XXY2-6），下面选取其中一种作为代表：

品名：不锈钢置物架；用途：卫生间用；材质：不锈钢

种类：置物架；加工方法：已搪瓷；品牌：富居牌

归类步骤：

第一步，根据商品名称"不锈钢置物架"可知，该商品的材质是不锈钢，因此可以将该商品归入钢铁制品，查阅章名称，可以将该商品归入第 73 章。

第二步，商品的用途是卫生间用，通过品目条文，可以将该商品归入品目 73.24 项下。

第三步，比较子目条文，根据商品是不锈钢置物架以及卫生间用等信息，可以判断该商品既不属于不锈钢制洗涤槽及脸盆，也不属于浴缸，而是属于其他钢铁制卫生器具机器零件。

最后确定该商品的 HS 编码为 7324.9000。

在认真仔细审核之后，关慧通向委托人确认了所有商品的 HS 编码。

跨境电商商品归类

一、商品归类总规则

商品归类是指在《商品名称及编码协调制度》（以下简称《协调制度》）商品分类目录体系下，以《中华人民共和国进出口税则》为基础，按照《进出口税则商品及品目注释》《中华人民共和国进出口税则本国子目注释》以及海关总署发布的关于商品归类的行政裁定、商品归类决定的规定，确定进出口货物商品编码的行为。

二维码 2-1 商品名称及编码协调制度

1. 归类总规则一

类、章及分章的标题，仅为查找方便而设；具有法律效力的归类，应按品目条文和有关类注或章注确定，如品目、类注或章注无其他规定，按以下规则确定。

二维码 2-2　详解归类总规则一

2. 归类总规则二

（1）品目所列货品，应视为包括该项货品的不完整品或未制成品，只要在报验时该项不完整品或未制成品具有完整品或制成品的基本特征；还应视为包括该项货品的完整品或制成品（按本款可作为完整品或制成品归类的货品）在报验时的未组装件或拆散件。

（2）品目中所列材料或物质，应视为包括该种材料或物质与其他材料或物质混合或组合的物品。品目所列某种材料或物质构成的货品，应视为包括全部或部分由该种材料或物质构成的货品。由一种以上材料或物质构成的货品，应按规则三归类。

二维码 2-3　详解归类总规则二

3. 归类总规则三

当货品按规则二（2）或由于其他原因看起来可归入两个或两个以上的品目时，应按以下规则归类：

（1）列名比较具体的品目，优先于列名一般的品目。但是如果两个或两个以上的品目（税目）都仅述及混合或组合货品所含的某部分材料或物质，或零售的成套货品中的某些货品，即使其中某个品目对该货品描述得更为全面、详细，这些货品在有关品目的列名应视为同样具体。

（2）混合物、不同材料构成或不同部件组成的组合物以及零售的成套货品，如果不能按规则三（1）归类，在可适用本款条件下，应按构成货品基本特征的材料或部件归类。

（3）货品不能按规则三（1）或（2）归类时，应按号列顺序归入其可归入的最末一个品目。

二维码 2-4　详解归类总规则三

4. 归类总规则四

根据上述规则无法归类的货品，应归入与其最相类似的货品的品目。

二维码 2-5　详解归类总规则四

5. 归类总规则五

除上述规则外，本规则适用于下列商品的归类：

（1）制成特殊形状、仅适用于盛装某个或某套物品，并适合长期使用的如照相机套、乐器套、枪套、绘图仪器套、项链盒及类似容器，如果与所装物品同时报验，并通常与所装物品一同出售的，应与所装物品一并归类。但本款不适用于本身构成整个货品基本特征的容器。

（2）除规则五（1）规定的以外，与所装货品同时报验的包装材料或包装容器，如果通常是用来包装这类货品的，应与所装货品一并归类。但明显可重复使用的包装材料和包装容器可不受本款限制。

二维码 2-6　详解归类总规则五

6. 归类总规则六

货品在某一品目（税目）项下各子目的法定归类，应按子目条文或有关子目注释以及以上各条规则（在必要的地方稍加修改后）来确定，但子目的比较只能在同一数级上进行。除条文另有规定的以外，有关的类注、章注也适用于本规则。

二维码 2-7　详解归类总规则六

二、进出口商品分类

《协调制度》将商品分为 21 类 97 章，我国增加了第 22 类"特殊交易品及未分类商品"，下设第 98 章。我国进出口税则采用 8 位编码，前 6 位等效采用 HS 编码，第 7 位和第 8 位是我国子目，它是在《协调制度》分类原则和方法基础上，根据我国进出口实际情况延伸的两位编码。商品的 8 位编码由品目（4 位数）、子目（第 5、6 位）和本国子目（第 7、8 位）组成。例如，商品编码 0301.9210 的含义是：

编码	03	01	9	2	1	0
位数	1 2	3 4	5	6	7	8
含义	章号	顺序号	1 级子目	2 级子目	3 级子目	4 级子目

上述商品编码表示的是，该商品属于第 3 章第一序号商品项下的三级子目的某种商品，即品目 03.01 中的一种商品。需要注意的是，如果子目条文对应的第 5~8 位编码出现了数字"9"，则没有具体的含义，代表未具体列名的"其他"商品，在"9"前面一般有空余序号，以便今后用于新增商品。

二维码 2-8　我国进出口商品归类统计制度

同样，税则中商品的子目也可以用商品名称前的横杠表示："－"代表 1 级子目；"－－"代表 2 级子目；"－－－"代表 3 级子目；"－－－－"代表 4 级子目。

三、跨境电商主要商品归类

跨境电商商品一般可以分为食品、美容美妆、服装服饰、家居家纺、数码家电、运动装备、母婴用品等类别。下面将对常见的跨境电商商品进行归类分析。

1. 食品类

（1）乳品

对乳及有关乳制品进行归类时，主要考虑的因素包括商品的组成成分、加工工艺、加工程度。在税则中包含乳及乳制品的主要品目有：品目 04.01 至 04.06、品目 19.01、品目 21.05、品目 21.06、品目 22.02、品目 35.01、品目 35.02、品目 35.04 等。

归类示例：

高钙脱脂奶粉（脂肪含量 1.2%），经脱脂、浓缩、干燥制成，添加微量的食品营养强化剂，但未加糖，包装规格：400 克/袋。

归类分析：

奶粉又名乳粉。根据《食品安全国家标准　乳粉和调制乳粉》（GB 19644—2024）中的定义，奶粉是以生牛（羊）乳为原料，经加工制成的粉状产品。奶粉是由动物的液态乳经浓缩而成，故符合品目 04.02 "浓缩、加糖或其他甜物质的乳及奶油"的规定（注意：这里只需要满足"浓缩"或"加糖或其他甜物质"两个条件中的一个即可）。然后根据商品状态"粉状""脂肪含量 1.2%"的条件，该商品应归入税号 0402.1000。

二维码 2-9　乳品归类要点

（2）含可可的食品

在进行含可可的制品归类时，不能仅从成分、含量来看，还要考虑第 18 章的排他情况，必须严格遵照类注释、章注释和品目注释的相关规定。

在实际归类工作中，需要根据已脱脂的可可粉含量确定归类，其他与可可有关的食品都应归入第 18 章。

归类示例 1：

白巧克力，如图 2-8 所示，成分：白砂糖、脱脂奶粉、可可脂、植物油、乳清粉、可可粉、可可液块等。

图 2-8　白巧克力

归类分析：

根据品目 17.04 的白巧克力税则注释定义，白巧克力由糖、可可脂、奶粉及香料组成，绝不含可可（可可脂不应视为可可）。该商品含有少量的"可可粉"和"可可液块"，由于这两者均含有可可，故该商品的成分超出了第 17 章的范围，应归入品目 18.06。

根据品目 18.06 的排他条款二，裹巧克力的饼干及其他烘焙糕饼应归入品目 19.05。注意，此处的巧克力依然不包括白巧克力，根据相关归类决定，"填充椰子馅料和整个的杏仁，外层为白巧克力和碎椰子（不含可可粉）的华夫饼，归入品目 17.04"。

归类示例 2：

固体饮料，如图 2-9 所示，成分含量：白砂糖 74%，低脂可可粉 20%，小麦粉 4%，大豆磷脂 1%，食用盐 0.9%，食用香精 0.1%。

图 2-9　固体饮料

对于上面这种固体饮料可以考虑以下几个品目：

品目 21.06——其他品目未列名的食品

品目 18.06——巧克力及其他含可可的食品

根据品目 18.06 的税则注释，本品目还包括各种含有任何比例可可的糖食、甜可可粉、巧克力粉、巧克力酱及所有含可可食品（但本章总注释规定不包括的除外）。

第 18 章总注释规定下列商品不包括：（一）品目 04.03 的酸奶及其他产品。（二）白巧克力（品目 17.04）……

也就是说，除第 18 章总注释明确排除的，其他所有含可可食品均应归入品目 18.06 项下。因此，该种可可含量达 20% 的"固体饮料"应按照含可可食品归入品目 18.06 项下。

二维码 2-10　含可可的食品归类要点

（3）保健食品

在跨境电商商品中，绝大部分保健品归入品目 21.06。在具体实践中，需要以"不以治疗疾病为目的"来界定保健品与药品的边界，可以以"商品是否具有药品批准文号"作为判断依据。

归类示例 1：

深海鱼油胶囊，如图 2-10 所示，主要成分为深海鱼油（EPA、二十五碳五烯酸、DHA、二十二碳六烯酸），由明胶胶囊包裹。每天 1~3 粒，适宜成年人服用。

图 2-10　深海鱼油胶囊

归类分析：

明胶是用来制作胶囊的，仅为方便服用和保存，鱼油是单一成分的鱼油。深海鱼油胶囊应按除鱼肝油以外的鱼油归入税号 1504.2000。

归类示例 2：

爱乐维复合维生素片，如图 2-11 所示，每片含有 12 种维生素、7 种矿物质和微量元素，用于妊娠期和哺乳期妇女对维生素、矿物质和微量元素的额外需求，并可预防妊娠期因缺铁和叶酸所致的贫血。

图 2-11　爱乐维复合维生素片

归类分析：

该商品属于 OTC 类药品（非处方药），很容易将其按照保健品归入税号 2106.9090 其他未列名食品，属于跨境电商零售进口商品清单所列明的税号。根据归类总规则一及六，该商品应归入税号 3004.5000，不属于《正面清单》内商品。

二维码 2-11　保健食品的归类要点

2. 美容美妆类

化妆品分为普通化妆品和特殊化妆品。用于染发、烫发、祛斑美白、防晒、防脱发的化妆品以及宣称新功效的化妆品属于特殊化妆品。在进出口商品归类中，这类商品并不属于医药类，而是归入化妆品类。化妆品又分为美容化妆品和洁肤化妆品（即护肤品）两类。

（1）美容化妆品的归类

美容化妆品涂敷于脸部及指甲等部位，赋予色彩、改变肤色，形成层次，增强立体感觉，使局部色彩突出，隐蔽皮肤的缺陷，从而达到容光焕发的目的，归入品目 33.04 项下。

归类示例 1：

DHC 蝶翠诗纯榄润唇膏 1.5 克，如图 2-12 所示，性能/用途：唇部滋润、软化角质防开裂，增添光泽、性感唇形。成分：羊毛脂油、辛酸/癸酸甘油三酯、小烛树蜡、羊毛脂、蜂蜡、硬脂酸、角鲨烷、石蜡、油榄果油、1,2-戊二醇、生育酚（维生素 E）、苯氧乙醇、硬脂醇甘草亭酸酯、人参根提取物、库拉索芦荟叶提取物。包装：管状，1.5g/支。

图 2-12　DHC 蝶翠诗纯榄润唇膏

归类分析：

该润唇膏包装形式为管状（1.5g/支），作用是滋润护肤、防止干裂、保护嘴唇。应该按护肤品归类，归入税号 3304.9900。

此外，口红（如图 2-13 所示），其作用是赋予色彩、改变肤色，形成层次，增强立体感觉，使局部色彩突出，应该按化妆品归入税号 3304.1000。

图 2-13　口红

二维码 2-12　化妆品的归类要点

（2）护肤品的归类

护肤品用于清洁皮肤，保持皮肤油脂分泌和水分挥发的平衡，促进皮肤的新陈代谢以及保护皮肤免受有害紫外线影响，一般归入品目 34.01 项下。

归类示例：

洗面奶，又称洁面乳，用于清除面部皮肤表面的污垢，有助于保持皮肤清爽舒适，保持皮肤正常的生理功能。根据表面活性剂的不同，洗面奶分为几种不同的类型，如皂基型、氨基酸型等。

归类分析：

根据海关总署《关于公布 2020 年商品归类决定的公告》（海关总署公告 2020 年第 108 号）中编号 W2020-11 和 W2020-12 的商品归类决定，用于洗面、去角质等的液状和膏状洁肤用品（零售包装），应归入税号 3401.3000。因此，洗面奶应按洁肤品归入税号 3401.3000。

二维码 2-13　化妆品套装的归类要点

3. 服装服饰类

服装服饰类商品的归类思路如下：

（1）品目条文和有关类注或章注有规定的，应按照相关规定确定归类。

（2）确定服装归类时应首先确定服装面料的构成。如果是针织或钩编的服装，应归入税则第 61 章。如果是非针织或非钩编的服装（例如，机织服装或无纺布制服装），则应归入第 62 章。

当服装面料由两种或两种以上织物组成时，如由部分针织物和部分机织物构成，就要根据归类总规则三（二）的基本特征归类原则，按占比例最大的织物进行归类。当不能确定哪一部分织物为服装的基本特征时，则可根据归类总规则三（三）的从后归类原则来确定。

（3）确定完章后，区分男女服装并参照相应的款式归入正确的 4 位品目；根据第 61 章章注九规定：凡门襟为左压右的，应视为男式；右压左的，应视为女式。本规定不适用于其式样已明显为男式或女式的服装。无法区别是男式还是女式的服装时，应按女式服装归入有关品目。

（4）按服装面料的材质归入正确的 8 位税号；特别注意两个需要优先归类的产品：婴儿服装和特种面料的服装。根据税则第 61 章章注六、八和第 62 章章注四、五的规定：婴儿服装优先归类，其次为经浸渍、涂层等处理的特种面料的服装，最后才是按款式确认品目。

（5）部分需要申报 10 位税号的服装在正确确定 8 位税号的基础上依据 10 位税号的描述填写。

归类示例 1：

针织 T 恤衫，如图 2-14 所示，成分：100% 人造棉。

图 2-14　针织 T 恤衫

归类分析：

本商品成分是 100% 人造棉，人造棉即胶粘纤维，属于化学纤维中的人造纤维。同时，该 T 恤衫的织造方法是针织，可以按照针织或钩编的服装归入税则第 61 章。

根据图片所示，本商品为无领，根据第 61 章总注释"衬衣及仿男式女衬衣是指人体上身穿着并从领口处全开襟或半开襟的长袖或短袖衣服，其腰身以上可缝有口袋，有一衣领"的解释，本商品不属于衬衫的范畴。

本商品有门襟，根据品目 61.09 注释所称，"T 恤衫"是指针织或钩编的内衣类轻质服装，用棉花或化学纤维织成的非起绒、割绒或毛圈组织织物制成，有单色或多色，不论是否带衣兜，有紧身长袖或短袖，无领、无扣、领口无门襟而且开口有高有低（圆形、方形、船形或 V 形领口）。这类服装除花边以外，可以印制、针织或用其他方法加上广告、图画或文字进行装饰，其下摆通常缝边。不包括带有束带、罗纹腰带或其他方式收紧下摆的服装。故本商品也不符合 T 恤衫的定义。

因此，该商品应按照品目 61.10"针织或钩编的套头衫、开襟衫"归入税号 6110.3000。

归类示例 2：

篮球运动服套装，如图 2-15 所示，成分：100%聚酯纤维机织面料。

图 2-15 篮球运动服套装

归类分析：

该套装为机织面料，可以按照非针织或钩编的服装归入税则第 62 章。

该套装由背心和短裤组成，不符合"运动服套装"中关于"上衣是一件到腰或稍微过腰的长袖上衣……下装是一条紧身或松身的裤子……但裤脚一般长至脚踝……"的描述。同时，该运动服套装也不符合"便民套装"中关于"一件人体上半身穿着的服装，但背心除外，因为背心也可作为内衣"的规定。因此，篮球运动服需要分别归类。

根据篮球背心面料材质是聚酯纤维、织造方法是机织等因素，应将其归入税号 6211.3390 化学纤维制的其他服装；短裤应归入税号 6203.4390 合成纤维制的其他男式短裤。

二维码 2-14 服装套装的归类要点

4. 家居家纺类

家用纺织品（home textiles）指用于家庭及部分特定场所（如宾馆、剧场、休闲场所、交通工具等）的纺织用品。

家居家纺产品的归类要点如下：

（1）成分确认要求

无论是纺织制品还是纺织原料或半制品，均应根据商品实际形态审核相应的具体成分，包括纤维的成分（若为混纺产品，应提供混纺成分及混纺比例）。

纱线需审核细度、捻度、强度指标，织物还要审核织法、门幅、平方米克重、组织结构等指标。

复合产品及制成品需审核此产品的组成成分、结构及各自含量。例如尿布，还需要了解其吸水层的材料属性。

（2）加工工艺要求

对于纺织原料，需了解其具体的生产工艺流程及加工整理过程，从什么状态开始，经过几步加工，每一步工艺如何，以及最后制成什么样的产品。材料是否浸渍、涂布、包覆或层压等。在一些必要的情况下，还需了解产品的前道及后道工艺（如废料）。

对于复合产品，还需了解其各组成部分的连接方式（如黏结、层压等）。

（3）用途要求

对于复合产品，不仅需了解第二条"加工工艺要求"，还需了解产品的用途资料及各组成部分在商品使用中的作用。

归类示例1：

羊毛毯，如图2-16所示，100%羊毛制，120cm×150cm，通常用于床上御寒。

图2-16 羊毛毯

该羊毛毯为100%羊毛制，内部无填充，不符合品目94.04注释条文描述，符合品目63.01的注释描述："毯子及旅行毯是供御寒用的，一般用羊毛、动物毛、棉或化学纤维制成的厚重织物，表面通常有丰厚毛绒。"运用归类总规则一，应将其归入品目63.01。

归类示例2：

野餐垫，如图2-17所示，由加密牛津布作面，加厚防水PVC作底面，带有便携提手、魔术贴，适用于户外野餐烧烤、沙滩等场合，尺寸：150cm×130cm。

图 2-17　野餐垫

归类分析：

该野餐垫以加密牛津布作面为主要特征，不属于铺地制品的范围，用于户外野餐烧烤、沙滩等场合，符合品目 63.06 野营用品的注释描述，根据归类总规则三（二）、一，应将其归入税号 6306.9090。

二维码 2-15　家居家纺类商品的归类要点

技能报国

赛题解读：进出口商品归类

商品描述：

丁香胡椒粉，由各含 50% 的丁香粉与胡椒粉混合而成的调味香料。

归类思路：

1. 确定商品所属大类：根据商品描述可以判断，该商品属于税则第二类"植物产品"范畴。

2. 确定商品品目：该商品描述为调味香料，应归入第 9 章"咖啡、茶、马黛茶及调味香料"。根据商品描述"混合而成"以及第 9 章注释一（二）"不同品目的两种或两种以上产品的混合物应归入品目 09.10"，可以确定该商品应归入品目 09.10。

3. 确定商品子目：品目 09.10 项下有四个一级子目，其中第四个是"其他调味香料"（如图 2-18 所示），根据子目条文判断，该商品可以归为"其他调味香料"。

0910	姜、番红花、姜黄、麝香草、月桂叶、咖喱及其他调味香料:
	-姜
0910. 1100	--未磨
0910. 1200	--已磨
0910. 2000	-番红花
0910. 3000	-姜黄
	-其他调味香料
0910. 9100	--本章注释一 (二) 所述的混合物
	--其他
0910. 9910	---花椒、竹叶花椒和青花椒
0910. 9990	---其他

图 2-18　税则商品编码查询截图

4. 进一步分析确定二级子目: 丁香粉与胡椒粉混合而成的商品属于本章注释一 (二) 所述的混合物。因此, 可以确定该商品归入税号 0910.9100。

任务 2-4　《代理报关委托书/委托报关协议》签署

操作分析

为了保证代理报关服务中委托方与被委托方的双方利益和业务顺利进行, 根据GB/T 37518—2019《代理报关服务规范》, 大多数公司除了签署《代理报关服务合同》之外, 双方还根据情况签订纸质《代理报关委托书/委托报关协议》(包含其正面的代理报关委托书、委托报关协议及其背面的委托报关协议通用条款) 或者电子委托报关协议。

一、电子委托报关协议签订的操作流程

进入中国国际贸易"单一窗口"口岸执法申报界面, 按照"货物申报—报关代理委托—电子代理报关委托—委托关系管理"的顺序进入。代理报关的委托方、被委托方都可以在本系统内发起委托, 由另一方"确认委托", 然后一方进行"签订委托协议"操作, 另一方则进行"确认委托协议"操作, 委托方可开启自动确认功能。除了"委托关系管理"功能之外, "电子代理报关委托"还下设了"委托关系变更管理"和"综合查询"模块, 如图 2-19 所示。

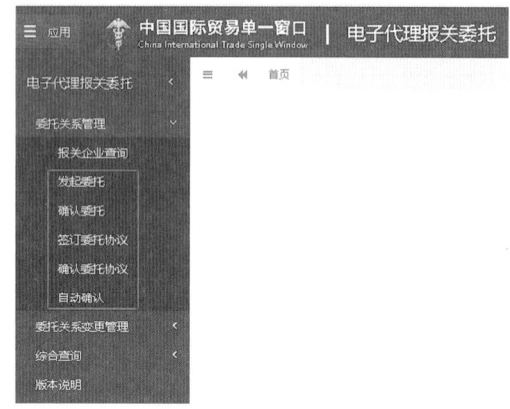

图 2-19 "电子代理报关委托"操作界面

二、"电子代理报关委托"录入注意事项

在中国国际贸易"单一窗口"录入"电子代理报关委托"时，需尽量录入所有栏目。录入"委托关系"时，需要重点注意在"委托内容"中勾选相关事项，如图 2-20 所示。

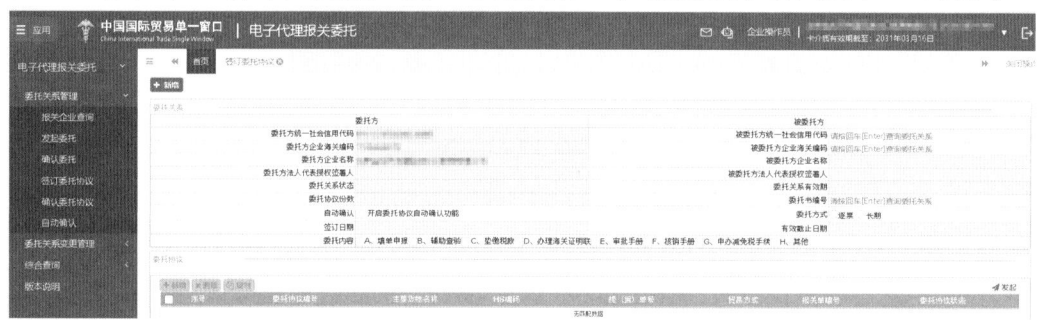

图 2-20 "委托关系"录入

在录入"委托协议"时，双方需要重点确认货物的商品编码和贸易方式，被委托人需要确认收到的单证是否合法、有效和齐全，如图 2-21 所示。

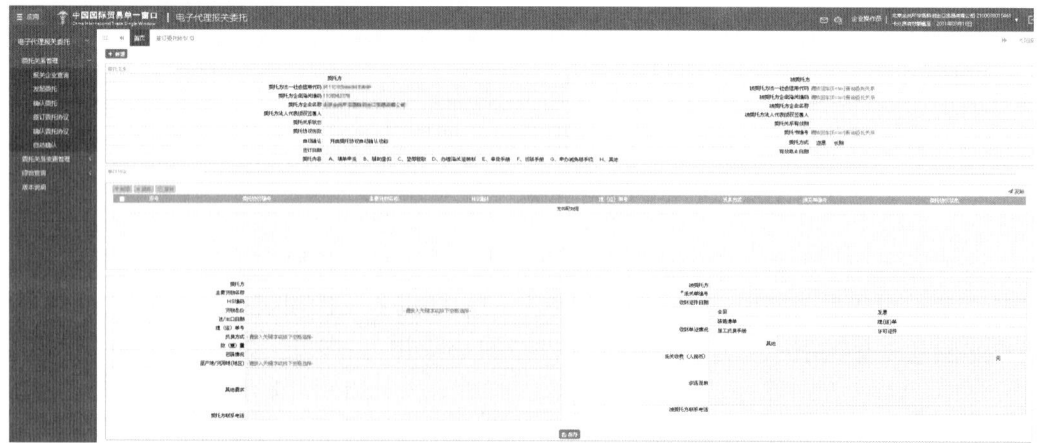

图 2-21 "委托协议"录入

完成"电子代理报关委托"的所有流程意味着委托协议签订成功，可以在"综合查询"里勾选相关协议，进行"查看委托协议详情""打印""导出委托协议"等操作。点击"打印"之后可以选择"直接打印"或者"打印预览"，根据需要导出 WPS、PDF 等多种格式的协议书。

为了便于在书中展示，此处选用宁波友达与浙江飞驰签订的纸质版《代理报关委托书/委托报关协议》进行操作示范。

代理报关委托书

编号：YF2024008

宁波友达物流有限公司：

我单位 B（A 逐票、B 长期）委托贵公司代理 A、B、C、D、G、H 等通关事宜。〔A. 填单申报　B. 申请、联系和配合实施检验检疫　C. 辅助查验　D. 代缴税款　E. 设立手册（账册）　F. 核销手册（账册）　G. 领取海关相关单证　H. 其他〕详见《委托报关协议》。

我单位保证遵守海关有关法律、法规、规章，保证所提供的情况真实、完整、单货相符，无侵犯他人知识产权的行为。否则，愿承担相关法律责任。

本委托书有效期自签字之日起至 2024 年 12 月 31 日止。

委托方（盖章）：
2024 年 4 月 8 日

法定代表人或其授权签署《代理报关委托书/委托报关协议》的人（签字）：关慧通
2024 年 4 月 8 日

委托报关协议

为明确委托报关具体事项和各自责任，双方经平等协商签订协议如下：

委托方	浙江飞驰电商发展有限公司	被委托方	宁波友达物流有限公司	
主要货物名称	洗发水	*报关单编码	NO.	
HS 编码	3305100010	收到单证日期	2024 年 4 月 8 日	
进（出）口日期	2024 年 4 月 8 日	收到单证情况	合同 ☑	发票 ☑
提（运）单号			装箱清单 ☑	提（运）单 ☑
贸易方式	保税电商			
数（重）量			其他	

续表

委托方	浙江飞驰电商发展有限公司	被委托方	宁波友达物流有限公司	
包装情况		报关收费	人民币：	元
原产地/货源地	韩国	承诺说明：		
其他要求：				

背面所列通用条款是本协议不可分割的一部分，对本协议的签署构成了对背面通用条款的同意。

委托方签章：　　　　　　　　　　　　　被委托方签章：
　　浙江飞驰电商发展有限公司　　　　　　　宁波友达物流有限公司

经办人签字：罗建华　　　　　　　　　　　报关人员签字：关慧通
联系电话：139053233××　　2024 年 4 月 8 日　　联系电话：134292215××　　2024 年 4 月 8 日

知识链接

《代理报关委托书/委托报关协议》概述

一、《代理报关委托书/委托报关协议》的含义与资质要求

《代理报关委托书/委托报关协议》是指被委托方为委托方提供海关报关代理服务的协议。进出口货物收发货人（即报关单上的"境内收货人"或者"境内发货人"）委托报关企业（即报关单上的"申报单位"）办理报关手续的，进出口货物收发货人（委托方）和报关企业（被委托方）应当通过中国电子口岸网站、中国报关协会门户网站以及各地方报关协会网站签订《代理报关委托书/委托报关协议》，建立委托关系。进出口货物收发货人和报关企业均可发起《代理报关委托书/委托报关协议》签约。

根据海关总署的规定，从事报关代理业务的企业必须具有相应的资质和执业证书，且其业务必须遵守海关法律法规和规章制度。因此，在签订《代理报关委托书/委托报关协议》之前，委托方应确认被委托方是否具有合法的资质和执业证书。

二、协议双方责任

1. 委托方责任

委托方应及时提供报关所需的全部单证，并对单证的真实性、准确性和完整性负责，并保证没有侵犯他人知识产权的行为。

委托方负责在报关企业办结海关手续后，及时履约支付代理报关费用，支付垫支费用，以及因委托方责任产生的滞报金、滞纳金和海关等执法单位依法处以的各种罚款。

负责按照海关要求将货物运抵指定场所。

负责与被委托方报关人员一同协助海关进行查验，回答海关的询问，配合相关调查，并承担产生的相关费用。

在被委托方无法做到报关前提取货样的情况下，承担单货相符的责任。

2. 被委托方责任

负责解答委托方向海关申报的有关疑问。

负责对委托方提供的货物情况和单证的真实性、完整性进行合理审查，审查内容包括：

（1）证明进出口货物实际情况的资料，包括进出口货物的品名、规格、数（重）量、包装情况、用途、产地、贸易方式等；

（2）有关进出口货物的合同、发票、运输单据、装箱单等商业单据；

（3）进出口货物所需的许可证件及随附单证；

（4）海关要求的加工贸易（纸质或电子数据）及其他进出口单证。

因确定货物的品名、归类等原因，经海关批准，可以看货或提取货样。

在接到委托方交付齐备的随附单证后，负责依据委托方提供的单证，按照《中华人民共和国海关进出口报关单填制规范》认真填制报关单，承担单单相符的责任，在海关有关规定和委托报关协议中约定的时间内报关，办理海关手续。报关企业申报时，应当将电子《代理报关委托书/委托报关协议》编号填写在报关单随附单证栏。

负责及时通知委托方共同协助海关进行查验，并配合海关开展相关调查。

负责支付因报关企业的责任给委托方造成的直接经济损失，所产生的滞报金、滞纳金和海关等执法单位依法处以的各种罚款。负责在双方约定的时间内将办结海关手续的有关委托内容的单证、文件交还委托方或其指定的人员，并如实告知委托方有关货物的后续检验检疫及监管要求。

三、协议双方争议解决

1. 违约责任

被委托方不承担因不可抗力给委托方造成损失的责任。因其他过失造成的损失，由双方自行约定或按国家有关法律、法规、规章的规定办理。由此造成的风险，委托方可以投保方式自行规避不承担的责任。同时，签约双方各自不承担因另外一方原因造成的直接经济损失，以及滞报金、滞纳金和相关罚款。

2. 协议变更、中止

因签约双方以外的原因产生的问题或因报关业务需要修改协议条款，双方应协商订立补充协议。双方可以在法律、法规、规章准许的范围内另行签署补充条款，但补充条款不得与《代理报关委托书/委托报关协议》的内容相抵触。

3. 争议解决

《代理报关委托书/委托报关协议》当事人双方发生争议时，可以通过和解或者调解解决合同争议。当事人不愿和解、调解或者和解、调解不成的，可以根据仲裁协议向仲裁机构申请仲裁。涉外合同的当事人可以根据仲裁协议向中国仲裁机构或者其他仲裁机构申请仲裁。当事人没有订立仲裁协议或者仲裁协议无效的，可以向人民法院起诉。

课后习题

一、单选题

1. 代理报关是指（　　　）行为。

A. 进出口企业自行报关　　　　　　　　B. 接受委托代理办理报关手续

C. 海关对货物的检查　　　　　　　　　D. 货物的运输

2. 直接代理报关和间接代理报关的主要区别在于（　　　）。

A. 代理费用的计算方式不同　　　　　　B. 法律责任的承担者不同

C. 报关的地点不同　　　　　　　　　　D. 报关的流程不同

3.《正面清单》是跨境电子商务零售进口商品（　　　）。

A. 商品清单　　　　B. 税收政策　　　　C. 监管方式　　　　D. 以上都是

4. 成分含量审核中，若商品含有《农药进出口管理目录》所列成分，处理方式为

（　　　）。

A. 允许进口　　　　　B. 限制进口　　　　C. 禁止进口　　　　D. 以上都是

5. 保密条款要求报关企业对（　　　）信息保密。

A. 报关流程　　　　B. 商业秘密　　　　C. 合同金额　　　　D. 以上都是

二、多选题

1. 代理报关主要包含（　　　）类型。

A. 直接代理报关　　　B. 间接代理报关　　　C. 自我报关　　　　D. 以上都是

2.《代理报关服务合同》中通常包含（　　　）条款。

A. 服务内容　　　　　　　　　　　　　B. 权利和义务

C. 收费条款和结算方式　　　　　　　　D. 违约责任和争议解决方式

3. 跨境电商零售进口货物的单次交易限值和年度交易限值分别是（　　　）。

A. 2000 元　　　　B. 5000 元　　　　C. 10000 元　　　　D. 26000 元

4. 单货一致的审核中，需要比对的信息包括（　　　）。

A. 提单号　　　　　B. 箱数　　　　　C. 分单号　　　　D. 货物规格型号

5.《正面清单》与税则号列审核中，需要关注的要素包括（　　　）。

A. HS 编码　　　　　　　　　　　　　B.《正面清单》内的商品

C. 申报要素　　　　　　　　　　　　　D. 商品备案信息表

三、判断题

1. 在跨境电商零售进口业务中，超过单次交易限值的货物不能享受特定税收政策。

（　　　）

2.《代理报关服务合同》是进出口货物收发货人与报关企业之间签订的具有法律

效力的协议。（　　　）

3. 委托人资料审核时，《正面清单》与税则号列审核不是必要的。（　　　）

4. 跨境电商商品只有在《正面清单》目录里面的，才可以以跨境电商模式

出口。（　　　）

5. 海关监管条件审核与跨境电商商品的进口无关。（　　　）

能力实训

1. 请审核进口商品"赋力能量代餐粉-巧克力味（运动营养食品）"的商品编码。

2. 请思考在审核资料的过程中，遇到以下问题该如何处理。

（1）在审核成分含量时，若商品含有《农药进出口管理目录》中的成分，该怎么处理？

（2）含有《进出口野生动植物种商品目录》的商品能进口吗？如果能进口，还应该向海关提交什么资料？

3. 请根据以下任务情境及要求，模拟洽谈《代理报关服务合同》及签署《代理报关委托书/委托报关协议》。

任务情境：

　　2024年3月4日，青岛海淘电子商务有限公司（以下简称"青岛海淘"）在其自营海淘电子平台上收到了消费者购买韩国进口化妆品、保健品和其他日常用品等商品的51个订单。为尽快向海关进行申报并将商品送达国内消费者的手中，青岛海淘安排海外商家将货物集货至韩国指定海外仓，在海外仓按照订单进行分拣打包、粘贴面单。该订单商品在韩国进行出口申报，申报放行后通过空运运输至青岛。

　　青岛海淘委托青岛通达物流有限公司（以下简称"青岛通达"）负责此次货物的清关。于是，青岛海淘的业务员李荣联系了青岛通达的报关人员仲良，并提供了以下信息：

　　1. 该批商品将于2024年3月8日从韩国首尔空运至青岛；

　　2. 该批商品中的人参面霜含有人参成分，根据《正面清单》及其备注所列的《进出口野生动植物种商品目录》规定，该人参面霜含有的人参成分如为非俄罗斯联邦种群，才能纳入《正面清单》目录；同时，根据国家现行政策，只有办理了《中华人民共和国濒危物种进出口管理办公室非〈进出口野生动植物种商品目录〉物种证明》，才允许通过跨境电商进口。青岛海淘正处于办理该物种证明的过程中。

　　此处的《正面清单》为《跨境电子商务零售进口商品清单（2019年版）》《跨境电子商务零售进口商品清单调整表》（2022年版）的合并简称。

　　李荣表示，希望青岛通达能在现有情况下，于3月8日当天向青岛海关进行申报。

任务要求：

请基于以上任务情境，两人为一组，分别扮演青岛海淘的业务人员李荣和青岛通达的报关人员仲良，模拟完成该批跨境电商货物进口的代理报关业务洽谈，并拟订一份《代理报关服务合同》。学生需提交的文件及相关要求如下：

一、需提交的文件

1. 双方洽谈视频：从双方见面会谈开始，到《代理报关服务合同》条款确认一致、双方达成共识，时长不少于5分钟。

2. 《代理报关服务合同》电子版一份（WORD版），要求条款齐全、内容准确。

3. 以其中一种商品为例，签署《代理报关委托书/委托报关协议》。

二、相关要求

1. 洽谈原则：合法诚信。

2. 洽谈表现：具备良好的表达与理解能力，能应用恰当的谈判技巧。

3. 洽谈内容：包括但不限于以下内容：

（1）青岛通达是否接受青岛海淘提出的海关申报具体日期要求。

（2）人参面霜含有的人参是否为非俄罗斯联邦种群。

（3）青岛海淘能否按时提供物种证明。

（4）《代理报关服务合同》涉及的其他条款内容。

（5）《代理报关委托书/委托报关协议》涉及的其他条款内容。

4. 洽谈标准：结构合理、条理清晰、逻辑严谨、文字通顺、格式规范。具体格式可参照本书配套教学资源SCY2-3、SCY2-4。

项目三

跨境电商进口申报

学习目标

【知识目标】

1. 能区分海关监管代码"1210"与"9610"的含义与适用范围；

2. 能区分跨境电商数据申报各种单据的作用及其对应的责任主体；

3. 能熟悉跨境电商进口申报所需单证的填制规范；

4. 能解释保税货物的含义和特点。

【技能目标】

1. 能根据进口业务背景选择合适的跨境电商进口海关监管方式并设计通关方案；

2. 能规范填制跨境电商进口申报的相关单证并模拟完成"1210""9610"海关监管方式的进口数据申报；

3. 能模拟完成海关监管代码"1210""9610"的进口通关流程；

4. 能处理"1210""9610"监管方式下进口通关过程中的异常情况。

【素质目标】

1. 培养学生合规申报、遵纪守法的法治意识；

2. 培养学生严谨认真、耐心细致的工作作风；

3. 培养学生团结协作、沟通交流的职业素养；

4. 培养学生守护安全、创新发展的国际视野。

思维导图

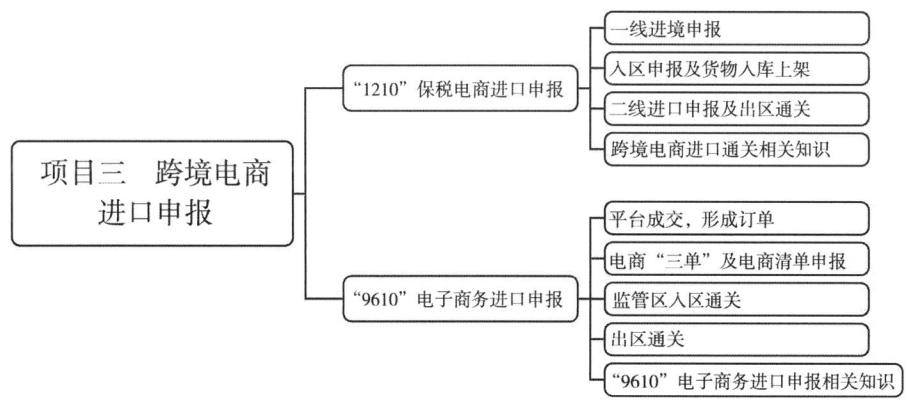

项目导入

申报是指进出口货物收发货人、受委托的报关企业，依照《海关法》及有关法律、行政法规和规章的要求，在规定的期限、地点，采用电子数据报关单或纸质报关单形式，向海关报告实际进出口货物的情况，并且接受海关审核的行为。

跨境电商商品的申报与传统国际贸易商品的申报区别在于前者需要按照规定，通过中国国际贸易"单一窗口"或"互联网+海关"一体化网上办事平台向海关传输交易、支付、仓储和物流等数据，进行订单、运单、支付单或收款单（即"三单"）等跨境电商数据的申报，以便"三单"对碰，由海关校验每一笔交易订单信息和消费者信息的真实性，促进跨境电商合规化发展。企业可按照《关于修订跨境电子商务统一版信息化系统企业接入报文规范的公告》（海关总署公告 2018 年第 113 号）公布的企业对接报文标准进行自行开发或第三方采购完成与进出口系统的对接，通过后台导入数据或界面录入数据并向海关申报。

根据 GB/T 37518—2019《代理报关服务规范》，代理报关服务的被委托方在与委托人签署《代理报关委托书/委托报关协议》之后就可以开始进行报关作业的申报工作。

由于海关监管方式决定货物通关的作业流程，宁波友达、青岛通达的报关人员关慧通和仲良在确认委托人委托的几票货物所适用的海关监管方式之后，决定先进行【代表性业务 1】和【代表性业务 2】适用的海关监管代码"1210""9610"进口申报。

任务 3-1 "1210"保税电商进口申报

海关监管代码"1210"保税跨境贸易电子商务（简称"保税电商"，俗称"保税备货模式"）分为跨境进口模式"网购保税进口"和跨境出口模式"特殊区域出口"（以下简称"1210 模式"）。该模式是指符合条件的电子商务企业或平台与海关联网，电子商务企业将整批商品运入海关特殊监管区域或保税物流中心（B 型）内并向海关报关，海关实施账册管理。境内个人网购区内商品后，电子商务企业或平台将电子订单、支付凭证、子运单等传输给海关，电子商务企业或其代理人向海关提交清单，海关按照跨境电子商务零售进口商品征收税款，验放后账册自动核销。即海外采购整批货物，经国际物流运至国内保税区进行保税仓储，通过跨境商业购物平台进行销售，消费者在平台下订单，填写物流地址及完成支付作业，由平台及相关合作单位完成海关申报，物流企业服务派送，消费者签收的一种商业模式。具体流程如图 3-1 所示。

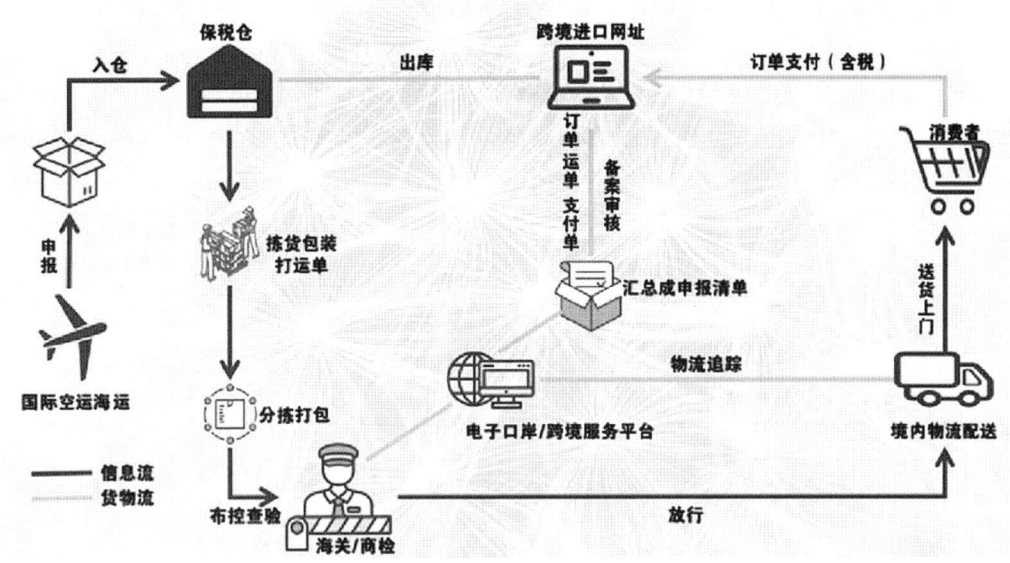

图 3-1 "1210" 网购保税进口通关流程

"1210" 保税电商进口申报作业主要通过以下 5 个环节完成。

一、一线进境申报

1210 模式下跨境电子商务零售进口货物在性质上属于保税物流货物，因此必须遵守海关关于"双线监管+账册管理"的规定，首要任务就是进行一线进境申报。而根据海关总署公告 2018 年第 23 号（关于启用保税核注清单的公告）的规定，该模式下的进口货物在一线进境申报时需使用保税核注清单，以便关联和调出账册中的备案信息，并在金关二期系统中进行保税底账的核注，实现与加工贸易及保税监管企业料号级数据管理有机衔接。

同时，根据海关总署公告 2019 年第 18 号（关于修订《中华人民共和国海关进出口货物报关单填制规范》）规定：海关特殊监管区域企业向海关申报货物进出境、进出区，应填制《中华人民共和国海关进（出）境货物备案清单》，海关特殊监管区域与境内（区外）之间进出的货物，区外企业应填制《中华人民共和国海关进（出）口货物报关单》。保税货物流转按照相关规定执行。《中华人民共和国海关进（出）境货物备案清单》比照《中华人民共和国海关进出口货物报关单填制规范》的要求填制。1210 模式进口货物在一线进境时，如果进入的是海关特殊监管区域，应填制《中华人民共和国海关进境货物备案清单》；如果进入的是保税物流中心，则应填制《中华人民共和国海关进（出）口货物报关单》。

1. 进口核注清单录入

保税核注清单是金关二期系统保税底账核注的专用单证，属于办理加工贸易及保税监管业务的相关单证。

在查询到进口舱单信息后，报关企业可在国际贸易"单一窗口"的"海关特殊监管区域"或者"保税物流管理"系统中录入保税核注清单。表头中的清单类型选择"普通清单"（清单类型有"3-先入区后报关、4-简单加工、5-保税展示交易、6-区内流转、7-区港联动、8-保税电商、A-选择性关税、D-区内直转、E-一线一票多车"），手（账）册编号为物流账册编号，料件成品标志为"料件"，监管方式为"保税电商"，报关标志为"报关"，是否系统生成报关单为"生成"，报关单类型为"对应报关"。表体信息录入时，主要根据商品是否已经在系统有备案信息而选择不同的录入方式。如果商品不是首次在系统进行备案，而且已经在系统完成了账册底账数据的备案，则仅需录入商品在账册中的备案序号，就可以带出商品的备案信息；如果商品是首次在系统进行备案，则不填备案序号，而是通过逐项录入或者模板导入信息。

报关企业可先录入表头、表体信息，进口核注清单信息录入完成后进行申报。申报完成后，可在"综合查询"模块查询到该核注清单的管理信息，系统生成以 QD（清单的拼音缩写）打头的 18 位核注清单编号，数据状态为"预审批通过"，核扣标志为"预核扣"，如图 3-2、3-3、3-4 所示。

图 3-2　保税核注清单（进口）表头录入界面示例

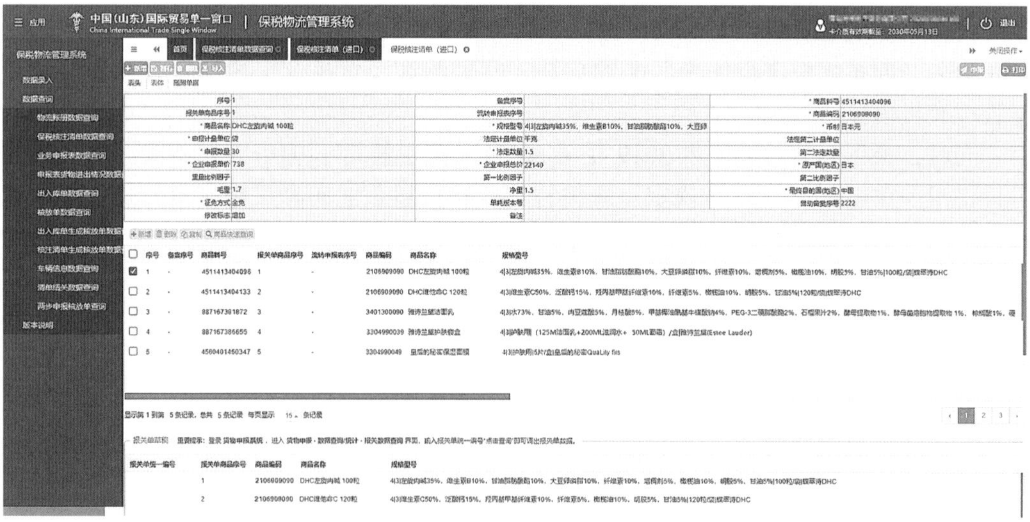

图 3-3　保税核注清单（进口）表体录入界面示例

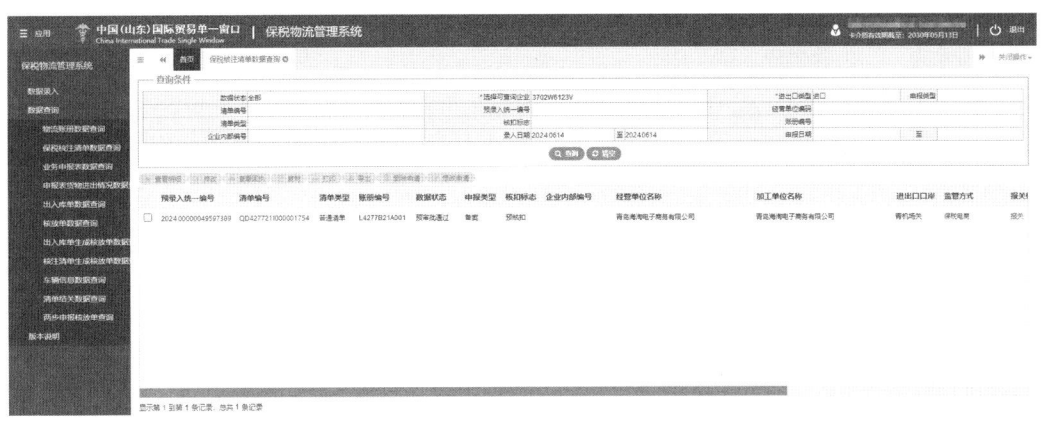

图 3-4　保税核注清单"数据状态""核扣标志"界面示例

保税核注清单相关填制要求详见配套教学资源 CZGFY3-1《保税核注清单填制规范》。

2. 进口报关单（进境备案清单）录入

进口核注清单申报成功后，金关二期系统会在核注清单中自动生成已对应的报关单（适用于一线入区到保税监管场所的货物）或者进境备案清单（适用于一线入区到海关特殊监管区域的货物），报关人员即可办理进口报关单（进境备案清单）录入的操作。申报前，在"单一窗口"货物申报系统中先按报关单（备案清单）草稿编号查询、调出该单草稿，将表头、表体信息补充后即可形成完整的报关单（备案清单）数据，然后保存数据，如图 3-5 所示。也可在货物申报系统中的"进口报关单整合申报"或"进境备案清单整合申报"功能模块手工录入所有信息。完善信息后（如图 3-6 所示），再上传随附单据，如图 3-7 所示；申报后可进行报关单（备案清单）申报后的状态查询，如图 3-8 所示。

图 3-5　报关单（备案清单）草稿查询界面示例

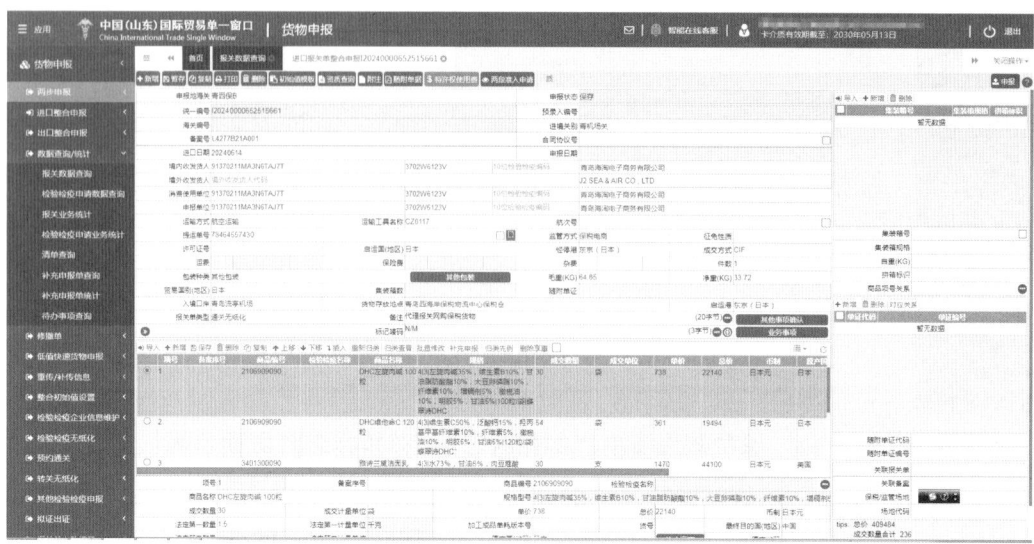

图 3-6 报关单（备案清单）表头、表体信息补充录入界面示例

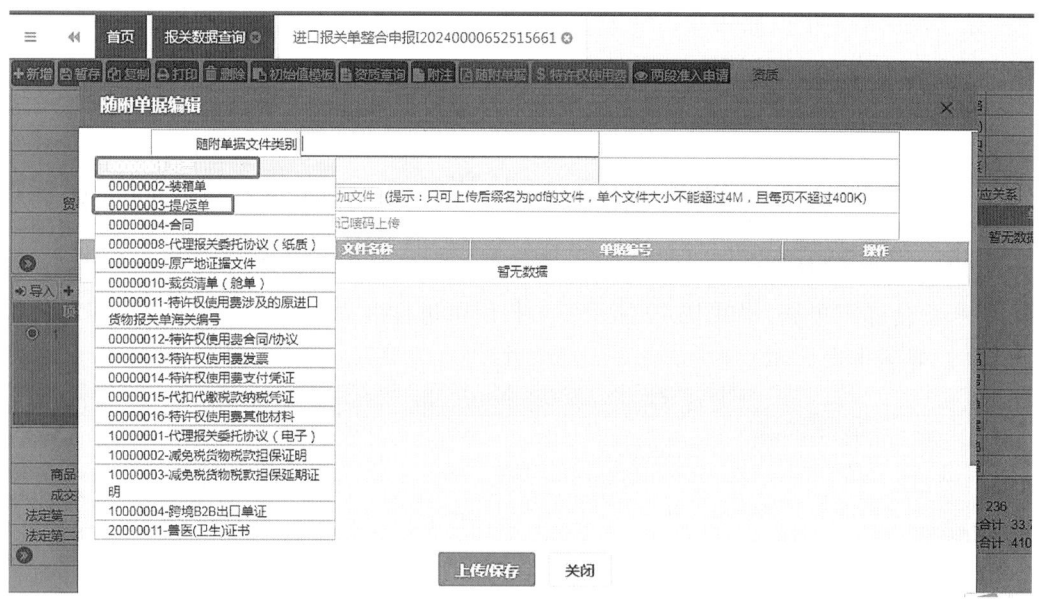

图 3-7 报关单（备案清单）随附单据上传界面示例

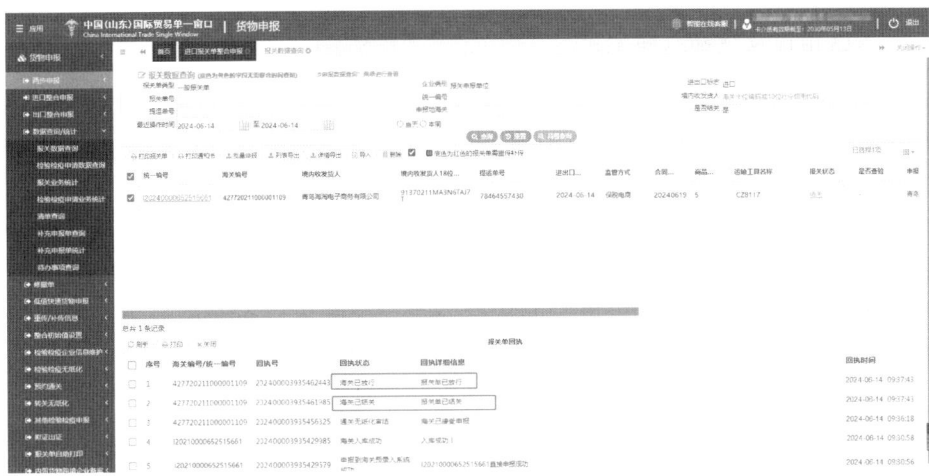

图 3-8 报关单（备案清单）申报后状态查询界面示例

报关单（备案清单）填制要求详见本书配套教学资源 CZGFY3-2《中华人民共和国海关进出口货物报关单填制规范》。但要注意，跨境电商 1210 模式下货物进境的进口报关单（进境备案清单）录入与一般贸易监管方式下的录入在以下栏目上存在较大差别，如表 3-1 所示。

表 3-1 跨境电商"1210"保税电商进口与"0110"
一般贸易进口报关单（进境备案清单）填制要求比较

报关单栏目名称	跨境电商"1210"保税电商进口业务	"0110"一般贸易进口业务
备案号	账册编号	不填
监管方式	保税电商/料件进出区	一般贸易
征免性质	不填	一般征税
征免（方式）	全免	照章征税
境内收货人	一般为海关特殊监管区域内的仓储企业	在海关备案的对外签订并执行进出口贸易合同的中国境内法人、其他组织名称及编码
消费使用单位	一般为海关特殊监管区域内的仓储企业	已知的进口货物在境内的最终消费、使用单位的名称
申报单位	仓储企业或报关企业	进出口企业或报关企业
境内目的地	海关特殊监管区域、保税物流中心（B型）所对应的境内地区	已知的进口货物在境内的消费、使用地或最终运抵地
运输方式	实际运输方式（进出区填写"其他运输"）	实际运输方式
随附单证代码及编号	核注清单代码"a"；编号为对应的核注清单编号	对照报关单填制规范，结合实际业务填写
备注	输入跨境电商企业名称，注明"跨境电子商务"	

二、入区申报及货物入库上架

由于1210模式下进口的货物属于保税备货性质，在一线进境后，跨境电商企业需将海外进口货物暂时储存于海关特殊监管区域或保税物流中心（B型）的跨境电商保税备货仓库内，然后在电商平台上架出售，因此，在货物入库之前，还需要办理一线入区的通关手续。

1. 进口报关单（进境备案清单）申报

根据现行海关监管政策，跨境电商货物一线入区既可以按全国通关一体化模式报关，也可以按照转关模式报关。

通过全国通关一体化模式，企业可以任意选择通关或者报关的地点和口岸，在全国任何一个海关都可以办理相关手续；海关的执法更加统一、透明、一致；效率大大提高，监管空间得到扩展，降低了整个贸易成本。尤其是在保税货物一线进境时，实行"一线放开"原则，如果申报规范，对于危险品、冷冻/冷藏品、违禁品、仿牌货、敏感货等之外的货物，海关一般直接予以放行。因此，下面重点讲解全国通关一体化模式下的申报。

在该模式下，一线入区货物的电子申报操作与一般贸易货物相同。报关单（备案清单）在申报之后，可在国际贸易"单一窗口"或者海关总署网站等平台查询报关单（备案清单）回执状态，一般会显示"通关无纸化审结"。有时候在"通关无纸化审结"后会显示进入"人工接单"，这种状态下，报关企业就需要按主管海关要求打印好"载货清单"等材料，作为报关单（备案清单）的随附材料，前往接单窗口递交材料。在货物一线入区申报后，报关单或备案清单、核放单若未被布控指令命中，则直接被海关放行。

2. 入区核放单申报

报关单（备案清单）放行以后，就可以办理将货物从一线口岸运输至海关特殊监管区域或者保税物流中心的手续。此时需要申报核放单。核放单是货物进出海关特殊监管区域或保税监管场所要办理的卡口放行凭证。

在录入表头时，"核放单类型"有"1-先入区后报关、2-一线一体化进出区、3-二线进出区、4-非报关进出区、5-卡口登记货物、6-空车核放单"6个选项，9610模式一般选择"一线一体化进出区"；"进出标志"有"出区""入区"；"绑定类型"是指监管运输车辆与车辆所载货物的对应情况，有"一车一票、一车多票、一票多车"三种情况。每个核放单只能录入一辆车辆信息，一票多车就要录入多个核放单。核放单表头录入如图3-9所示。

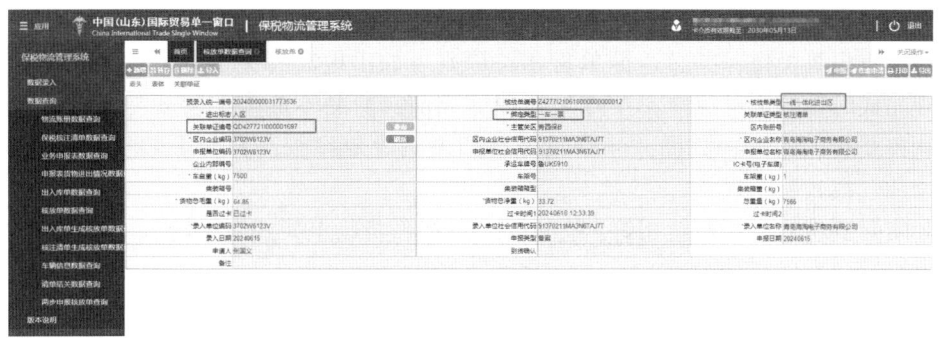

图 3-9　核放单表头录入操作界面

在录入表体信息时，需要注意的是，只有核放单类型为"卡口登记货物"或者绑定类型为"一票多车"时才需要录入表体数据；只有绑定类型为"一车多票"的才可以录入"关联单证"信息。"关联单证"由系统返填为"核注清单"；通过"关联单证"部分输入关联的核注清单编号，系统会加载对应的核放单表体信息。一票多车时需要关联同一核注清单，一车多票时需要关联所有核注清单。

入区核放单申报完成后，系统会实时更新数据状态。只有当数据状态明确显示为"海关终审通过"时，对应的车辆才被允许进行入区过卡操作。

3. 货物入库、电商平台上架或结转

（1）货物入库

货物入区时需确认车辆是否可以入区过卡（系统不识别临时牌照车辆），车辆必须走闸口入区。正常情况下，入区核放单过卡后，关联的进口核注清单数据状态更新为"海关终审通过"，核扣标志为"已核扣"，相应海关底账核增库存，如图 3-10 所示。

图 3-10　进口核注清单状态

（2）验货、理货、上架（或结转）

货物进入特殊监管区域（保税物流中心）之后，海关进行检查，检查无误后，报关企业找海关办理汽车载货登记簿（白卡）核销和舱单核销。舱单核销之后，可以登录海关网站进行状态查询，理货状态栏显示为"正常理货"。此时，仓库需根据到货箱单进行理货作业，拆开每一个箱子，给每一件商品贴上条码标签，然后放入跨境保税仓库暂存。

理货完成后，需向委托人反馈实际到货情况。如实际到货与申报资料存在差异，需向委托人反馈具体情况，根据实际情况向海关递交申请资料，海关受理后进行改单或者删单重报等操作，务必遵循单货相符原则。如出现需海关审核处理的情况，需留意处理完成时效的不可控性，在海关处理完成前，商品不能上架售卖。因此，企业应积极管控委托人的货物数据差错率情况，如果删改单率较高，会影响报关企业信用，也会增加一线查验率。

如实际到货与申报资料相符，仓库可正常操作货物上架或者结转。

三、二线进口申报及出区通关

二线进口指进口货物进入海关特殊监管区域或者保税监管场所之后销售（进口）到境内市场。1210 模式下的进口货物流向有两种。一是通过 B2C 交易模式直接流向网上消费者，由跨境电商企业（以下简称 A 企业）将货物在电商平台上架销售；二是通过 B2B2C 交易模式结转给其他同样经营 1210 模式进口业务的跨境电商企业（以下简称 B 企业）后再流向消费者。A 企业作为转出企业，在"保税间货物"（代码为 1200）海关监管方式下，将货物在保税区区间结转给转入企业 B 企业。结转过程中，转入企业先申报进口核注清单，转出企业后申报出口核注清单，出口核注清单需要关联进口核注清单编号；双方在填制进、出口核注清单时，监管方式为"保税间货物"，清单类型为"普通清单"，报关标志为"非报关"；海关系统核对双方核注清单数据一致即可放行，企业无须再申报报关单（备案清单）。结转完成后，转入企业即可按照第一种交易模式（B2C）进行经营，下面仅对该模式的出区通关作业进行介绍。

1. 二线进口"三单"对碰及清单申报

（1）"三单"对碰

无论是 B2C 还是 B2B2C 交易模式，1210 模式下的进口货物进入海关特殊监管区域或者保税物流中心（B 型）之后，最终都在电商平台上架销售，需要进行二线进口申报。根据海关规定，需要进行订单、支付单和运单"三单"电子数据比对。

订单是指消费者在电商平台上下单购买商品、确认收货等相关信息记录。订单的产生是整个电商交易的最开始，订单信息真实性和准确性是后续"三单"对碰流程的基础。在下单过程中，电商平台将自动获取消费者姓名、地址、电话号码、支付方式等个人身份信息，并记录个人订单信息，进而产生订单，而订单号就是通过这些信息根据某种编码规则生成的。

支付单是证明购买者支付行为的支付凭证，是指消费者通过支付企业将货款支付到电商平台指定的账户上，以确保货款的真实性和流通性。支付单的检查与核对是"三单"对碰过程中最关键的一环。支付单的真实性和有效性是核对的首要问题。只有真实有效的支付单，才能保证订单信息真实性和合法性。

运单是物流企业提供的证明货物运输的凭证，也是接收货物的凭证。运单上记录了货物的基本信息，包括发货人、收货人、货品名称、数量、重量、体积等，是联系买卖双方的重要纽带，是海关清关的基础文件，运单的真实性和准确性是海关清关的前提条件。

订单、支付单和运单分别由电商企业、支付企业、物流企业通过与海关系统对接好的申报系统（比如跨境电商公共服务平台）发送到海关跨境电商统一版系统，经海关系统"三单"对碰审核通过后发回成功入库的回执，具体流程如图 3-11 所示。

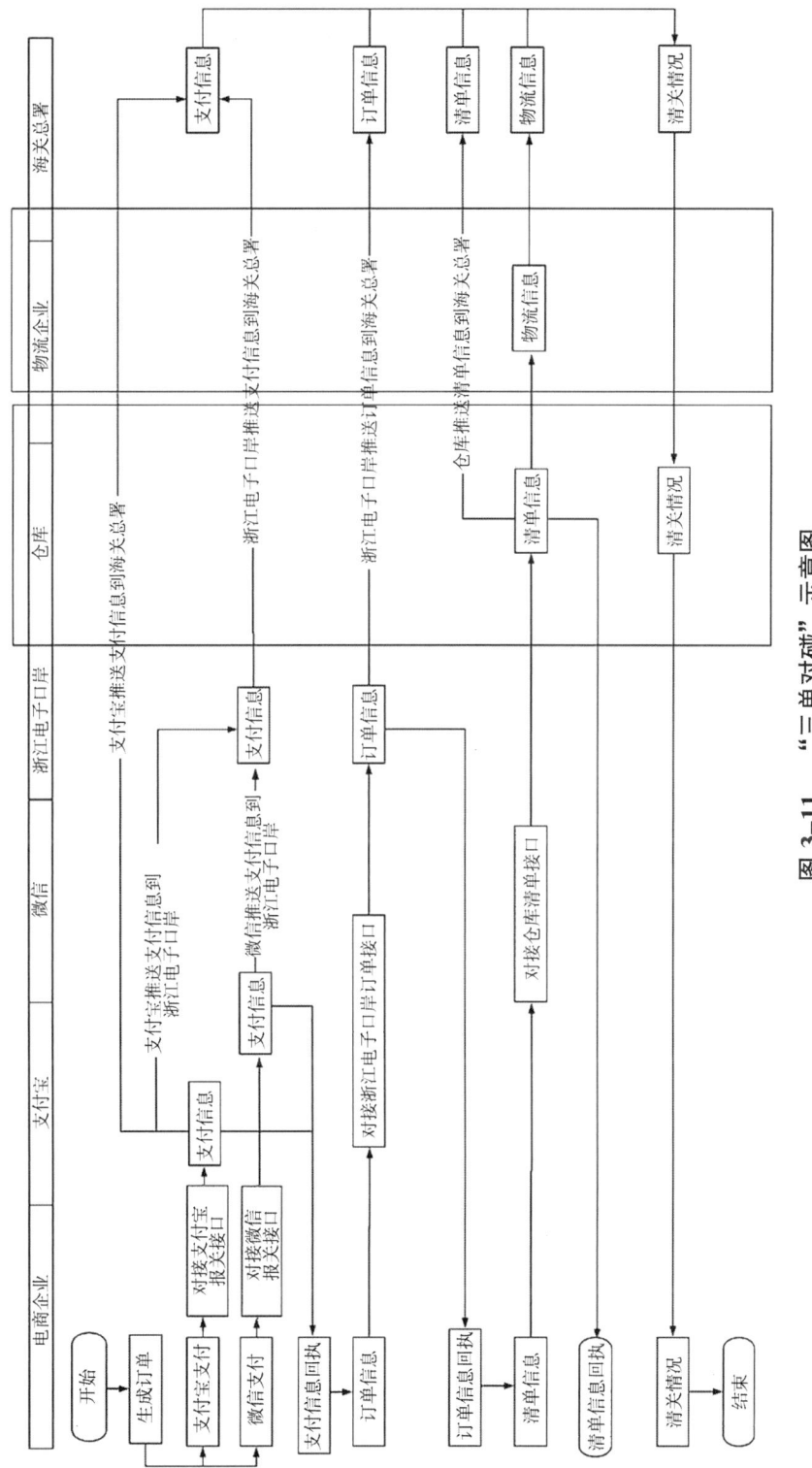

图 3-11 "三单对碰" 示意图

海关系统依据以下原则进行信息比对和校验，确认是否放行：

①订购人姓名、身份证号码一致。

②订购人年度购买额度在 26000 元人民币限值以内，单笔订单实际支付金额在 5000 元人民币以内。

③订单商品价格、代扣税金、实际支付金额等计算正确。

④订单实际支付金额与支付单支付金额、支付人信息等一致。

⑤订单、支付单和运单信息一致。

⑥电商平台、电商企业备案信息真实合规。

（2）清单申报

清单申报是指消费者在跨境电商平台下单购买商品后，跨境电商平台企业或跨境电商企业境内代理人、支付企业、物流企业分别通过国际贸易"单一窗口"或跨境电子商务通关服务平台向海关传输订单、支付单、运单。"三单"比对验核通过后，企业提交《中华人民共和国海关跨境电子商务零售进出口商品申报清单》（以下简称《申报清单》），采取清单核放方式办理报关手续。

9610 模式下的进口货物清单申报，可以由跨境电商企业或其代理人（比如报关行）通过企业申报系统或国际贸易"单一窗口"自行或代理申报清单信息。报关人员登录"单一窗口"后，通过"跨境电商—跨境电商进口—清单管理"路径进入"待申报清单查询"界面，查询到清单数据，然后申报"电商清单"。操作界面如图 3-12 所示。

图 3-12　跨境电商进口清单申报（表头信息）操作界面

海关系统对申报清单的表头和表体信息进行校验，校验通过后放行清单；校验不通过的将退单处理。所有经海关验核放行的订单，系统会自动将其信息同步至 WMS 仓库管理系统。仓库工作人员在 WMS 系统中接收到这些下仓订单数据后，开展拣货作业。完成拣货后，工作人员会对货物仔细验货，确保商品的数量、型号、质量等与订单信息一致。验货无误后，工作人员进行打包操作。待所有订单完成打包流程，仓库会在每天预先设定的统一时间点，将包裹整体移交给指定的国内快递企业，由其负责后续的提货及配送工作。

2. 二线出区通关

《申报清单》经海关审核放行后，企业对放行后的《申报清单》汇总生成核注清单及核放单，办理出区手续。

海关放行电商清单后，报关企业可在"单一窗口"的"海关特殊监管区域""保税物流管理"系统申报保税核注清单（出口）。核注清单类型为"保税电商"，监管方式为"料件进出区"等（保税区区间结转业务时为"保税间货物"），运输方式为"其他运输"，报关标志为"非报关"。在"清单类型"栏目录入"保税电商"后，系统弹出表体信息的录入方式，一般选择"联网查询"，也可选择手工导入。在"联网查询"方式下（如图3-13所示），点击"电商清单—快速查询"菜单，选择要关联的电商清单编号（如图3-14所示），由系统自动获取合并后的电商清单表体信息。

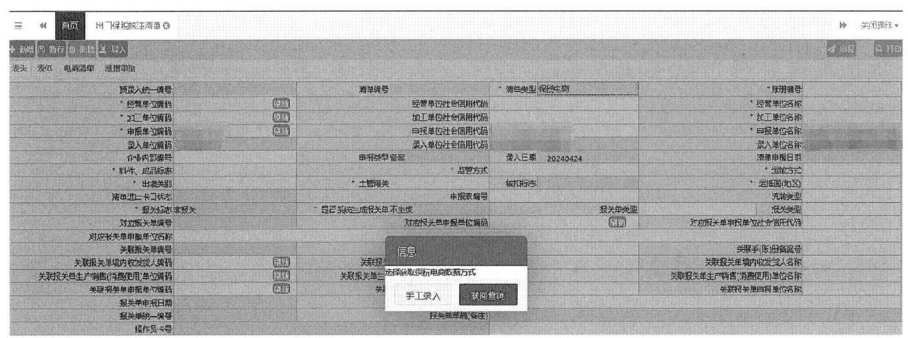

图3-13 保税核注清单联网查询界面示例

图3-14 电商清单录入界面示例

录入电商清单后先暂存，再提交申报，申报完成后数据状态为"海关终审通过"，核扣标志为"未核扣"。

3. 出区核放单录入和申报

保税核注清单（出口）申报通过后，报关企业可以在"单一窗口"申报出区核放单。核放单的类型为"二线进出区"，进出标志为"出区"，绑定类型有"一车一票、一车多票、一票多车"三种情况。

4. 货物（物品）出区

将核放单关联核注清单（出口），向海关申报成功后，核放单数据状态为"海关终审通过"，仓库工作人员就可根据订单信息将售出的商品分别打包，并在包装上贴上境内物流面单准备派送。然后办理车单关联，车辆即可驶入海关卡口进行出区，出区完成后核放单状态调整为"已过卡"，货物即可出区。

海关放行电商清单后，通知载货车辆出区。车辆完成出区后，关联的出口核注清单核扣标志为已核扣，海关底账数据会自动完成库存核减。

"单一窗口"申报出区核放单完成后，报关人员也需要在本地特殊区域辅助管理系统做核放单确认操作，完成后可打印货物出区时卡口要验核的"保税电商核放单"，核放单的业务类型为"保税电商"，进出卡口标志为"出区"，关联单证编号为出区核注清单的编号。

根据海关设定的查验率，物品出区前海关监管系统随机抽取一些包裹进行查验。在通过卡口时，系统会自动比对电子底账数据并进行布控查验。如果未被布控查验或者查验正常会安排自动放行，如果查验异常会安排对相应的包裹进行下线查验处理，根据查验结果进行相应的处置。

操作示范

关慧通根据《代理报关委托协议》内容和委托人提供的随附单证，再次确认【代表性业务1】的货物进口通关需采用1210模式，于是根据业务资料，结合在企业资质审查与办理以及企业内部商品备案审核过程中获得的新信息，按照海关规定的1210模式进口通关流程，办理通关事务。

一、一线进境申报

关慧通进一步确认了以下信息：物流账册编号为TW3302W22B333，韩国紫吕防脱固发洗发水400mL（油性）、红吕染烫损伤修护洗发水400mL、黑吕莹韧滋养固发洗发水400mL（中干性）、棕吕防脱固发滋养洗发水500mL、棕吕防脱固发滋养洗发水500mL、红吕2件套（洗发水400g＋护发素400g）在保税底账中的顺序号分别为21、22、23、24、25、26。这表明海关允许浙江飞驰进口的这批货物进入保税仓库；这批货物的企业内部编号为"XFS FEICHI 10托盘"。经"互联网+海关"一体化网上办事平台或者中国国际贸易"单一窗口"中的舱单系统查询，舱单信息显示航班航次号和运输工具代码为PEGASUS TERA/7777W，提单号为B/L No. JNGLNGB24030XXX。该批货物于2024年3月16日抵达北仑口岸，从宁波穿山港区码头入境，存放在宁波达联达跨境科技有限公司的达联达仓库，关慧通按照海关监管要求，于当日录入进口保税核注清单并进行申报。

1. 进口核注清单录入

第一步，表头信息录入。

（1）"清单类型"栏目。本栏目按照相关保税监管业务类型填报，包括普通清单、分送集报清单、先入区后报关清单、简单加工清单、保税展示交易清单、区内流转清单、异常补录清单等。

【代表性业务1】的货物在一线入区后，处于保税状态，等待消费者下单后出区，并不涉及其他情形，因此填报"普通清单"。

（2）"经营单位编码""经营单位社会信用代码""经营单位名称"栏目。本栏目填报手（账）册中经营企业海关编码、经营企业的社会信用代码、经营企业名称。

从物流账册的含义"物流账册是区内物流企业开展仓储业务前必须向主管海关申请建立的电子底账，是企业向海关申报进出区货物的电子凭证，是海关为控制和记录企业申报进出及存仓货物所建立的电子数据账册"可以知晓，【代表性业务1】的这三个栏目填报宁波友达的信息。

（3）"申报类型"栏目。本栏目下拉选项分为"备案"和"变更"两种情况。首次申报填报"备案"，其他情况填报"变更"。

由于【代表性业务1】的业务属于第一次申请，不涉及变更问题，所以填写"备案"。

（4）"料件""成品标志"栏目。本栏目根据保税核注清单中的进出口商品为手（账）册中的料件或成品填写。料件、边角料、物流商品、设备商品填写"I"，成品填写"E"。在"单一窗口"下拉框中，"I"为"料件"，"E"为"成品"。

由于【代表性业务1】的货物属于保税物流货物，因此填报"料件"。

（5）"监管方式""运输方式""进（出）口口岸""起运/运抵国别（地区）"等栏目，按照报关单填制规范要求填写。1210模式下进口货物，入区时填写"保税电商"，出区时填写"料件进出区"。

对于"监管方式"，在特殊情形下，调整库存核注清单填写AAAA，设备解除监管核注清单填写BBBB。

根据【代表性业务1】的详情，"监管方式"为"保税电商"，"运输方式"为"水路运输"，"进境关别"为"北仑港"，"起运国别（地区）""产销国（地区）"为"韩国"。

（6）"主管海关"栏目。填写手（账）册主管海关。

【代表性业务1】中，由于区内企业宁波达联达跨境科技有限公司的主管海关是宁波甬北城办海关，因此填报"甬北城办"。

（7）"核扣标志"栏目。填写清单核扣状态。海关接受清单报送后，由系统填写。

【代表性业务1】中，进口核注清单信息录入完成后进行申报，申报完成后数据状态为"预审批通过"，核扣标志为"预核扣"。

（8）"报关标志"栏目。本栏目由企业根据加工贸易及保税货物是否需要办理报关单（进出境备案清单）申报手续填写。需要报关的填写"报关"，不需要报关的填写"非报关"。

【代表性业务1】中，进入保税区的货物需要办理进境备案清单申报手续，因此填写"报关"。

（9）"报关单类型"栏目。在"单一窗口"的下拉框中，报关单类型有以下20种，如表3-2所示：

表 3-2　报关单类型

1-进口报关单	F-出口二次转关单
2-出口报关单	G-进口提前/工厂验放报关单
3-进境备案清单	H-出口提前/工厂验放报关单
4-出境备案清单	I-进口提前/暂时进口报关单
5-进境两单一审备案清单	J-出口提前/暂时出口报关单
6-出境两单一审备案清单	K-进口提前/中欧班列报关单
9-转关提前进口报关单	L-出口提前/中欧班列报关单
A-转关提前出口报关单	M-出口提前/市场采购报关单
B-转关提前进境备案清单	N-出口提前/空运联程报关单
C-转关提前出境备案清单	O-进口提前/工厂验放备案清单

【代表性业务1】中，由于该批货物属于一线进境后进入综合保税区，因此填报"进境备案清单"。

（10）"报关类型"栏目。加工贸易及保税货物需要办理报关单（备案清单）申报手续时填写，包括关联报关、对应报关。关联报关适用于特殊监管区域、保税监管场所申报与区（场所）外进出货物，区（场所）外企业使用 H2010 手（账）册或无手（账）册的情况；特殊区域内企业申报的进出区货物需要由本企业办理报关手续的，填写"对应报关"。

【代表性业务1】中，由于该批货物由区内企业宁波友达申报，因此需填报"对应报关"。

（11）"是否系统生成报关单"栏目。该栏目分为"生成""不生成"。

【代表性业务1】中，该批货物根据企业实际需要，应填报"生成"。

第二步，表体信息录入。

（1）"序号"栏目。填写保税核注清单中商品顺序编号。系统自动生成。

（2）"备案序号"栏目。填写进出口商品在保税底账中的顺序编号。

【代表性业务1】中的 6 种洗发水，在保税底账中的顺序号分别为 21、22、23、24、25、26。

（3）"商品料号"栏目。填写进出口商品在保税底账中的商品料号级编号。由系统根据保税底账自动填写。

【代表性业务1】中商品的料号为 8809326030321-8809326030326。

（4）"报关单商品序号"栏目。填写保税核注清单商品项在报关单中的商品顺序编号。一般情况下，该序号与表体第一个栏目的序号相同，为"1、2、3、4、5……"等数字。

（5）"申报表序号"栏目。填写进出口商品在保税业务申报表商品中的顺序编号。

（6）"商品编码"栏目。填报的商品编号由 10 位数字组成。前 8 位为税则确定的进出口货物的税则号列，同时也是海关统计商品目录确定的商品编码，后 2 位为符合海关监管要求的附加编号。

（7）"数量及单位"栏目。按照报关单填制规范要求填写。其中第一比例因子、第二比例因子、重量比例因子分别填写申报单位与法定计量单位、第二法定计量单位、重量（千克）的换算关系。非必填项。

（8）"单价、总价""产销国（地区）"栏目。按照报关单填制规范要求填写。

（9）"毛重（千克）"栏目。填报进出口货物及其包装材料的重量之和，计量单位为千克，不足一千克的填报为"1"。非必填项。

（10）"净重（千克）"栏目。填报进出口货物的毛重减去外包装材料后的重量，即货物本身的实际重量，计量单位为千克，不足一千克的按实际重量填报。非必填项。

（11）"征免方式"栏目。按照手（账）册中备案的征免规定填报；手（账）册中的征免规定为"保金"或"保函"的，应填报"全免"。

根据以上填报规范和业务信息，进口核注清单填制见配套教学资源 SCY3-1，申报后的进境备案清单统一编号为 I20240005678912345。

2. 进境备案清单申报信息补充录入

（1）进口核注清单申报后已对应生成进境备案清单，补充录入表头舱单和表体商品信息等相关申报信息。

注意事项：根据提单可知，运输工具名称及航次号为 PEGASUS TERA/7777W，提运单号为 JNGLNGB24030XXX，该批货物由 1 个 20DC 集装箱装载，集装箱号为 TRHU2875844；境内收货人、消费使用单位是宁波达联达跨境科技有限公司；备案号为账册编号 TW3302W22B333；监管方式为保税电商；境内目的地是宁波穿山港区/宁波市北仑区；在备注栏录入"跨境电子商务、跨境电商平台名称"等（具体备注情况根据各关区要求而定）；随附单证栏填写保税核注清单信息（随附单证编号为核注清单编号，本单业务保税核注清单编号为 QD299123I000008800）；本单业务还需在表体检验检疫填报框里录入《物种证明》代码及其编号 2024CX111111XX。

在"单一窗口"补充录入进境备案清单信息后的截图如图 3-15 所示。该步骤的纸质版同步实操，见配套教学资源 SCY3-2 进境货物备案清单填制。

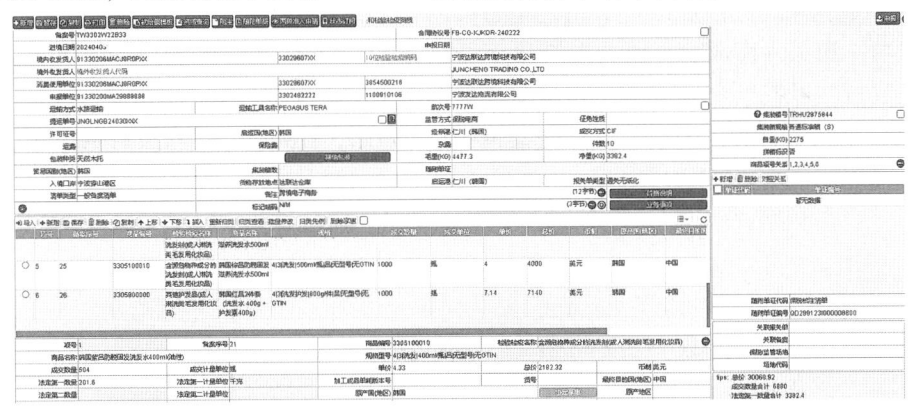

图 3-15　"单一窗口"补充录入进境备案清单信息后的截图

（2）在"单一窗口"上方导航栏点击"随附单据"进行随附单据编辑，上传箱单、发票、合同、提单，若是代理报关，必须上传代理报关委托协议，如图 3-16 所示。

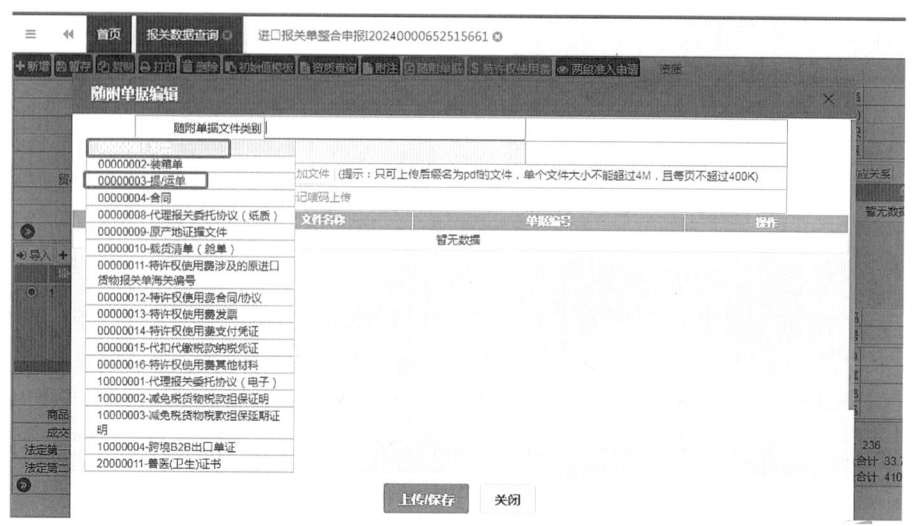

图 3-16　报关单（备案清单）随附单据上传界面

（3）点击"综合查询"的"报关数据查询"，输入报关单编号即可查询补充录入备案清单后的状态，并可根据需要进行修改，如图 3-17 所示。

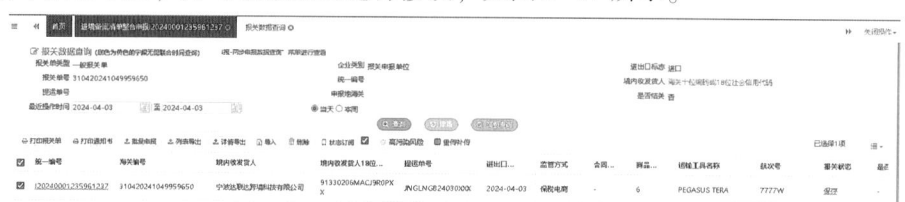

图 3-17　进境备案清单录入后保存状态查询

二、入区申报及货物入库上架

1. 进口报关单（进境备案清单）申报

（1）数据填写完成后即可申报进境备案清单，系统依次出现"申报到海关预录入系统成功—海关入库成功—通关无纸化审结（表示海关已接受申报）—海关已结关—海关已放行"状态（结关、放行指报关单并非实货的结关放行）。

（2）申报放行后打印报关单（备案清单）（如图 3-18 所示）和放行通知书，办理提货手续。

图 3-18　进境备案清单整合申报录入后的核对单

2. 入区核放单申报

由于本票货物在一线进境后没有被海关抽中查验，直接放行，因此可以随即办理入区核放手续。

（1）关慧通获取的提货监管车辆信息如下：车牌号浙 B66J66，车辆自重 7100 千克，车架号"1"，车架重 10900 千克，司机姓名张爱国，电话 138375664××，身份证号 33020019830801××××，集装箱号 TRHU2875844，集装箱箱型为 20DC，集装箱自重 2275 千克，企业内部编号为"XFS FEICHI 10 托盘"。

（2）录入入区核放单。

关慧通于 2024 年 3 月 18 日录入入区核放单，其类型为"一线一体化进出区"，进出标志为"入区"。核放单表头的"绑定类型"是"一车一票"，如图 3-19 所示。录入相关信息后的核放单核对单如图 3-20 所示。

图 3-19　入区核放单数据录入

特殊区域核放单
（仅供核对使用）

打印日期：

预录入编号	2023000002000088	核放单编号	Z3104I2304300000088	核放单类型	一线一体化进出区
进出标识	入区	绑定类型	一车一票	关联单证类型	核注清单
关联单证编码	QD299123I000008800	主管关区	甬保税区	区内账册号	TW3302W22B33
区内企业编码	33029607XX	区内企业社会信用代码	91330206MACJ9R0PXX	区内企业名称	宁波达联达跨境科技有限公司
申报单位编码	33029607XX	申报单位社会信用代码	91330206MACJ9R0PXX	申报单位名称	宁波达联达跨境科技有限公司
承运车牌号	浙B66J66	IC卡号(电子车牌)		集装箱号	TRHU2875844
车自重	7100	车架号	1	车架重	10900
集装箱型	20DC	集装箱重	2275	货物总毛重	4477.30
货物总净重	3382.40	总重量	24752.30	企业内部编号	
过卡时间1	20240318 09:39:39	过卡时间2	20240318 09:56:39	是否过卡	已过二卡
录入单位编码	3302482222	录入单位社会信用代码	91330200MA29888888	录入单位名称	宁波友达物流有限公司
申请人	张爱国	申报日期	20240318	录入日期	20240318
申报类型	备案	到货确认		备注	

表体						
序号	关联商品序号	料号	商品编号	商品名称	申报数量	申报计量单位

关联单证	
序号	关联单证编号
1	QD299123I000008800

图 3-20　入区核放单核对单

（3）确认车辆是否可以入区过卡。

当海关完成核放单审核且审核通过后，核放单的状态将更新为"已审批"，车辆可以过卡口入区。海关可以对核放单或者报关单实施布控查验，被布控的单证会在一线过口岸卡口或二线过区域卡口时触发查验指令，被布控查验的车辆需要到查验场接受查验，而未被布控查验的车辆，则可直接过卡口完成出入区操作。车辆成功过卡口后，系统会自动将核放单的状态调整为"已过卡"，同时核放单上也会显示车辆的具体过卡口时间。

3. 货物入库、电商平台上架或结转

货到仓库后，仓库需根据到货箱单进行理货作业，理货完成后向委托人反馈实际到货情况。如实际到货与申报资料相符，仓库可正常操作货物上架。

三、二线进口申报及出区通关

1. 申报"三单"及清单

消费者在电商平台下单购买商品后，企业在国际贸易"单一窗口"进行订单、运单、支付单以及清单（纸质版单据分别如表 3-3 至 3-6 所示）数据申报，资料审核无误后导入申报系统。

表 3–3   国际贸易"单一窗口"系统中跨境电商进口订单信息

订单详细信息							
订单编号		修改标识		业务状态		入库时间	
电商平台代码		电商平台名称		电商企业代码		电商企业名称	
支付企业代码		支付企业名称		交易号		订购人姓名	
订购人证件类型		订购人证件号码		收货人姓名		收货人电话	
收货人地址		收货人行政区域代码		商品批次号		货款金额	
运杂费		优惠减免金额		订单商品税款		实际支付金额	
币制		进/出口		订购人交易平台注册号		备注	
订单表体信息							
商品序号		企业商品货号		企业商品名称		条码	
单位		数量		单价		总价	
币制		原产国		商品描述		备注	

表 3–4   国际贸易"单一窗口"系统中跨境电商进口物流运单信息

物流运单编号		修改标识		业务状态		入库时间	
物流企业代码		物流企业名称		运费		保价费	
币制		毛重		件数		提运单号	
收货人姓名		收货人地址		收货人电话		主要货物信息	
备注							

表 3–5   国际贸易"单一窗口"系统中跨境电商进口支付单信息

支付单编号		修改标识		业务状态		入库时间	
电商平台代码		电商平台名称		支付企业代码		支付企业名称	
订单编号		支付金额		支付人		支付人证件类型	
支付人证件号码		支付人电话		支付时间		币制	
备注							

表 3-6 中华人民共和国海关跨境电子商务零售进口商品申报清单详细信息

清单表头信息							
预录入编号		海关清单编号		申报类型		业务状态	
企业内部编号		申报口岸		进口口岸		入库时间	
电商企业代码		电商企业名称		电商平台代码		电商平台名称	
物流企业代码		物流企业名称		物流运单编号		订单编号	
区内企业代码		区内企业名称		账册编号		监管场所代码	
订购人		订购人证件类型		订购人证件号码		订购人电话	
启运国（地区）		许可证号		收货人地址		提运单号	
运输方式		运输工具编号		航班航次号		担保企业编号	
运费		保费		币制		毛重（KG）	
包装种类		件数		净重（KG）			
贸易方式		核注状态		备注			
清单表体信息							
商品序号		企业商品名称		商品编码		规格型号	
商品货号		商品名称		条码		原产国（地区）	
贸易国（地区）		数量		计量单位		法定数量	
法定计量单位		第二法定数量		第二计量单位		单价	
总价		币制		账册备案料号		备注	

先由电商企业申报订单，订单状态在"单一窗口"系统中显示为"申报中"之后，再分别申报运单和支付单（运单和支付单申报没有先后顺序限制），最后申报清单。最终状态为清单实货放行。若"单一窗口"接收回执较慢，可登录"互联网+海关"一体化网上办事平台查看申报情况，如图 3-21 所示。

图 3-21 "单一窗口"放行状态查询截图

所有放行的订单会下仓到仓库的 WMS 系统，仓库接收下仓订单的数据后进行拣货打包，打包完成后每天在统一时间点将包裹交接给指定快递。

2. 录入出口核注清单

仓库打包完成后，系统将当日出区订单数据发给相关操作人员，进行订单数据出区配载申报，配载申报完成后快递车辆拉着包裹过卡出区即完成数据账册核减。

海关放行电商清单后，核注清单类型为"保税电商"而不是"普通清单"，手（账）册编号仍然为公司的物流账册编号 TW3302W22B333，监管方式为"料件进出区"而不是"保税电商"，运输方式为"其他运输"而不是"水路运输"或"航空运输"，报关标志为"非报关"。

3. 录入出区核放单

核放单类型为二线进出区，关联出口核注清单编号，绑定快递车辆信息，进出标识为"出区"，绑定类型为"一车一票"。

跨境电商进口通关相关知识

在关务行业，业内人士习惯将海关监管方式称为通关模式。本书中，这两种说法可以互相切换。根据交易性质不同，跨境电商业务可分为跨境零售交易和企业对企业（以下简称"B2B"）交易。

根据商品流向不同，跨境电商可分为跨境进口和跨境出口；跨境进口的通关模式主要有"1210""1239""9610"；跨境出口的通关模式主要有"1210""9610""9710""9810"。

一、跨境电商进口通关模式

跨境电商"1210""1239""9610"进口模式的共同点体现在以下 3 个方面。在退货管理方面，均可以申请退货；在消费总（限）额方面，消费者单次交易均不得超过5000 元，年度交易限值不得超过 26000 元；在税收政策方面，在个人年度交易限值以内进口的跨境电商商品，关税税率全部是 0，进口环节增值税、消费税暂按法定应纳税额的 70% 征收。3 种模式具体区别详见表 3-7。

表 3-7　跨境电商进口通关模式对比

通关模式	实施范围（海关监管场所）	首次进口要求	商品范围	物流方式	适用主体
1210	自由贸易试验区、跨境电商综合试验区、综合保税区、进口贸易促进创新示范区、保税物流中心（B型）所在城市及海南全岛	按个人自用物品进境不执行有关商品首次进口许可证件、注册或备案要求	受《正面清单》限制	以国际物流批量运至并存储在特殊监管区域或保税物流中心（B型），作为保税货物，海关实行账册管理，存放时间长，待境内消费者下单后，再派送至消费者	适用于品类相对集中、备货量大的跨境电商企业
1239	1210 实施范围以外的区域	按《正面清单》尾注有关规定执行；不免除有关商品首次进口许可证件、注册或备案要求	受《正面清单》限制		适用于销售主体宽泛、不易批量备货的跨境电商企业
9610	无限制，但需要在符合海关规范要求的监管作业场所（按照快递类或邮递类海关监管作业场所规范设置）进行	按个人自用进境物品监管，不执行有关商品首次进口许可证件、注册或备案要求	按《正面清单》及备注列明范围管理，备注栏提示"仅限网购保税商品"	境外打包通过国际物流运至海关监管作业场所内暂存（报关后即刻放行），按小包向海关申报，最后运至消费者	适用于销售主体宽泛、不易批量备货的跨境电商企业

二、跨境电商进口业务单证及责任主体

在跨境电商数据申报阶段，不同的责任主体负责对应的业务单证和相关手续的办理，详见表 3-8。

表 3-8　跨境电商进口业务单证及责任主体

序号	业务单证	责任主体	数字签名
1	进口清单	电商企业或其代理人	是
2	电子订单	电商企业或电商平台或受委托的快件运营人、邮政企业	是
3	支付单	支付企业或受委托的快件运营人	是
4	运单	物流企业	是
5	撤销申请单	电商企业或其代理人	是
6	退货申请单	电商企业或其代理人	是
7	入库明细单	海关监管作业场所经营企业	是

三、跨境电商商品检验检疫

在跨境电商商品检验检疫中，由于商品的属性不同，其检验检疫标准和监管管理要求也不相同。海关根据检验检疫工作的需要，针对进出口商品货物属性的差异在报检环节提出了不同的要求。这里主要介绍跨境电商货物检验检疫的一般流程。

1. 检验检疫流程

（1）准入备案

检验检疫机构对跨境电商经营主体及跨境电商商品实施备案管理，落实跨境电商经营主体商品质量安全责任，推动规范跨境电商经营秩序，实现质量安全责任可追溯。跨境电商经营主体包括：跨境电商经营企业、跨境电商平台企业和跨境电商商品物流仓储企业。商品首次上架销售前，应当向检验检疫机构提供商品备案信息，对申报进境的跨境电商商品进行商品大类备案，实现备案信息"一地备案、全国共享"。备案内容包括：企业基本制度和经营商品名称、品牌、HS 编码、规格型号、原产国别（地区）、供应商名称等。跨境电商经营企业应仔细核对商品信息，确保信息准确、真实。

（2）清单管理

将跨境电商商品按不同类别划入负面清单、限制类清单、高风险类清单、一般类清单，借助"跨境电商电子监管系统"，实行清单"全申报"，对不同清单实施差别化监管。对低风险商品审核放行，高风险商品可逐步采信第三方检测结果合格放行。

（3）线上检测

事中监测，在"跨境电商电子监管系统"上进行电子审单，实现订单信息、物流信息和支付信息"三单"对碰，并通过电子布控实现自动拦截，通过 X 光机和人工抽查进行线上查验，对"高风险类清单"物品设定抽检目录，由电商企业提供第三方检测报告或"线上购样"送样检测。

（4）风险管理

对"线上检测"结果进行风险分析，对电商企业的诚信指数进行监控，动态调整查验比例和抽样频率。通过发布消费风险提示、约谈企业、下架和限制入境等方式对不合格产品进行追溯、召回，充分保障消费者权益，完善事后追溯机制。

2. 监管制度

（1）负面清单管理

以下物品禁止以跨境电商形式入境：

①《中华人民共和国进出境动植物检疫法》规定的禁止进境物以及列入《中华人民共和国禁止携带、寄递进境的动植物及其产品和其他检疫物名录》的商品；

②列入《危险化学品目录》《剧毒化学品目录》《易制毒化学品的分类和品种名录》《中国严格限制进出口的有毒化学品目录》的商品；

③除生物制品以外的微生物、人体组织、血液及其制品等；

④可能危及公共安全的核生化等涉恐及放射性产品；

⑤废旧物品；

⑥列入《禁止进口货物目录（第七批）》《中华人民共和国进出口农药管理名录》和《两用物项和技术进出口许可证管理目录》等的商品；

⑦列入《进出口野生动植物种商品目录》且不能提供《中华人民共和国濒危物种进出口管理办公室非〈进出口野生动植物种商品目录〉物种证明》的商品；

⑧法律法规禁止进境的其他产品。

（2）分类监管

①对出境跨境电商商品实行集中申报、集中办理放行手续。不断完善以检疫监管为主、基于风险分析的质量安全监督抽查机制。加大第三方检验鉴定结果采信力度，监督具有资质的第三方检测机构实施检验检测，进行产品质量安全的合格评定。对一般工业制成品，以问题为导向，加强事后监管。

②对入境跨境电商商品实行集中申报、核查放行。对通过国际快递或邮寄方式进境、收货人为个人、以自用为目的的跨境电商商品，按照快件和邮寄物相关检验检疫监管办法管理。对整批入境、集中存放、电商经营企业按订单向国内个人消费者销售的，实施以风险分析为基础的质量安全监管，依据相应产品国家标准的安全卫生项目进行监测。

四、保税物流货物的概念、特征及其监管模式

保税物流货物以在境内存储和流转为目的，主要包括在海关保税监管场所和在海关特殊监管区域存储、流转的保税货物。具有以下特征：

1. 准入保税：进境时暂缓缴纳进口关税及代征税，复运出境免税，内销应当缴纳进口关税和进口环节海关代征税，不征收缓税利息。

2. 复运出境：无须纳税；除易制毒化学品、监控化学品、消耗臭氧层物质等国家规定的特殊货物外，不实行进出口许可证件管理，免交验许可证件。

3. 运离结关：进境海关现场放行不是结关，进境后必须进入海关保税监管场所或海关特殊监管区域，离开这些场所或区域必须办理结关手续。

根据海关规定，以1210模式从事跨境电子商务零售进口业务的，应当在海关特殊监管区域或者保税物流中心（B型）内开展。在将货物运入海关特殊监管区域或中心之前，相关企业需要具备对应资质，做好跨境电商数据申报系统对接、中国国际贸易"单一窗口"注册、申请数据传输ID及接口改造与对接、商品审核、物流账册申请、税款担保等准备工作。

我国对保税物流货物的监管模式总体概括为"双线监管+账册管理"。双线监管是指货物不仅在进出关境时需要报关，而且在进出区（此处的"区"包括海关特殊监管区域和保税监管场所）时也需要报关，遵守相应的海关监管规定。"一线"是指海关特殊监管区域或保税监管场所与（关）境外之间，"二线"是指海关特殊监管区域或保税监管场所与境内区外之间。海关实行"一线放开、二线管住"监管原则。"一线放开"是指"区"内企业凭进口舱单将货物直接入区，再凭进境货物备案清单或核注清单向主管海关办理申报手续；"二线管住"是指卡口智能化管理和电子信息联网管理。通过进出境清单比对、账册管理、卡口实货核注、风险分析等加强监管，促进二线监管模式与一线监管模式相衔接，推行"方便进出，严密防范质量安全风险"的监管模式。

"账册管理"指在海关后续管理工作中，对企业进口料件生产加工成品的出口情况

以及剩余残次品、废料等建立详细的记录账册，并定期查账、核查和核销。

五、保税核注清单、报关单、备案清单、核放单比较

1. 保税核注清单

保税核注清单是金关二期加工贸易管理系统的专用单证，是所有金关二期保税底账的进、出、转、存的唯一凭证，也就是说，设立了金关二期保税账册的企业，保税底账的核增核减有了"新规则"，报关单不再直接承担保税底账核注功能，这是海关保税底账管理的一次"深刻变革"。

使用保税核注清单的前提条件是，企业已设立金关二期保税底账，相关的信息已经保存在电子底账里，也就是说，相关交易信息必须在进入海关相关的监管区域之前录入金关二期系统。

保税核注清单是金关二期保税底账的核扣依据，没有核注清单就无法核扣金关二期保税底账数据。保税核注清单既可用于加工贸易业务，也可用于保税监管业务，目前分为报关和非报关两类。设备解除监管、库存调整类核注清单必须填写"非报关"。

保税核注清单适用于货物进出境，货物进出海关特殊监管区域、保税监管场所，以及货物在海关特殊监管区域、保税监管场所、加工贸易企业间流（结）转。此时，应先由转入企业报送进口保税核注清单，再由转出企业报送出口保税核注清单。

2. 报关单与备案清单

报关单与备案清单具有同等法律效力。

报关单是通过"报关制"进行管理，主要适用于区外企业货物直接进出境，或者二线出区进口的货物；备案清单用于采用"备案制"管理的情形，例如海关特殊监管区域企业向海关申报货物进出境、进出区，也就是一线进境或者二线出区等，或者同一特殊区域内或者不同特殊区域之间流转货物等。但需要注意是，此时应该先办理进境备案手续，后办理出境备案手续。二者的区别见表3-9。

表3-9 报关单与备案清单的区别与联系

单证类型	管理制度	法律效力	适用情形	备注
报关单	报关制	具有同等法律效力	1. 区外企业货物进出境	
			2. 区外企业与特殊区域间货物流转，由区外企业填制	特殊区域内企业填制备案清单
备案清单	备案制		1. 海关特殊监管区域企业向海关申报货物进出境、进出区	
			2. 货物在同一海关特殊监管区域内或不同特殊区域之间流转	先办理进境备案手续，后办理出境备案手续

3. 保税核注清单与报关单（备案清单）

保税核注清单反映企业生产实际的料号级商品；报关单（备案清单）用于通关，反映由料号级数据经过归并汇总的项号级商品，两级数据需要保持一致。

企业报送保税核注清单后需要办理报关单（备案清单）申报手续的，报关单（备

案清单）申报数据由保税核注清单数据归并生成。

为简化保税货物报关手续，在金关二期保税核注清单系统启用后，可以不再办理报关单（备案清单）的情形见表3-10。

表3-10 金关二期保税核注清单系统启用后，可以不再办理报关单的情形

不再办理报关单的情形	不再办理报关单（备案清单）的情形
A. 加工贸易货物手册管理模式下的余料结转 B. 加工贸易货物销毁（处置后未获得收入） C. 加工贸易不作价设备结转	海关特殊监管区域、保税监管场所间或与区（场所）外企业间进出货物的，区（场所）内企业可不再办理备案清单申报手续

4. 保税核注清单、报关单（备案清单）与核放单

核放单是控制车辆进出的单据，是指记录车辆载货信息、报关单证信息及货物过卡信息的单证，用于实现卡口作业的比对、校验、核销和核扣功能，验放货物及承运车辆，记载卡口作业各项数据。

核放单是车辆进出特殊区域（场所）卡口的唯一单证。核注清单、出入库单审核通过后，货物进出区前，企业需要录入核放单，并将核放单与车辆信息对应。车辆在进出卡口时，卡口系统会根据车辆信息找到对应的核放单信息，再进行通道判别。

卡口核放单与载货车辆一一对应，核放单只能由核注清单、提货单（先入区后报关）或出入库单生成。

核放单类型分为：先入区后报关、一线一体化进出区、二线进出区、非报关进出区、卡口登记货物、空车核放单。

核放单与关联单证的绑定关系为一对多（一车多票）、一对一（一车一票）或多对一（一票多车），不允许多对多。一票多车时，核放单需要备案表体；一车多票时，核放单关联单证必须为同一类型单证。

5. 金关二期海关特殊监管区域管理系统的基本操作要点

（1）企业录入保税核注清单，向海关申报。

（2）确认保税核注清单与进出境备案清单的关系为一对一；海关审核（机审、人工审）备案清单，并在审核通过后放行。

（3）录入进出核放单，审核通过后，车辆通过金关二期系统卡口过卡。系统对核放单或者报关单进行随机布控查验，被布控的车辆到指定查验场接受查验，未布控的车辆入仓装卸货。

（4）报关单对应的核放单都过卡之后，对应的核注清单核扣账册底账的增减。

技能报国

关务操作技能：异常情况处理

关务操作技能中的异常情况处理是关务实务赛项模块二的内容，由竞赛团队中抽中"关务师"角色的选手独立完成，选手需要根据实际业务进展，完成报关过程中的异常情况处理工作。重点考核选手对进出口通关业务中异常情况的处理思路，对海关法规、通关程序以及所需单证的熟悉程度。

国赛题库案例：A公司进口一批旧包装容器，作为关务师，应该办理何种检验检疫业务，并具体说明如何操作。

分析思路：该项业务主要考核旧包装容器通关要求，涉及许可证件、检验检疫等知识。根据进口货物是旧包装容器，首先查询该货物是否属于国家禁止进口目录商品。通过查询，可以判断该包装容器属于非禁止进口目录商品；其次是查询海关监管证件要求，判断是否需要办理所需证件如进口许可证等；最后确认该货物是否需要装运前检验、是否需要口岸查验和目的地查验等。除此以外，还需要确认该项业务所需的报关单证，涉及贸易类单证、管制类单证以及其他进出口单证。具体操作程序及所需单证见表3-11。

表3-11　异常情况处理操作程序及所需单证

操作程序	所需单证
1. 首先核查是否属于国家禁止进口目录商品。查询目录可知，压力容器是国家禁止进口的，但包装容器不属于禁止进口范围，可以判断该包装容器属于非禁止进口目录商品。	海关查验通知书 合同 装箱单 发票 情况说明 提运单
2. 查询海关监管证件要求，办理所需证件如进口许可证等。	
3. 在境外办理装运前检验手续。	
4. 在进口口岸海关办理卫生处理检疫手续，进行熏蒸消毒处理。	
5. 去目的地海关办理查验手续。	

任务 3-2　"9610"电子商务进口申报

海关监管方式代码"9610"全称"跨境贸易电子商务"，简称"电子商务"。在其应用于进口电商时俗称"直购进口""直邮进口"（以下简称"9610模式"），即B2C（企业对个人）进口。适用于消费者（订购人）在跨境电商平台上购买商品后，电子

商务企业或平台企业、支付企业、物流企业分别向海关传输订单、支付单和运单"三单"信息，并向海关提交清单，商品以邮件、快件方式运送，通过海关监管的邮件、快件作业场所（场地）入境，商品运抵后，电子商务企业或其代理人向海关办理申报和纳税手续。简言之，9610模式进口就是境外企业直邮到境内消费者手中。对于高频消费、库存周转快、对保质期要求不高的商品，可以考虑进入海关监管保税仓，采用1210模式；而如果商家在海外有团队优势、有海外仓，对于一些低频消费、品类较多的商品，可以考虑采用9610模式进口。两种模式可互补优缺。9610模式多被经营品类较宽泛的跨境电商平台及海外电商企业所采用，但它不是跨境电商零售进口业务的主要模式。9610模式进口通关工作流程如图3-22所示。

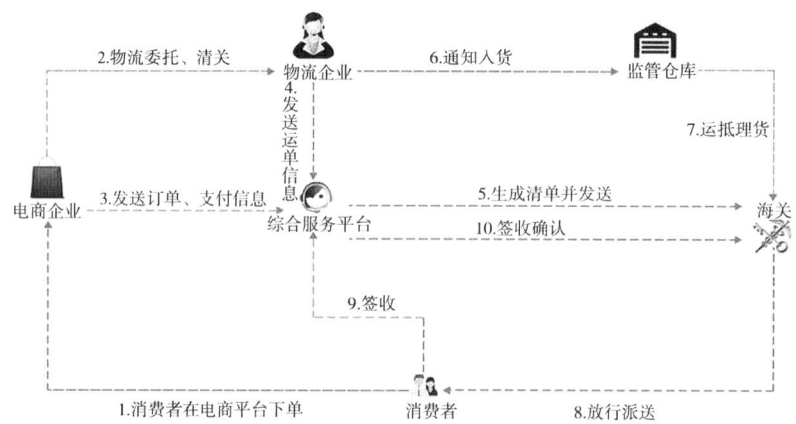

图3-22　9610模式直购进口通关工作流程

一、平台成交，形成订单

经营跨境电商零售直购进口模式的跨境电商企业需要完成海关注册、企业备案和商品备案等手续，将商品在电商平台上架销售；国（境）内消费者完成个人注册、提供身份信息后，可以对电商平台上的商品下单购买。消费者在跨境电商年度个人总消费额度以内和单次购买限额以内进行购买，可享受跨境电商的优惠税收政策，超出额度海关会按照一般贸易监管方式进行征税。按照现行政策，个人单笔交易限值为人民币5000元，个人年度交易限值为人民币26000元。个人在注册后，可以通过登录国际贸易"单一窗口"中的"跨境电商—进口申报—个人额度查询"或海关总署"互联网+海关"中的"我要查—跨境年度个人额度查询"，查询个人额度。消费者下单并完成支付后形成订单。

二、监管区入区通关

1. 口岸转关

直购进口模式的个人物品一般通过航空运输运抵我国入境口岸，订单形成后，跨境电商平台/企业将海外仓的商品按订单分拣打包，海外仓或海外分拨中心以国际邮包或者国际快件形式，从境外将包裹集中、批量发往境内已办理过相应企业备案的口岸海关跨境电商监管场所，在口岸办理报关报检，待航班抵达机场后，即可按照机场货站要求提货。

按照海关规定，9610直购物品进境后需要运输到海关监管作业场所，所以需要在口岸办理转关手续。办理口岸转关申报时，需填报提运单信息、集装箱信息、商品信息和集装箱商品关联信息等，需要准备的单证一般包括发票、箱单、航空运单、物品清单和汽车载货登记簿（白卡）等。

海关收到转关申报信息后，在系统内对舱单进行核注，并生成转关单号和预录入号；同时在空转陆联系单（视关区不同而使用）上批注转关单号，在汽车载货登记簿（白卡）、空转陆联系单上签字并盖验讫章，在正本提单上盖转关章。

转关审核完成后，海关现场清点货物（无须查验的直接加封关锁），在机场海关加封关锁，由转出地（机场海关）签发封志。陆路监管转关车辆在口岸海关加封海关关锁后，转关审核自动放行，提货后即可将物品运输至目的地海关监管作业场所进行验封、卸车、清关。

2. 运抵申报

企业需要在运抵前向海关监管作业场所的场站（园区）公司发送航班、提运单号、运载车辆、物流运单等跨境直购商品的物流信息，以便场站（园区）公司做好货物入区准备。

直购商品运抵目的地跨境电商监管场所之后，场站（园区）公司要向海关申报运抵信息，海关系统将运抵信息与电商清单数据进行核对。直购商品如果运抵的目的地监管场所是封闭管理的特殊监管区域、保税物流中心（B型），货物在进入监管区卡口前要申报特殊区域入区核放单，货物在运离监管区前也要申报特殊区域出区核放单。

三、电商"三单"及电商清单申报

货到仓库后，仓库进行理货作业，反馈实际到货情况，如实际到货与申报资料存在差异，需反馈委托人应如何处理；理货完成并确认数据无误后，由电商企业/代理申报企业在跨境电商企业申报端系统向海关申报清单，系统自动进行"三单"对碰（由电商企业/电商平台、物流企业和支付企业通过"单一窗口"地方版，分别将形成的订单、运单和支付单信息向海关发送），检查申报单的逻辑关系，核对企业、商品、个人的备案情况。

四、出区通关

跨境电商企业自理或代理向区内海关报关报检，海关受理申报后，凭转关资料对进入区内的监管货物进行拆解关锁，并在海关系统内，对场站（园区）经营人向区内海关申报的运单、订单数据进行审核。如果是特殊区域指定监管场所，则需将直购物品在线过X光机，海关进行同屏比对，由现场报关人员协助对货物进行抽查。海关对货物确认无误后，在出区卡口核放单上签字盖章，由快递公司以境内派送形式将物品送达境内消费者。如果被海关布控查验，海关在对货物查验无异常后放行货物，如有异常则按海关规定处理。

操作示范

青岛通达的报关员仲良根据【代表性业务 2】开始操作该批货物的通关工作。他将使用以下业务信息（在下文中依次出现）进行操作：订单信息（顾客赵明）、支付单信息、航空运单信息、物流运单信息、运抵单信息。

一、平台成交，形成订单

根据委托人下单情况和公司业务运营条件，青岛海淘采用 9610 直购进口模式办理通关手续。

【代表性业务 2】中的消费者一共下了 51 个订单，购买了跨境电商平台上热销的雅诗兰黛洁面乳、护肤套装、DHC 左旋肉碱等化妆品。现以顾客赵明在青岛海淘电子平台的订单商品为例进行通关操作演示，详见配套教学资源 XXY3-1。

顾客赵明在青岛海淘电子平台下单购买后形成的订单信息如表 3-12 所示。

表 3-12　订单信息（顾客赵明）

订单表头信息							
报送类型	1	报送时间	20240626131136	业务状态	2	订单类型	I
订单编号	4825849528944320166	电商平台代码	3702W6123V	电商平台名称	青岛海淘电子商务有限公司	电商企业代码	3702W6123V
电商企业名称	青岛海淘电子商务有限公司	商品价格	110	运杂费	0	非现金抵扣金额	0
代扣税款	0	实际支付金额	110	币制	142	订购人注册号	37011219801117××××
订购人姓名	赵明	订购人电话	137089292××	订购人证件类型	身份证	订购人证件号码	37011219801117××××
支付企业代码	512	支付企业名称	AAA 银通电子支付有限公司	支付交易编号	202406121000001004	商品批次号	SX240688
收货人姓名	赵明	收货人电话	137089292××	收货地址	山东省济南市历城区遥墙国际机场海关大院	收货地址行政区划代码	370105
备注							

表3-12 续

订单表体信息							
商品序号	1	企业商品货号	4511413404096	企业商品名称	DHC 左旋肉碱100粒	条码	4511413404096
单位	136	数量	1	单价	50	总价	50
币制	142	原产国（地区）	116	商品描述	DHC 左旋肉碱100粒	备注	

消费者下单后进行支付，支付单信息见配套教学资源 XXY3-2。

二、口岸转关、监管区入区通关

1. 口岸转关

消费者在电商平台付款下单后，跨境电商企业的海外分拨中心或海外仓进行打包发货，接收到订单信息和运单信息（航空运单、物流运单详细信息分别详见配套教学资源 XXY3-3、XXY3-4，物流运单信息见表3-13）后，待货物抵港进行转关申报，申报界面如图 3-23 至 3-25 所示。该批商品运单主要信息如下：

始发地：韩国仁川；目的地：中国宁波；主单号：98820127586；航班号：OZ317；航班日期：20240624；订单数：51 单；毛重：298kg；尺码：1.5CBM；内件数：51；申报金额：27681.4 元人民币。

表 3-13 物流运单信息

报送类型	1	报送时间	20240626131455	业务状态	2	物流企业代码	3702988888
物流企业名称	青岛通达物流有限公司	物流运单编号	YT2154843961111	提运单号	98820127586	订单编号	4825849528 944320166
运费	0	保价费	0	币制	142	毛重	0.25
件数	3	主要货物信息	DHC 左旋肉碱	收货人姓名	赵明	收货地址	山东省济南市历城区遥墙国际机场海关大院
收货人电话	137089292××						
备注							

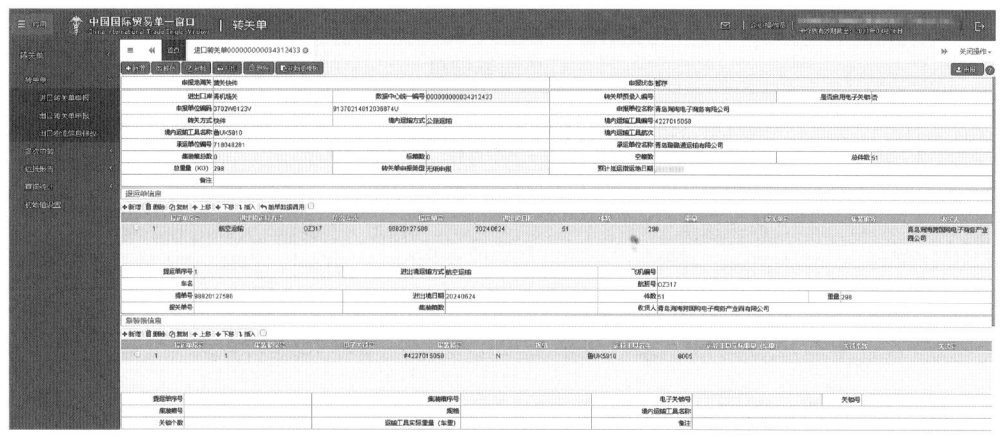

图 3-23　进口转关单"提运单、集装箱信息"录入界面

图 3-24　进口转关单"商品信息"录入界面

图 3-25　进口转关单"集装箱商品关联信息"录入界面

在"单一窗口"录入相关信息之后，需要打印出来进行核对（如图 3-26 所示），以防因申报错误导致退单。核对无误后点击"申报"，打印出来的转关运输货物申报单（部分）如图 3-27 所示。

转关申报单核对单

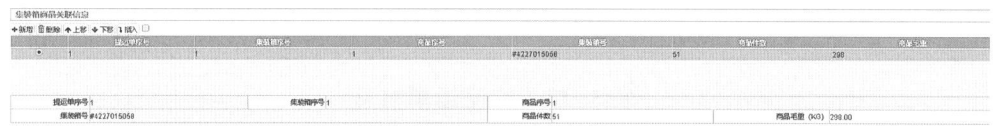

数据中心统一编号：00000000034312433　　　　　　　载货清单号：

主管海关	黄关快件（4259）	进出口岸	青机场海关（4220）	转关方式	快件	申报单位	青岛海淘电子商务有限公司（3702W6123V）
境内运输方式	公路运输	承运单位	青岛璐璐通运输有限公司（718048281）			境内运输工具编号	4227015058
境内运输工具名称	鲁UK5910			境内运输工具航次			
标箱数	0	空箱数		集装箱总数	0	总件数	51	总重量	298
预计抵运指运地日期	20230504	备注					

提运单信息

序号	进出境运输方式	运输工具编号	运输工具名称	航次	提单号	进出境日期	件数	重量	报关单号	集装箱数	收货人
1	航空运输			OZ317	98820127586	20210624	51	298			青岛海淘跨国际电子商务产业园

集装箱信息

提运单序号	集装箱序号	集装箱号	规格	境内运输工具名称	运输工具实重(车重)	备注
1	1	#4227015058	N	鲁UK5910	8,005	

商品信息

提运单序号	商品序号	品名及规格	商品编码	包装	件数	数量	单位	重量	价格	币制
1	1	化妆品 保健品	2106909090	纸箱	51	298	批	298	27681.4	人民币

图 3-26　转关申报单核对单

中华人民共和国海关进口转关运输货物申报单

预录入号：				编　号：			
进出境运输工具名称：		航次(航班)号：		转关方式：快件		境内运输方式：公路运输	
提(运)单总数：1	货物总件数：51		货物总重量：298	集装箱总数：0		境内运输工具：鲁UK5910	
境内运输工具名称	提(运)单号	集装箱号	货　名	件　数	重　量	关锁号	个数
鲁UK5910	0Z317/98820127586	#4227015058	化妆品 保健品	51	298		

以上申报属实，并承担法律责任。 保证在　　　日内将上述货物完整 运抵　　　　海关。 申报人： 　　年　月　日	进境地海关批注： 经办关员： (盖章) 　　年　月　日	指运地海关批注： 经办关员： (盖章) 　　年　月　日

图 3-27　转关运输货物申报单

在转关时，根据各关区要求，可能需要填写跨境电子商务空转陆联系单、物品清单（主要包括序号、航班号、总运单号、委托人订单号、物流单号、品名、数量、收件人、省、市、详细地址、购买人身份证号码等）、汽车载货登记簿（白卡）等单据。

转关申报后，回执信息如图 3-28 所示。

序号	数据中心核一编号	转关单号	回执状态	回执详细信息	回执时间
1	00000000C026366519	2142279995501002	人__环韵	转关申报审单拿网	2024-06-26 15:27:00
2	00000000C026366519	2142279995801002	转关单审核自动放行	转关申报单无纸布放通过	2024-06-26 10:37:22
3	00000000C026366519	2142279995501002	海关库此束理过	申报单已入申请到现场海关办理手续	2024-06-26 09:28:44

图 3-28　转关申报后回执状态

转关审核自动放行后，海关现场清点货物并在机场完成施封，提货后通过陆路监管车辆运输至青岛跨国购电子商务产业园有限公司。

2. 监管区入区通关

货物通过海关监管车辆运抵，青岛跨国购电子商务产业园有限公司（园区场站公司）向海关申报运抵信息（详见表 3-14，以及配套教学资源 XXY3-5），办理进卡口申报、报关报检、舱单核销等手续。在申报报关单等单据时，舱单被占用，放行后即可核销，可用预录入编号在"单一窗口"查询。

表 3-14　运抵单详细信息

运抵单表头信息							
报送类型	1	报送时间	20240626131944	业务状态	2	申报海关代码	4227
企业内部编号	1429974001714724864	入库单编号	RKNO20161206	监管场所经营人代码	3702266666	监管场所经营人名称	青岛跨国购电子商务产业园有限公司
进出口标记	I	运输方式	5	运输工具编号	OZ317	航班航次号	OZ317
提运单号	98820127586	物流企业代码	3702988888	物流企业名称	青岛通达物流有限公司	卸货库位	111
备注							
运抵单表体信息							
企业内部编号	1429974001714724864	序号	1	物流运单编号	YT2154843961111	备注	

三、电商"三单"及电商清单申报

从中国（山东）国际贸易"单一窗口"下载订单、运单、支付单、运抵单以及清单的报文模板，录入申报信息（五单录入完成的报文模板详见配套教学资源 SCY3-3、SCY3-4、SCY3-5、SCY3-6、SCY3-7，清单填报要求见配套教学资源 CZGFY3-3《中华人民共和国跨境电子商务零售进口商品申报清单数据》），为下一步的数据申报做好准备，审核无误后导入申报系统。使用青岛海淘（或其代理人）的用户名、密码登录，向海关申报订单、支付单、清单；使用国内物流企业青岛通达的用户名、密码登录，向海关申报运单；使用监管场所经营人青岛跨国购电子商务产业园有限公司的用户名、密码登录，向海关申报运抵单。海关管理系统自动进行"三单"对碰。"三单"导入流程如下：

进入中国（山东）国际贸易"单一窗口"系统中"地方特色应用—跨境电商—青岛市—中国（青岛）跨境电子商务综合试验区"界面，并根据"三单"对应类型选择相对应的用户名和密码进行登录。

登录后选择"进口申报—零售进口（9610）"，选择"导入"，将做好的"三单"资料模板进行上传，如图 3-29 所示。

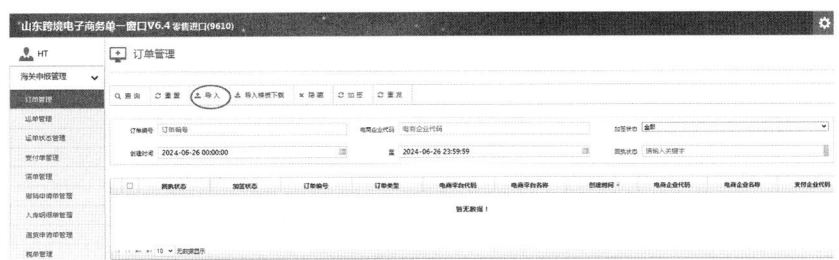

图 3-29   山东跨境电子商务"单一窗口"导入界面

申报模板分别导入后即可进入申报流程。

1. 电商企业上传订单后加签申报，回执状态依次为：山东电子口岸已上传—中国电子口岸申报中—海关入库，如图 3-30 至 3-32 所示。

图 3-30   加签申报后回执状态——山东电子口岸已上传

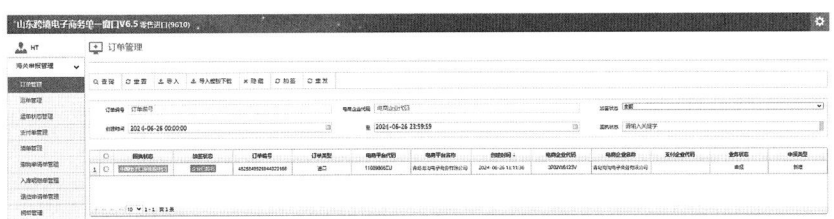

图 3-31   加签申报后回执状态——中国电子口岸申报中

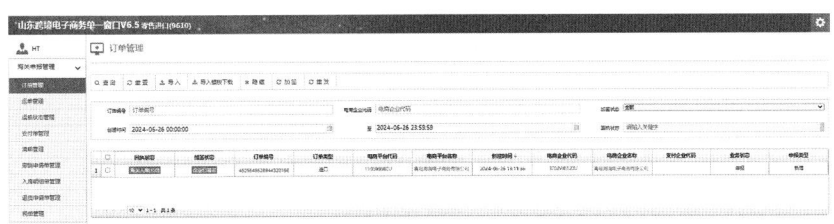

图 3-32   加签申报后回执状态——海关入库

2. 当订单状态显示为"电子口岸申报中"时，物流企业与支付企业便可分别开展运单和支付单的申报工作。此时，运单申报与支付单申报并无先后顺序的限制。然后再由监管场所经营人申报运抵单，最后由报关公司申报清单。

3. 申报完成后，申报情况会在清单回执中体现，最终状态为清单实货放行。若"单一窗口"接收回执较慢，可登录"互联网+海关"查看申报情况，如图 3-33 所示。

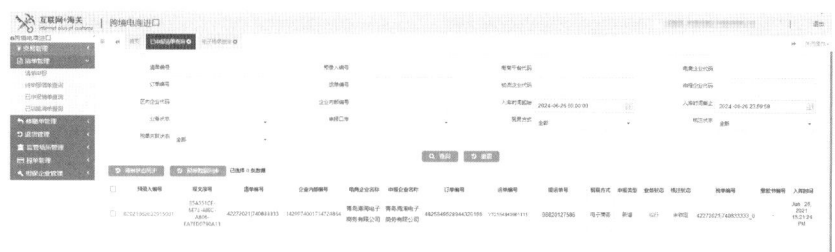

图 3-33　"互联网+海关"——已申报清单查询

4. 清单申报完成会出现几种状态：清单放行、人工审核、海关查验、海关退单。将申报状态同步给仓库及外务操作人员，外务操作人员约海关去监管仓库过机放行，在过机过程中将人工审核、查验、海关退单的包裹筛出，等待海关验货。

放行的订单包裹过机完成后交接指定快递，完成订单出库。货物运出园区之后，由快递公司按境内派送流程将物品送达境内消费者。

"9610" 电子商务进口申报相关知识

一、"9610 跨境直购监管中心"的申报、验核

"跨境直购监管中心"（又称快递类海关监管作业场所）是地方开展"9610"跨境电子商务进出口业务的必备场所。

2018 年 12 月 10 日，海关总署发布 2018 年第 194 号公告《关于跨境电子商务零售进出口商品有关监管事宜的公告》，其中场所管理条款明确指出："跨境电子商务零售进出口商品监管作业场所必须符合海关相关规定。跨境电子商务监管作业场所经营人、仓储企业应当建立符合海关监管要求的计算机管理系统，并按照海关要求交换电子数据。其中开展跨境电子商务直购进口或一般出口业务的监管作业场所应按照快递类或者邮递类海关监管作业场所规范设置。"

二维码 3-1　"9610 跨境直购监管中心"的申报、验核

二、转关

转关是指进口货物由进境地入境后，在海关监管下运往另一设关地点办理进口验放手续，或者出口货物在启运地海关办理验放手续后运往出境地，由出境地海关监管出境，或者海关监管货物由境内一个设关地点转运到境内另一个设关地点。转关方式分为提前转关或提前报关、直转和中转三种方式。

转关承运人应当在海关注册登记，承运车辆符合海关监管要求，并承诺按海关对转关路线范围和途中运输时间所做的限定，将货物运往指定的场所。

邮件、快件、暂时进出口货物（含 ATA 单证册项下货物）、过境货物、中欧班列载运货物、市场采购方式出口货物、跨境电子商务零售进出口商品、免税品，以及外交、常驻机构和人员公自用物品，其收发货人可按照海关要求正常申请办理转关手续，开展转关运输。多式联运及具有全程提（运）单的货物、符合要求条件的进口固体废物，以及不宜在口岸海关查验的货物，按海关规定要求申请办理转关。

二维码 3-2　转关作业流程

三、进出境快件

1. 进出境快件概述

根据《中华人民共和国海关对进出境快件监管办法》，进出境快件指进出境快件营运人以向客户承诺的快速商业运作方式承揽、承运的进出境货物、物品；进出境快件运营人是指在中华人民共和国境内依法注册，在海关备案登记的从事进出境快件运营业务的国际货物运输代理企业。

进出境快件分为文件类、个人物品类和货物类三类，其含义、申报单证、监管方式、申报时限等海关监管要求如表 3-15 所示。

表 3-15　进出境快件的海关监管要求

类别	含义	申报单证	监管方式	申报时限
文件类（业内称为 A 类快件）	法律、法规规定予以免税且无商业价值的文件、单证、票据及资料	《中华人民共和国海关进出境快件 KJ1 报关单》、总运单（副本）和海关需要的其他单证	经海关批准的专门监管场所内，海关查验确认后接受申报	进境快件应当自运输工具申报进境之日起 14 日内；出境快件在运输工具离境 3 小时之前
个人物品类（业内称为 B 类快件）	海关法规规定自用、合理数量范围内的进出境的旅客分离运输行李物品、亲友间相互馈赠物品和其他个人物品	《中华人民共和国海关进出境快件个人物品申报单》、每一进出境快件的分运单、进境快件收件人或出境快件发件人身份证件影印件和海关需要的其他单证	海关查验时，收件人或发件人需到场或提交委托书	
货物类（业内称为 C 类快件）进境快件	除了文件类和个人物品类进出境快件以外的快件，关税税额在《关税法》规定的关税起征数额以下的货物和海关规定准予免税的货样、广告品	提交《中华人民共和国海关进出境快件 KJ2 报关单》、每一进境快件的分运单、发票和海关需要的其他单证	海关查验，必要时径行开验、复验或提取货样	
	除了文件类和个人物品类进出境快件以外的快件，应予征税的货样、广告品（法律、法规规定实行许可证件管理的、需进口付汇的除外）	提交《中华人民共和国海关进出境快件 KJ3 报关单》、每一进境快件的分运单、发票和海关需要的其他单证		

表3-15 续

类别	含义	申报单证	监管方式	申报时限
货 物 类（业 内 称 为 C 类 快 件）出 境 快件	除了文件类和个人物品类进出境快件以外的快件	对货样、广告品（法律、法规规定实行许可证件管理的、应征出口关税的、需出口收汇的、需出口退税的除外），应提交《中华人民共和国海关进出境快件 KJ2 报关单》、每一出境快件的分运单、发票和海关需要的其他单证	海关查验，按规定办理通关手续	

2. 通关流程操作

（1）快件运营人申报

快件运营人通过"互联网+海关"一体化网上办事平台进入"快件申报系统"，向海关传输或递交进出境快件舱单、快件报关单及随附资料，海关确认无误后接受申报。

进出境快件分为文件类（A类）、个人物品类（B类）和低值货物类（C类）三种类型。其中B类快件报关时，快件运营人应当向海关提交B类快件报关单、每一进出境快件的分运单，收件人身份证影印件和海关需要的其他单证。快件运营人在申报前应联系收件人核实确认物品的名称、数量、价值、品牌等情况，收取收件人身份证影印件和海关需要的其他材料。

（2）海关审核

海关对快件报关单的内容进行审核，将报关单信息与运抵报关信息进行核对。若没有布控查验，则数据审核通过后直接放行；若有布控查验，则进入查验环节。

（3）海关查验

进出境快件通关应当在经海关批准的专门监管场所内进行，如因特殊情况需要在专门监管场所以外进行的，需事先征得所在地海关同意。

海关查验进出境快件时，快件运营人应派员到场，并负责进出境快件的搬移、开拆和重封包装。海关对进出境快件中的个人物品实施开拆查验时，运营人应通知进境快件的收件人到场，收件人不能到场的，运营人应向海关提交其委托书，委托人代理收件人的义务，并承担相应法律责任。海关认为必要时，可对进出境快件予以径行开验、复验或者提取货样。

海关检查的内容主要是个人进出境快递物品申报信息是否真实，实物与申报信息是否相符，是否存在禁限类物品，是否存在侵权行为，是否涉税等。

（4）海关放行

进出境快递物品经海关查验无异常的，作放行处理；对查验后无法直接放行的，依据物品情况，由海关分别作征税放行、退运、暂存待处理、移交缉私和销毁等处置。海关放行后，需要缴纳进口税的物品，由快件运营人代收代缴，定期汇总向海关缴税。

课后习题

一、单项选择题

1. 跨境电商 1239 模式进口与 1210 模式进口的不同在于 (   )。

A. 业务必须在试点城市的海关特殊监管区域或保税物流中心（B 型）开展

B. 物流模式为先入境备货，后境内消费者下单

C. 执行有关商品首次进口许可批件、注册或备案要求

D. 可以申请退货

2. 9610 模式进口业务中，消费者单次交易限值为 (   ) 元，年度交易限值为 (   ) 元。

A. 2000，20000　　B. 5000，20000　　C. 2000，26000　　D. 5000，26000

3. (   ) 是货物进出海关特殊监管区域要办理的卡口放行凭证。

A. 核注清单　　　B. 核放单　　　C. 报关单　　　　D. 物流账册

4. 跨境电商 1210 模式进口业务中，核注清单（进口）的监管方式和报关标志分别为 (   )。

A. 监管方式为"一般贸易"，报关标志为"报关"

B. 监管方式为"一般贸易"，报关标志为"非报关"

C. 监管方式为"保税电商"，报关标志为"报关"

D. 监管方式为"保税电商"，报关标志为"非报关"

5. 跨境电商进口申报流程中，(   ) 模式的商品物流方式适合品类相对集中、备货量大的跨境电商企业。

A. 1210　　　　　B. 1239　　　　　C. 9610　　　　　D. 9710

二、多选题

1. 跨境电商进口申报流程中，1210 模式适用于 (   ) 区域。

A. 自由贸易试验区　　　　　　　　B. 跨境电商综合试验区

C. 综合保税区　　　　　　　　　　D. 进口贸易促进创新示范区

2. 保税物流货物的特征有 (   )。

A. 准入保税　　　B. 复运出境　　　C. 运离结关　　　D. 免于查验

3. 关于我国对特殊区域实行的监管原则，以下理解正确的是 (   )。

A. "一线"指特殊区域与境外之间，"二线"指特殊区域与境内区外之间

B. "一线"指特殊区域与境内区外之间，"二线"指特殊区域与境外之间

C. 实行"一线放开""二线管住"的监管原则

D. 实行"双线监管+报关单管理"

4. 以下关于特殊区域核放单的描述正确的是 (   )。

A. 核放单表头的"绑定类型"是指监管运输车辆与车辆所载货物的对应情况

B. 每个核放单只能录入一辆承运车辆信息

C. 核放单不需要关联核注清单编号

D. 核放单的"绑定类型"有一车一票、一车多票、一票多车三种情况

5. 9610 进口模式下，在海关通关流程中涉及以下哪些环节（　　　）。

A. 电商企业向海关传输交易电子信息

B. 支付企业向海关传输支付电子信息

C. 物流企业向海关传输物流电子信息

D. 消费者直接向海关申报个人信息

三、判断题

1. 报关单与备案清单具有同等法律效力。（　　　）

2. 跨境电商进口申报中的 9610 模式仅适用于特定区域。（　　　）

3. 1210 模式下，货物从特殊区域运往境内区外不需要申报核注清单。（　　　）

4. 9610 进口模式的商品在运抵监管场所前，电商企业需要完成所有的纳税手续。（　　　）

5. 跨境电商进口申报流程中，1210 模式下的商品必须存储在海关特殊监管区域或保税物流中心。（　　　）

能力实训

浙江华耀国际供应链有限公司（信用代码：91310109764725896N，海关代码：3106960922）于 2024 年 3 月 22 日从韩国仁川进口一批益生菌到达浙江宁波，由宁波友达物流有限公司（统一社会信用代码：91330200MA29888888，海关代码：3302482222）运输至北仑港综合保税区，存放于北仑跨境电商园区内，产品为境外品牌，双方无特殊关系，货物无特许权使用费，客户未提供原产地证。

请根据贸易背景及以下相关资料，完成通关流程的设计及相关单证的填制。相关表格详见配套教学资源 XXY3-6。

1. 合同

CONTRACT			
SELLER:	JUN YI INTERNATIONAL TRADE CO.，LTD	CONTRACT NO.:	FB-CG-KJKOR-190XXX
	704 Dogok-ro, Gangnam-gu, Seoul, Korea	DATE.:	23-Mar-24
		SHIPMENT FROM:	INCHON,KOREA
		DESTINATION.:	NINGBO,CHINA
BUYER:	ZHEJIANG HUAYAO INTERNATIONAL SUPPLY CHAIN CO.，LTD	SHIPPING METHOD:	BY SEA
	No.5 South Yangzijiang South Road, Beilun District, Ningbo City, Zhejiang Province, China	PAMENT TERM:	T/T
	TEL：086-574-553313XX FAX：0574-553325XX	PRICE:	FOB NINGBO,CHINA

MARKS	DESCRIPTION OF GOODS	QTY(PCS)	UNIT PRICE（USD/PC）	AMOUNT(USD)	原产国
8809326030XXX	GOOD BALANCE 益生菌	1050	15.00	15750	韩国
	TOTAL:	1050		15,750.00	

2. 发票

JUN YI INTERNATIONAL TRADE CO.，LTD				
INVOICE			INVOICE NO.:	FB-CG-KJKOR-190XXX
IG HUAYAO INTERNATIONAL SUPPLY CHAIN CO.，LTD angzijiang South Road, Beilun District, Ningbo City, Zhejiang Province, -553313XX FAX:0574-553325XX			DATE.:	23-Mar-22
			SHIPMENT FROM:	INCHON, KOREA
			DESTINATION:	NINGBO, CHINA
			SHIPPING METHOD:	BY SEA
			PAYMENT TERM:	T/T
DESCRIPTION OF GOODS		QTY(PCS)	PRICE(USD/PC)	AMOUNT(USD)
GOOD BALANCE 益生菌		1050	15.00	15750
	TOTAL:	1050		15,750.00

3. 装箱单

JUN YI INTERNATIONAL TRADE CO.，LTD					
PACKING LIST			INVOICE NO.:		FB-CG-KJKOR-190XXX
TO: ZHEJIANG HUAYAO INTERNATIONAL SUPPLY CHAIN CO.，LTD No.5 South Yangzijiang South Road, Beilun District, Ningbo City, Zhejiang Province, China TEL:086-574-553313XX FAX:0574-553325XX			DATE.:		23-Mar-22
			SHIPMENT FROM:		INCHON,KOREA
			DESTINATION:		NINGBO,CHINA
			SHIPPING METHOD:		BY SEA
ITEM	DESCRIPTION OF GOODS	CTNS	N.W(KGS)	G.W(KGS)	QTY(PCS)
1	GOOD BALANCE 益生菌	70	126.00	242.88	1050
	TOTAL:	70.00	126.00	242.88	1050.00
	TOTAL:				2PLTS

4. 海运提单

海运提单			B/L No.AGLTAOI220XXX
Vessel and Voyage number	Port of Loading	Port of Discharge	Date
REVERENCE/8888W	INCHEON	NINGBO	22-Mar-24
Place of Receipt	Place of Delivery	Number of Original B(s)/L	Price
NINGBO	NINGBO	THREE(3)	FOB NINGBO
PARTICULARS AS DECLARED BY SHIPPER - CARRIER NOT RESPONSIBLE			
Container Nos./Seal Nos. Marks and Numbers	No.of Containe/Packages/Description of Goods	Gross Weight(Kilos)	Measurement(cu-metres)
JUNYI	2 PLTS OF GOOD BALANCE PROBIOTICS HS CODE：2106909XXX	242.88	2.638

5. 进口舱单信息

查询条件(IMO号、船名至少填一项;航次必填,提单号、集装箱号至少填一项。)						
IMO: 提单号:	UN9250935 INTAO22031604	船名:	装箱号:		航次:	8888W
查询结果						
舱单信息编号		进口方式	航次航班编号	运输方式	运输工具代码	运输工具名称
UN9250933_1879W		进口	8888W	海上运输	UN9250933	REVERENCE
提单信息						
提运单号	提运单类型	父提运单号	货物体积	体积单位	发货地代码	托运货物件数 货物总毛重 重量单位	运输工具启运时间 海关编码 删除标志
INTA022031604	分运单	CSIQRV1879V017		Incheon	CNQ9G	2 242.88 KG	2024-3-23 0:00 4258
集装箱信息						
集装箱号		集装箱类型		直箱或名空箱标识代码		封志号、类型非原加封志人
DWSU2406126		22G1		直箱		M/EWS1132554/SH

项目四

跨境电商出口申报

学习目标

【知识目标】

1. 能区分跨境电商出口相关的海关监管代码"9610""1210""9710""9810"的含义与适用范围;

2. 能阐释"9610"出口通关中"清单核放、汇总申报"的含义,并区分简化申报和汇总申报的适用情形;

3. 能辨析"9610"与"1210"以及"9710"与"9810"出口通关流程的异同。

【技能目标】

1. 能根据业务背景选择合适的跨境电商出口通关模式并设计通关方案;

2. 能根据跨境电商出口的不同海关监管方式,扮演不同的业务主体选用所需跨境电商出口申报的相关单证,并进行规范填制;

3. 能模拟在"单一窗口"上完成不同海关监管方式下跨境电商出口的通关数据申报。

【素质目标】

1. 培养学生合规申报、遵纪守法的法治意识;

2. 培养学生严谨认真、耐心细致的工作作风。

思维导图

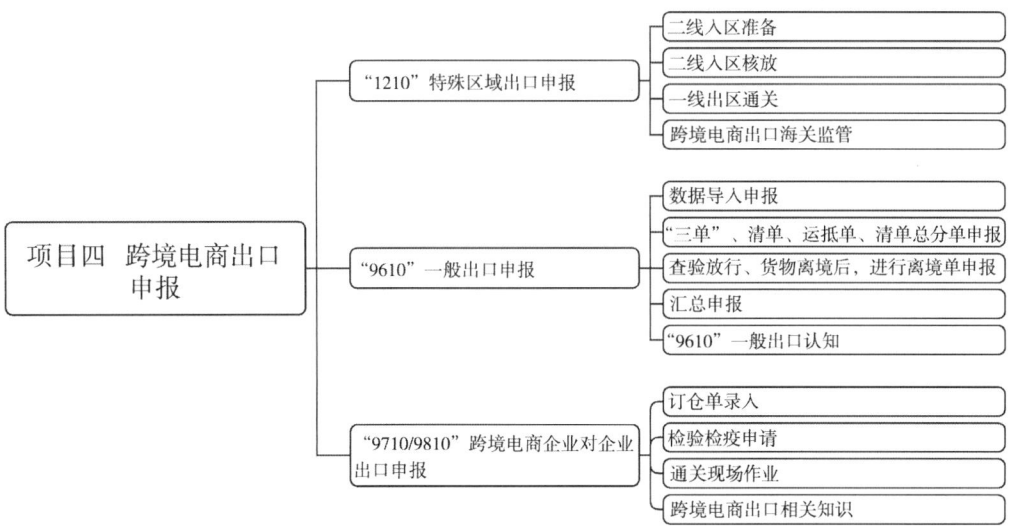

项目导入

党的二十大报告指出,推动货物贸易优化升级,创新服务贸易发展机制,发展数字贸易,加快建设贸易强国。为全面贯彻落实党的二十大精神,全国各地大力发展跨境电商,壮大外贸新业态,培育外贸新的增长点;持续深化市场采购与外贸综合服务、跨境电商融合发展，探索"跨境电商+海外仓""跨境电商+产业集群"等新模式，打造一批具有竞争力的内外贸一体化区域品牌。

跨境电商出口目前主要有"1210 特殊区域出口""9610 一般出口""9710 跨境电商 B2B 直接出口"以及"9810 跨境电商出口海外仓"四种模式。

如前文所述，关慧通负责的【代表性业务 3】"中国纺织品出口美国通关"，其海关监管方式为"1210"，仲良负责的【代表性业务 4】"中国轻工纺织日杂百货出口加拿大通关"、纪元阳负责的【代表性业务 5】"家居家纺类产品出口日本海外仓通关"，其海关监管方式分别为"9610"和"9710/9810"。

任务 4-1 "1210"特殊区域出口申报

关慧通从报关委托方杭州智赢了解到其报关业务（【代表性业务 3】）的详情如下：

杭州智赢于 2024 年 3 月将一批床罩、被子、枕套等纺织品提前备运到杭州综合保税区，存放于区内企业杭州瀚涵物流有限公司（统一社会信用代码：91330101MA26W8G089；海关注册编号：330188432M；检验检疫编码：3800921111，主管海关为"杭州综保"）仓库，然后将商品从杭州综合保税区运往 AMAZON 仓库，待境外消费者下单后，从海外仓快递商品给境外消费者。在全国通关一体化背景下，由于该公司与宁波友达建立了长期友好合作关系，现委托宁波友达办理该批商品的入区、出区和出口等环节的通关及后续事务。

1210 模式出口即指特殊区域出口，包括"跨境电商特殊区域包裹零售出口"和"跨境电商特殊区域出口海外仓零售"两种形式。"1210 特殊区域包裹零售出口"与"1210 特殊区域出口海外仓零售"在业务流程方面的区别如图 4-1 所示。

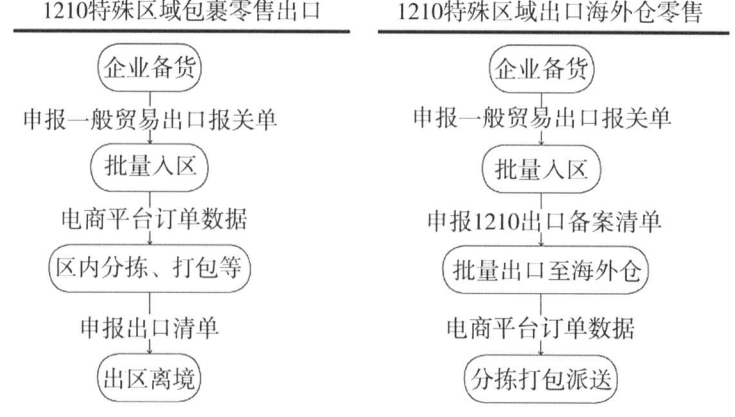

图 4-1 1210 特殊区域出口流程图

通过分析【代表性业务 3】的详情可以判断，该批货物应采用"跨境电商特殊区域出口海外仓零售"模式进行通关。

无论是"1210 特殊区域包裹零售出口"，还是"1210 特殊区域出口海外仓零售"，在通关事务方面一般都经过以下几个环节。

一、二线入区准备

1. 电子账册申请

基于"1210"监管方式"保税电商"的核心要义，1210 模式出口通关与项目一中的 1210 模式进口（网购保税模式）通关存在相似之处，相关保税监管场所仓储企业均需向海关申请适用于特殊区域的物流账册。在 1210 模式出口情形下，跨境电商企业根据境外市场需求预测数据进行备货，提前将商品运入海关特殊监管区域存储，因此，兼具仓储与报关资质的区内仓储企业（报关企业）需事先申请物流账册，具体流程与 1210 模式进口相同。

2. 商品检验检疫

在 1210 模式出口通关过程中，跨境电商企业将待出售的商品整批运进特殊区域，从海关监管的视角来看等同于出口，因此可以按照一般贸易模式进行报关。出于鼓励出口的需要，我国只有少数商品需要办理商检手续。企业可以根据货物的 HS 编码查询海关监管条件和检验检疫类别，结合商品的特性，最终确定商品是否需要办理商检手续。如需办理，应遵循先报检后报关程序。

3. 进口核注清单申报

在实际业务中，区内仓储企业（报关企业）一般代理跨境电商企业进行报关。如前所述，货物批量出口至海关特殊监管区域相当于出口，因此，在正式进行入区报关之前，区内仓储企业须先申报保税核注清单（进口），再申报出口报关单。

进入"单一窗口"中的口岸执法申报界面，具体操作可按"加贸保税—保税物流管理—进口保税核注清单"步骤进行，录入清单"表头、表体、随附单据"信息，再进行申报。

4. 出口报关单申报

为保证系统数据的一致性和关联性，进口核注清单申报成功后，系统会自动生成报关单草稿编号和出口报关单草稿表体内容，此时，报关人员可开始录入出口报关单。基于 1210 模式出口业务的跨境电商本质特征，尽管各栏目的录入规范与一般贸易出口报关单基本一致，但有些栏目的录入存在差异，详情如表 4-1 所示。

表 4-1　报关出口至特殊监管区域和直接出口至境外的报关单对比

报关单栏目	报关出口至特殊监管区域	直接出口至境外
监管方式	一般贸易	
征免性质	一般征税、中外合资等，按照实际填写	
征免方式	照章征税	

表4-1 续

报关单栏目	报关出口至特殊监管区域	直接出口至境外
境内发货人	一般为特殊监管区域内的仓储企业	签订并执行合同的境内法人、其他组织
生产销售单位		境内的生产或销售单位
境外收货人	海外仓经营人或"NO"	签订并执行合同中指定的收货人
申报单位	报关企业	报关企业
出境关别	一般填写货物入区的特殊监管区域海关	实际出境的口岸海关
运输方式	根据特殊区域类型填写，比如保税区、保税港区、物流中心等	按实际进出境运输方式填报
运抵国（地区）、原产国（地区）、最终目的国（地区）	中国	离开我国关境后运抵的国家（地区）/中国/最终实际消费使用的国家（地区）
指运港	中国境内	按实际填写
离境口岸、境内货源地	货物运抵的特殊区域	按实际填写
成交方式	FOB	按实际成交价格条款选择正确的成交方式填报
随附单证代码	保税核注清单代码"a"	按所需监管证件填写对应代码（无保税核注清单）
随附单证编号	关联的进口核注清单编号	按所需监管证件填写对应编号
备注	无	无

二、二线入区核放

1. 入区核放单申报

出口报关单申报成功后，货物就可以运抵特殊区域了。在运抵之前，报关企业需要申报入区核放单。若使用"单一窗口"中的口岸执法申报界面，可以按照"加贸保税—保税物流管理—核放单录入"的步骤，录入核放单表头、表体和关联单证信息。具体填制要求与1210进口基本相同，但要注意，1210模式出口的入区核放单表头"核放单类型"为"二线进出区"。

2. 车单关联、卡口验放

入区核放单申报成功后，跨境电商企业就可以将货物运往特殊区域。由于在通过特殊区域卡口前，已将运输车辆的车牌等信息以及货物信息与入区核放单进行关联，车辆通过卡口时，凭入区核放单即可验放。通过卡口后，报关单、核注清单、核放单和电子账册数据都会发生变化，详细情况如表4-2所示。

表4-2　二线入区核放后系统发生的变化

单据单证	过卡口前	过卡口后
报关单	申报成功	结关
核注清单	预核扣	已核扣
核放单	未过卡	已过卡
电子账册	底账数据保持原状	第一次入区的商品新增备案序号项，已有备案序号项的商品核增底账数量

3. 海关查验

如果入区货物被海关布控查验，在货物运抵特殊区域后，跨境电商企业或报关企业需在海关指定查验场所配合海关查验以及相应的后续处置。

4. 协办退税

由于1210模式出口的货物运入特殊区域后视同货物已经出口，货物进入指定仓库后，跨境电商企业就可以申请出口退税。

三、一线出区通关

如前文所述，1210模式出口货物运抵特殊区域后，出口至境外有两种方式："跨境电商特殊区域包裹零售出口""跨境电商特殊区域出口海外仓零售"。前者是包裹零售出口海外消费者，后者是批量出口海外仓零售。包裹零售出口方式下，通关流程与9610出口模式类似，需要申报电商清单信息，但无须申报报关单；批量出口海外仓零售方式下，因货物处于等候电商平台产生订单过程中，无须申报电商清单，但需要申报报关单。

1. "跨境电商特殊区域包裹零售出口"方式下出区申报

（1）电商清单申报

"1210"特殊区域零售出口方式下，需要申报电商清单。境外网购客户下单后，电商企业、跨境电商平台、物流企业、支付企业或其代理人向海关跨境电商出口申报系统发送订单信息、运单信息和支付信息。海关通过"三单"对碰进行逻辑校验，通过校验的，电商企业或其代理报关企业向海关申报电商清单，确认无误后向海关推送。

（2）出口核注清单申报

"1210"特殊区域出口货物在出区前都要向海关申报出口核注清单，"1210"特殊区域包裹零售出口方式下，核注清单商品项信息通过电商清单表体导入即可。

（3）清单核放、出区核放单申报

"三单"信息发送后，即可进行区内拣货、打包、发货，并办理跨境单证申报、查验和放行手续。

除了"三单"信息对碰之外，跨境电商货物离开特殊监管区域前，需要由报关企业向海关申请出区核放单，核放单的类型填报与"1210"入区时的"二线进出区"不同，应填报"一线一体化进出区"，核放单的其他栏目填报与境内出口至境外的保税电商流程中的入区申报类似。

（4）货物出区

消费者在线上购买跨境商品后，仓储企业根据订单和运单的目的地等信息，进行理货、打包、贴面单等工作，完成出区前的准备事项。

与货物入区时类似，货物在出区通过特殊区域卡口前，仓储企业须将海关审核通过的"一线转出核放单"与核注清单等信息进行关联，装载货物的车辆通过卡口时，凭核放单验放出区，再运往海运或空运口岸出境。

如果货物被布控查验（一般在进出卡口或者离境口岸进行），则需配合海关查验及后续处置事宜。

（5）汇总统计

由海关核放后的货物通过邮政企业/物流企业分送出区离境。由于是零售包裹，海关要求企业定期将已放行清单进行汇总统计，并向海关申报，后续办理收汇手续。

2. "跨境电商特殊区域出口海外仓零售"方式下出区申报

（1）出口核注清单申报

"跨境电商特殊区域出口海外仓零售"方式下，核注清单商品项信息通过"单一窗口"录入。

（2）出境备案清单（出口报关单）申报

特殊区域出口海外仓零售模式，需要申报备案清单。当核注清单被海关审核通过后，报关企业需及时向海关申报出境货物备案清单，备案清单的法律效力等同于报关单。录入出境货物备案清单时，需要注意以下细节和与入区时报关单的差异，详见表4-3。

表4-3　二线入区与一线出区时"1210"出口报关单填制对比

报关单栏目	二线入区"0110"出口报关单	一线出区"1210"出口报关单
监管方式	一般贸易"0110"	保税电商"1210"
征免性质	一般征税	—
征免方式	照章征税	全免
境内发货人	一般为特殊监管区域内的仓储企业	跨境电商企业
生产销售单位		
境外收货人	海外仓经营人或"NO"	"NO"
申报单位	区内仓储企业或其他报关企业	
出境关别	一般填写货物入区的特殊监管区域海关	实际出境口岸海关
运输方式	根据特殊区域类型填写，比如保税区、保税港区、物流中心等	按实际填写
原产国（地区）	中国	中国
运抵国（地区）、最终目的国（地区）		按实际填写

表4-3 续

报关单栏目	二线入区"0110"出口报关单	一线出区"1210"出口报关单
指运港	中国境内	按实际填写
离境口岸	货物运抵的特殊区域	实际出境口岸
境内货源地		货物出境前所在的特殊区域
成交方式	FOB	
随附单证代码	保税核注清单代码"a"	
随附单证编号	关联的进口核注清单编号	关联的出口核注清单编号

（3）出区核放单申报

与"跨境电商特殊区域包裹零售出口"方式相同。

（4）货物出区

特殊监管区域的卡口验核"出区核放单"后对装载货物的车辆放行，系统对出区商品信息进行自动核扣处理。

操作示范

关慧通通过分析杭州智赢提供的业务资料，判断该票货物适用"1210"特殊区域出口海外仓零售方式，因此，根据海关现行规定，按照以下流程着手货物申报事宜。

一、二线入区准备

1. 电子账册申请

跨境电商"1210"出口模式下，关慧通在通关准备工作中已经进行保税物流账册申请，获取了号码为"T2991W000789"的保税物流账册。

2. 商品检验检疫

关慧通再次确认了商品的 HS 编码，并查询了相关监管条件和检验检疫要求，发现床罩（HS 编码：9404404000）、被子（HS 编码：9404404000）及枕套（HS 编码：6302319900）均无须办理商检，可直接在"单一窗口"进行进口核注清单申报。

3. 进口保税核注清单申报

关慧通认真审核完相关单证并了解到企业内部编号为"YINGLI ZHIYING 23 箱"，于2024年3月31日根据《保税核注清单填制规范》在"单一窗口"录入进口保税核注清单，并选择系统在核注清单自动生成报关单表体草稿。

录入的进口保税核注清单如图 4-2 所示，自动生成报关单表体草稿如图 4-3 所示，详见配套教学资源 SCY4-1（进口保税核注清单录入）。

保税核注清单(进口)

(仅供核对使用)

打印日期：20240331

预录入统一编号	20230000091759709	清单编号	QD2991230000010902	清单类型	普通清单	手(账)册编号	T2991W000789
经营单位编码	3301.88432M	经营单位社会信用代码	91330101MA26W8G089	经营单位名称	杭州赕涵物流有限公司	加工单位编码	3301.88432M
加工单位社会信用代码	91330101MA26W8G089	加工单位名称	杭州赕涵物流有限公司	申报单位编码	330188432M	用报单位社会信用代码	91330101MA26W8G089
申报单位名称	杭州赕涵物流有限公司	录入单位编码	330188432M	录入单位社会信用代码	91330101MA26W8G089	申报单位名称	杭州赕涵物流有限公司
录入日期	20240331	清单申报日期	20240331	清单进出口口岸状态	未过卡	核扣标志	预核扣
企业内部编号	YINGLI ZHIYING 23箱	进境关别	杭州泰保	主管海关	杭州泰保	启运国(地区)	中国
料件、成品标志	料件	监管方式	料件进出区	运输方式	其他运输	用报表编号	
流转类型		报关标志	报关	报关类型	关联报关	报关单类型	出口报关单
关联清单编号		关联手(账)册备案号		关联报关单编号		关联报关单申报日期	
关联报关单境内收发货人编码	3301664321	关联报关单境内收货人社会信用代码	91330109710777777A	关联报关单境内收发货人名称	杭州裔盛纺织有限公司		
关联报关单生产销售(消费使用)单位编码	3301664321	关联报关单生产销售(消费使用)社会信用代码	91330109710777777A	关联报关单生产销售消费使用单位名称	杭州裔盛纺织有限公司		
关联报关单申报单位编码	3302482222	关联报关单申报单位社会信用代码	91330200MA29888888	关联报关单申报单位名称	宁波友达物流有限公司		
操作员卡号	2020040136884	备注					

图 4-2　进口保税核注清单录入

表体

商品序号	报关单商品序号	备案序号	商品料号	商品编码	商品名称	规格型号	原产国(地区)	最终目的国(地区)	币制	申报单价	申报数量	申报计量单位	申报总价	法定数量	法定计量单位	第二法定计量数量	法定第二计量单位	征免方式	单耗版本号	自动备案序号	危化品标志
1	1		yl-kb-00002	9404404000	床罩	无等	中国	中国	美元	12.8113	47	条	602.13	98.9	千克	47	件	全免			否
2	2		yl-kb-00003	9404404000	被子	无等	中国	中国	美元	16.5364	45	条	744.14	105.3	千克	45	件	全免			否
3	3		yl-kb-00001	6302319900	枕套（两个装）	无等	中国	中国	美元	4.0523	252	条	1021.17	252	条	74.7	千克	全免			否

报关单单幅

报关单统一编号	商品序号	商品编码	商品名称	规格型号	申报单价	申报数量	申报计量单位	申报总价	申报币制	原产国(地区)	最终目的国(地区)
E2023000101911767	1	9404404000	床罩	无等	12.8113	47	条	602.13	美元	中国	中国
E2023000101911767	2	9404404000	被子	无等	16.5364	45	条	744.14	美元	中国	中国
E2023000101911767	3	6302319900	枕套（两个装）	无等	4.0523	252	条	1021.17	美元	中国	中国

简单加工清单料件表体/一纳成品内销成品表体/保区折料内销成品表体

商品序号	备案序号	商品料号	商品编码	商品名称	规格型号	原产国(地区)	最终目的国(地区)	币制	申报单价	申报数量	申报计量单位	申报总价	法定数量	法定计量单位	第二法定数量	法定第二计量单位	毛重	净重	征免方式	单耗版本号

选择性征关料件表体

商品序号	备案序号	报关单商品序号	商品编码 商品料号	商品名称 规格型号	原产国(地区) 最终目的国(地区)	申报计量单位 法定计量单位	申报数量 法定数量	申报单价 法定第二计量单位	申报总价 第二法定数量	币制 征免方式	毛重 净重	原产地证书 对应原产地证书项目编号	原厂商中文名称 原厂商英文名	优惠贸易协定代码 是否符合价格承诺	反倾销税率 反补贴税率	税单耗版本号 保障措施税率

集报清单 ---出入库信息		保税电商 ---电商清单信息	
序号	出入库单编号	序号	电商清单编号

图 4-3　自动生成的报关单表体草稿

4. 出口报关单申报

关慧通根据核注清单申报成功后系统自动生成的报关单表体草稿，按照报关单填制规范完善报关单信息，将报关单表头、表体信息补充完整，形成报关单申报数据，完成报关单录入操作并保存报关单相关数据。录入的报关单如图4-4所示，详见配套教学资源SCY4-2（出口报关单填制）。

中华人民共和国海关出口货物报关单 *299120230000006678*

| 预录入编号：299120230000006678 | 海关编号：299120230000006678 | （杭州综保） | | 页码/页数：1/1 |

境内发货人 (91330109710777777A) 杭州智盈纺织有限公司	出境关别 (2991) 杭州综保	出口日期	申报日期 20230331	备案号
境外收货人 Amazon	运输方式 (Y) 保税港区	运输工具名称及航次号	提运单号	
生产销售单位 (91330109710777777A) 杭州智盈纺织有限公司	监管方式 (0110) 一般贸易	征免性质 (101) 一般征税	许可证号	
合同协议号 AMZM700015-31	贸易国（地区）(USA) 美国	运抵国（地区）(CHN) 中国	指运港 (CNR000) 中国境内	离境口岸 (333301) 杭州出口加工区
包装种类 (22) 纸质或纤维板制盒/箱	件数 23	毛重（千克） 301.9	净重（千克） 278.9	成交方式(3) FOB	运费	保费	杂费

随附单证及编号
随附单证1:保税核注清单QD2991231000010902 随附单证2:装箱单;合同;发票

标记唛码及备注
备注：N/M

项号	商品编号 商品名称及规格型号	数量及单位	单价/总价/币制	原产国（地区）	最终目的国（地区）	境内货源地	征免
1	9404404000 床罩 4|2|化纤棉填充|HOMTEC|60"*80"	98.9千克 47件 47条	12.8113 602.13 美元	中国 (CHN)	中国 (CHN)	(33169)萧山	照章征税 (1)
2	9404404000 被子 4|2|化纤棉填充|HOMTEC|68"*88"	105.3千克 45件 45条	16.5364 744.14 美元	中国 (CHN)	中国 (CHN)	(33169)萧山	照章征税 (1)
3	6302319900 枕套(两个装) 4|2|床上用|机织,无印花,无刺绣|棉100%|HOMTEC|无牌号	252条 74.7千克 252条	4.0523 1021.17 美元	中国 (CHN)	中国 (CHN)	(33169)萧山	照章征税 (1)

特殊关系确认：	价格影响确认：	支付特许权使用费确认：	公式定价确认：	暂定价格确认：	自报自缴 否

报关人员	报关人员证号	电话	兹申明对以上内容承担如实申报、依法纳税之法律责任	海关批注及签章
申报单位 (91330200MA29888888) 宁波友达物流有限公司			申报单位（签章）	

图4-4　系统导出的已填报关单

二、二线入区核放

1. 入区核放单申报

出口报关单审核通过后，关慧通按照车牌数据申报入区核放单。在保税电商模式下入区核放单的表头为"二线转入"。填制好的核放单如图4-5所示，详见配套教学资源SCY4-3（入区核放单录入）。

进区

已通过

二线转入核放单

Z2991I230331000000000778

主管海关:杭州经济技术开发区海关驻出口加工区办事处业务类型:二线转入		进出卡口标志: 进区	
预录入统一编号	2023000000050818899	绑定类型	一车多票
企业内部编号	JZM330166000M23044100005	区内账册编号	
区内企业编码	3301 88432M	区内企业名称	杭州脸逞物流有限公司
申报单位编码	3301 88432M	申报单位名称	杭州脸逞物流有限公司
录入单位编码	3301 88432M	录入单位名称	杭州脸逞物流有限公司
货物总毛重(KG)	5,167	货物总净重(KG)	4,776
车自重(KG)	7,100	车架重(KG)	10,900
集装箱重(KG)		总重量(KG)	23,167
集装箱箱型		集装箱号	
承运车辆号牌	沪 EC5298	申报时间	2024-03-31 19:49:18
申请人	王强		
关联单证编号	QD299123I000010333\QD299123I000010332\QD299123I000010331\QD299123I000010330\QD299123I0000105		
备注			

兹申明以上申报无讹并承担法律责任	卡口验放:
企业签章: 联系电话: 签名: 年 月 日 (盖章)	签名: 年 月 日 (盖章)
	海关签章: 签名: 年 月 日 (盖章)

图 4-5 核放单样图

2. 车单关联、卡口验放

关慧通在与同事合作做好货物申报入区的同时,配合杭州智赢将货物安排运往杭州综合保税区,并将"二线转入核放单"与核注清单信息进行核对,再申报核放单。核放单申报成功,车辆凭核放单验放,货物进入杭州综合保税区。

3. 海关查验

关慧通查询到,此票货物未被海关布控查验。

4. 协办退税

关慧通在得知海关放行后,通知场站公司进行理货入库,并协助杭州智赢办理出口退税。

三、一线出区通关

由于已经确定该票货物是跨境电商特殊区域出口海外仓零售方式,关慧通按照规定程序办理一线出区通关手续。

1. 出口保税核注清单申报

关慧通通过"单一窗口"向海关申报出口保税核注清单，填制好的核注清单及其自动生成的报关单表体草稿分别如图4-6和4-7所示，详见配套教学资源SCY4-4（出口保税核注清单录入）。

保税核注清单(出口)
(仅供核对使用)

打印日期：20240331

预录入统一编号	202300000091767333	清单编号		清单类型	普通清单	手(账)册编号	T2991W000789
经营单位编码	330188432M	经营单位社会信用代码	91330101MA26W8G089	经营单位名称	杭州翰涵物流有限公司	加工单位编码	330188432M
加工单位社会信用代码	91330101MA26W8G089	加工单位名称	杭州翰涵物流有限公司	申报单位编码	330188432M	申报单位社会信用代码	91330101MA26W8G089
申报单位名称	杭州翰涵物流有限公司	录入单位编码	330188432M	录入单位社会信用代码	91330101MA26W8G089	录入单位名称	杭州翰涵物流有限公司
录入日期	20230331	清单申报日期		清单进出卡口状态		核扣标志	
企业内部编号	YINGU ZHIYING 23箱	出境关别	洋山港区	主管海关	杭州综保	运抵国(地区)	美国
料件、成品标志	料件	监管方式	保税电商	运输方式	水路运输	申报表编号	
流转类型		报关标志	报关	报关单类型	对应报关	报关单类型	出境备案清单
关联清单编号		关联手(账)册备案号		对应报关单编号		对应报关单申报单位代码	3301664321
对应报关单申报单位社会信用代码	91330200MA29888888	对应报关单申报单位名称	宁波达达物流有限公司				
操作员卡号	2010040120638	备注					

图4-6 出口保税核注清单录入

表体																			
商品序号	报关单商品序号	备案序号	商品料号	商品编码	商品名称	规格型号	原产国(地区)	最终目的国(地区)	币制	申报单价	申报数量	申报计量单位	申报总价	法定数量	法定计量单位	第二法定计量单位	法定第二计量数量	征免方式	单耗版本号	自动备案序号	危化品标志
1	1	10430	yl-kb-00002	9404404000	床罩	无等	中国	美国	美元	12.8113	47	条	602.13	98.9	千克	47	件	全免			否
2	2	10431	yl-kb-00003	9404404000	被子	无等	中国	美国	美元	16.5364	45	条	744.14	105.3	千克	45	件	全免			否
3	3	10432	yl-kb-00001	6302319900	枕套(两个装)	无等	中国	美国	美元	4.0523	252	条	1021.17	252	条	74.7	千克	全免			否

报关单草稿										
报关单统一编号	商品序号	商品编码	商品名称	规格型号	申报单价	申报数量	申报计量单位	申报总价	申报币制	原产国(地区)	最终目的国(地区)
	1	9404404000	床罩	无等	12.8113	47	条	602.13	美元	中国	美国
	2	9404404000	被子	无等	16.5364	45	条	744.14	美元	中国	美国
	3	6302319900	枕套(两个装)	无等	4.0523	252	条	1021.17	美元	中国	美国

简单加工清单料件表体/一纳成品内销成品表体/保税折料内销成品表体															
商品序号	备案序号	商品料号	商品编码	商品名称	规格型号	原产国(地区)	最终目的国(地区)	币制	申报单价	申报数量	申报计量单位	申报总价	法定数量	第二法定计量单位	法定第二计量单位	毛重	净重	征免方式	单耗版本号

选择性征关税料件表体															
商品序号	备案序号	报关单商品序号	商品编码	商品名称	原产国(地区)	申报计量单位	申报数量	申报单价	申报总价	币制	毛重	原产地证书	原厂商中文名称	优惠贸易协定代码	反倾销税率	单耗版本号
			商品料号	规格型号	最终目的国(地区)	法定计量单位	法定数量	法定第二计量单位	第二法定数量	征免方式	净重	对应原产地证书项目编号	原厂商英文名称	是否符合价格承诺	反补贴税率	保障措施税率

集报清单---出入库单信息		保税电商---电商清单信息	
序号	出入库单编号	序号	电商清单编号

图4-7 自动生成的报关单表体草稿

2. 出口报关单申报

关慧通根据该票货物运往海外仓的信息以及海关规定，将物流账册号“T2991W000789”录入备案号栏目，并录入其他栏目后申报报关单。已填报关单如图4-8所示，详见配套教学资源SCY4-5（出口报关单录入）。

中华人民共和国海关出口货物报关单 ~29912023000006567~

预录入编号：29912023000006567　海关编号：29912023000006567　（杭州综保）　仅供核对用　页码/页数：1/1

境内发货人（91330101MA26W8G089） 杭州翰迳物流有限公司	出境关别（2248） 洋山港区	出口日期	申报日期 20230331	备案号 T2991W000789
境外收货人 NO	运输方式（2） 水路运输	运输工具名称及航次号 COSCO PORTUGAL/057E	提运单号 COSU803698913002	
生产销售单位（91330101MA26W8G089） 杭州翰迳物流有限公司	监管方式（1210） 保税电商	征免性质	许可证号	
合同协议号	贸易国（地区）（USA） 美国	运抵国（地区）（USA） 美国	指运港（USA000） 美国	离境口岸（311002） 洋山港

包装种类（22） 纸制或纤维板制盒/箱	件数 23	毛重(千克) 301.9	净重(千克) 278.9	成交方式 (3) FOB	运费	保费	杂费

随附单证及编号
随附单证1：保税核注清单QD299123E000017000 随附单证2：代理报关委托协议（电子）

标记唛码及备注
备注：KJHW，全国通关一体化，海运拼箱货 N/M 集装箱标箱数及号码：2；TGBU4788046；

项号	商品编号	商品名称及规格型号	数量及单位	单价/总价/币制	原产国(地区)	最终目的国(地区)	境内货源地	征免
1	9404404000	床罩 4|2|化纤棉填充|HOMTEC|60″*80″	98.9千克 47件 47条	12.8113 602.13 美元	中国(CHN)	美国(USA)	(33016)杭州综合保税区	全免 (3)
2	9404404000	被子 4|2|化纤棉填充|HOMTEC|68″*88″	105.3千克 45件 45条	16.5364 744.14 美元	中国(CHN)	美国(USA)	(33016)杭州综合保税区	全免 (3)
3	6302319900	枕套（两个装） 4|2|床上用品|机织无印花非刺绣|棉100%|HOMTEC|无货号	252条 74.7千克 252条	4.0523 1021.17 美元	中国(CHN)	美国(USA)	(33016)杭州综合保税区	全免 (3)

特殊关系确认：　价格影响确认：　支付特许权使用费确认：　公式定价确认：　暂定价格确认：　自报自缴：否

报关人员　报关人员证号29109082　电话　兹申明对以上内容承担如实申报、依法纳税之法律责任　海关批注及签章
申报单位（91330200MA29888888）宁波友达物流有限公司　申报单位（签章）

图4-8　系统导出的已填报关单

3. 出区核放单申报

关慧通在核注清单（出口）被海关放行后、货物出区前，填报出区核放单。“一线转出核放单”内容如图4-9所示，详见配套教学资源SCY4-6（出区核放单录入）。

出区
已通过

一线转出核放单

Z2991E230331000000000998

主管海关杭州经济技术开发区海关驻出口加工区办事处业务类型：一线转出　　　　　　进出卡口标志：出区

预录入统一编号	20230000050816666	绑定类型	一车多票
企业内部编号	JZL330166000M23044100005	区内账册编号	
区内企业编码	330188432M	区内企业名称	杭州翰逐物流有限公司
申报单位编码	330188432M	申报单位名称	杭州翰逐物流有限公司
录入单位编码	330188432M	录入单位名称	杭州翰逐物流有限公司
货物总毛重(KG)	5,167	货物总净重(KG)	4,776
车自重(KG)	7,100	车架重(KG)	10,900
集装箱重(KG)		总重量(KG)	23,167
集装箱箱型		集装箱号	
承运车辆号牌	沪EC5270	申报时间	2023-03-31 21:04:02
申请人	章华		
关联单证编号	QD299123E000017367\QD299123E000017365\QD299123E000017366\QD299123E000017368\QD299123E0001865		
备注			

兹申明以上申报无讹并承担法律责任 企业签章： 联系电话： 签名： 年　月　日 （盖章）	卡口验放： 签名： 年　月　日 （盖章）
	海关签章： 签名： 年　月　日 （盖章）

图 4-9　已填一线转出核放单

4. 货物出区

杭州综合保税区的卡口验核"一线出区核放单"，对装载货物的车辆放行，系统对商品信息进行自动核扣处理。

跨境电商出口海关监管

一、跨境电商出口海关监管方式

目前跨境电商出口主要有 4 种海关监管方式（业内俗称"模式"），包括"9610一般出口""9710 跨境电商 B2B 直接出口""9810 跨境电商出口海外仓"以及"1210特殊区域出口"模式。

1. "9610 一般出口"

境外消费者通过平台下单后,电子商务企业或其代理人、物流企业通过"单一窗口"或跨境电商通关服务平台分别将"三单"信息实时传输给海关。商品出口时,跨境电商企业或其代理人向海关提交申报清单,采取"清单核放、汇总申报"方式办理报关手续。跨境电商综合试验区内不涉及出口征税、出口退税、许可证件管理,且单票价值在人民币 5000 元以内的一般出口商品,可采取"清单核放、汇总统计"方式办理报关手续,如图 4-10 所示。

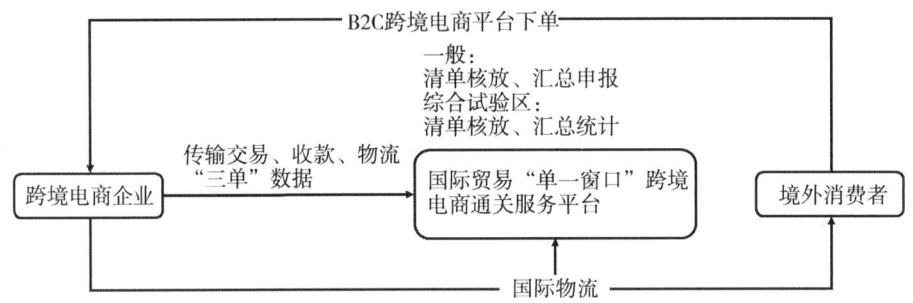

图 4-10　9610 出口业务流程图

2. "9710 跨境电商 B2B 直接出口"

"9710"海关监管方式,全称"跨境电子商务企业对企业直接出口",简称"跨境电商 B2B 直接出口",指境内企业通过跨境电商平台与境外企业达成交易后,通过跨境物流将货物直接出口送达境外企业,并向海关传输相关电子数据的模式,如图 4-11 所示。常见于采用阿里巴巴国际站等交易方式的跨境电商出口企业。

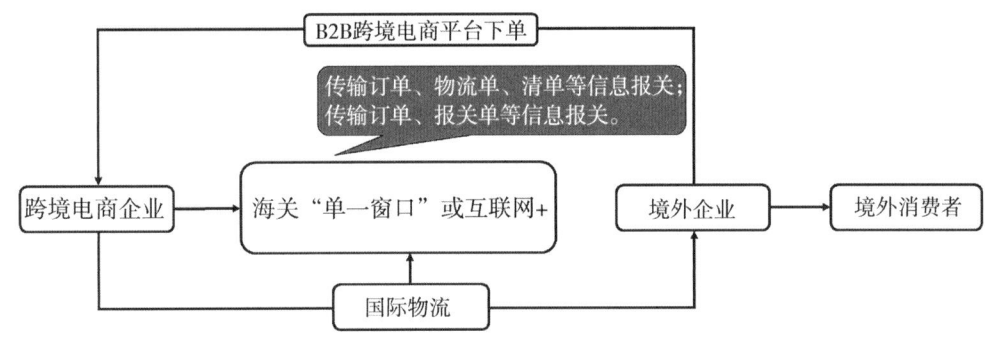

图 4-11　9710 出口业务流程图

3. "9810 跨境电商出口海外仓"

"9810"海关监管方式,全称"跨境电子商务出口海外仓",简称"跨境电商出口海外仓",指境内企业先将出口货物通过跨境物流运达海外仓,再通过跨境电商平台实现交易后从海外仓送达境外消费者,如图 4-12 所示。常见于采用 FBA 模式或海外仓出口的企业,海外仓有自建海外仓、第三方海外仓、平台海外仓三种类型。

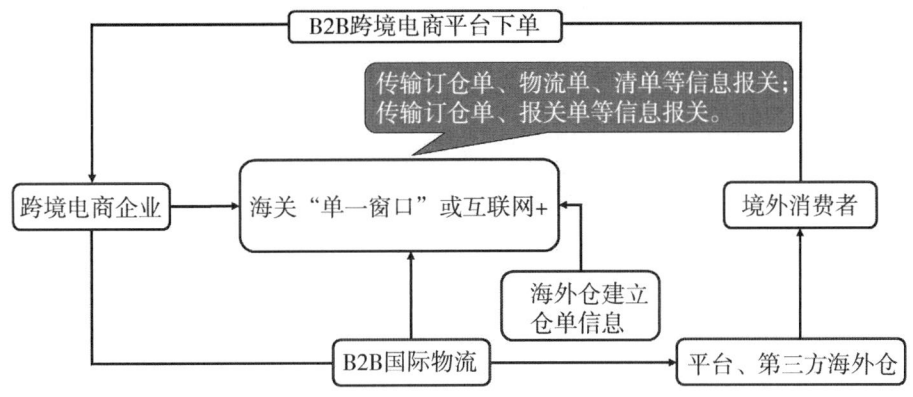

图 4-12 9810 出口业务流程图

"9710"和"9810"这两种模式出口申报前，跨境电商出口企业或其代理人（含境内跨境电商平台企业）应通过"单一窗口"向海关传输交易订单或海外仓订仓电子信息，物流企业向海关传输物流电子信息，具备条件的可加传收款信息，并对数据真实性负责。

跨境电商 B2B 出口货物适用全国通关一体化，企业可以选择向属地海关进行申报，货物在口岸地海关进行验放，海关对跨境电商 B2B 出口货物可优先安排查验，在物流以及海关查验方面也可享受较多便利。

4. "1210 特殊区域出口"

（1）两种方式

如前所述，"1210 特殊区域出口"包括特殊区域包裹零售出口和特殊区域出口海外仓零售两种方式，主要区别在于，后者在将海关特殊监管区域内的货物报关离境后，先将货物通过国际物流运送至海外仓，再由海外仓运送至境外个人消费者，如图 4-13 所示。这种情况常见于商家采用亚马逊 FBA 物流模式或自有海外仓发货模式。

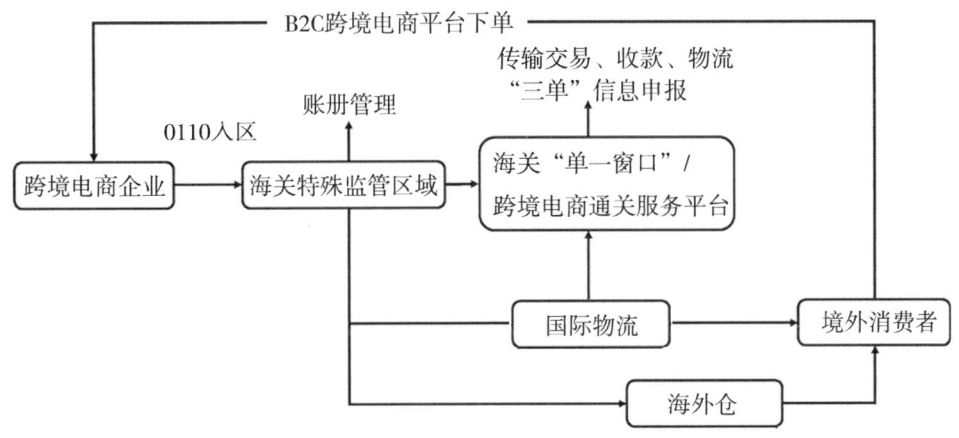

图 4-13 1210 出口业务流程图

（2）基本通关流程

对于特殊区域包裹零售出口，企业须先在海关特殊监管区域内设立符合要求的场地，进行电商资质备案，同海关等实现信息化系统对接，在金关二期系统设立"出口跨境电商"用途的专用电子账册，此后可以开展特殊区域包裹零售出口业务。特殊区域包裹零售出口流程如下：

①商品入海关特殊监管区域。区内企业在金关二期系统申报进口核注清单，区外企业填报出口报关单（监管方式为一般贸易）；区内企业再申报入区核放单，货物入区。

②商品零售后出海关特殊监管区域离境。境外消费者通过跨境电商平台下单并支付，相关企业将交易、收款、物流等信息传输给海关，在跨境电商统一版系统申报《申报清单》（监管方式代码1210），海关比对相关信息，放行《申报清单》。企业对包裹进行打包后（包裹上会贴有为境外消费者配送的快递单），将该批次已放行的《申报清单》在金关二期系统归并后生成出口核注清单（监管方式代码1210），再申报出区核放单，该批次包裹出区。根据所在海关特殊监管区域是否包含出境口岸，企业选择直接出口或者办理转关手续至出境口岸后离境。

对"1210"特殊区域出口海外仓零售而言，还应在海关进行出口海外仓业务模式备案，提供海外仓证明材料，在金关二期系统设立用途是"海外仓"的电子账册，其他要求及流程与特殊区域普通货物出口基本相同。

（3）退税申报

一般出口货物退税需要在报关离境后才进行申报，而"1210"方式下，跨境电商出口货物可以实现"入区退税"（除保税区外）、提前申报，即企业采用一般贸易（"0110"）方式将出口货物申报入区，在进入海关特殊监管区域后即可用二线出区的报关单办理退税。而保税区则不适用该模式，一般采用传统的一般贸易方式进行出口报关，并于货物离境后申报退税。

5. 跨境电商出口海关监管方式对比

跨境电商出口海关监管方式对比如表4-4所示。

表4-4　跨境电商出口海关监管方式对比表

比较项目	"1210"特殊区域出口		"9610"一般出口	9710	9810
	特殊区域包裹零售出口	特殊区域出口海外仓零售	跨境贸易电子商务	跨境电商B2B直接出口	跨境电商出口海外仓
交易性质	B2C			B2B	
适用范围	综合保税区	综合保税区	综合试验区	可以在20多个直属海关开展	
电子账册管理	是	是	—	—	
通关系统	金关二期系统、跨境电商出口统一版	金关二期系统、H2018通关系统	跨境电商出口统一版	清单申报为跨境电商出口统一版，报关单申报为H2018通关系统	
申报模式	申报清单	报关单	申报清单	报关单或清单（单票低于5000元人民币且不涉证、不涉检、不涉税的货物，可申报清单）	

表4-4 续

比较项目	"1210" 特殊区域出口		"9610" 一般出口	9710	9810
	特殊区域包裹零售出口	特殊区域出口海外仓零售	跨境贸易电子商务	跨境电商B2B直接出口	跨境电商出口海外仓
申报单证	申报清单及保税核注清单	保税核注清单及出境货物备案清单	申报清单或汇总生成报关单	申报清单或报关单	
随附单证	订单、运单（物流单）、进仓单	订单、进仓单	订单、运单（物流单）、收款单（按所属关区要求）	订单、运单（物流单）（清单模式）	订仓单、运单（物流单）（清单模式，首次需提供委托书）
通关优惠及简化申报	享受入区即退税政策		跨境电商综合试验区出口不涉及出口征税、退税、许可证件管理且单票价值在人民币5000元以下的商品可采取4位HS编码简化申报，可"清单申报、汇总统计"	对于单票金额在人民币5000元以下且不涉证、不涉检、不涉税的货物，企业可报送申报清单；对其中不涉及出口退税的，可按照6位HS编码简化申报。优先安排查验，系统实时验放；积极响应跨境电商企业批量出口需求，降低出口成本	
企业要求	综合保税区内企业（可以是跨境电商企业也可以是服务商）应提前向所在地海关办理企业信息登记或注册登记（目前无法在电子口岸办理）		中国电子口岸办理注册登记、跨境综合试验区平台备案	参与企业均办理注册登记出口海外仓企业备案（电子口岸上也可以办理）	
商品特点	货物整批进综合保税区后分包裹出口	货物整批进综合保税区后整批出口	原包裹进海关监管作业场所后原包裹出口	货物整批出口	
申报方式	直接口岸出口转关	直接口岸出口、全国通关一体化	转关、直接口岸出口	转关（清单模式）、直接口岸出口、全国通关一体化（报关单模式）	

二、海关特殊监管区域

海关特殊监管区域是经国务院批准、设立在中华人民共和国境内、以保税为基本功能、针对货物实施视同"境内关外"进出口税收政策、由海关实行封闭监管的区域。截至2024年12月底，我国共有海关特殊监管区域175个，其中综合保税区167个，保税区6个，保税港区1个，跨境工业园区1个。

1. 综合保税区

综合保税区是设立在内陆地区的具有保税港区功能的海关特殊监管区域。它集保税区、出口加工区、保税物流区、港口的功能于一身，是我国目前开放层次最高、政策最优惠、功能最齐全、手续最简化的海关特殊监管区域。

（1）业务范围

综合保税区内企业可以依法开展 11 大类业务，包括：①研发、加工、制造、再制造；②检测、维修；③货物存储；④物流分拨；⑤融资租赁；⑥跨境电商；⑦商品展示；⑧国际转口贸易；⑨国际中转；⑩港口作业；⑪期货保税交割以及国家规定可以在区内开展的其他业务。

（2）监管规定

采用"一线放开、二线管住、区内自由"的监管原则。"一线放开"是指保税区与境外之间进出的货物，不实行进出口配额、许可证件管理，法律、行政法规和规章另有规定的除外。"二线管住"是指货物从综合保税区进入境内区外时，属于配额、许可证件管理商品的，区内企业或区外收货人还应当出具配额、许可证件。"区内自由"是指区内货物可以自由流转，企业可以根据自身生产经营需要进行货物的调配和管理。

国家禁止进出口的货物、物品不得进出综合保税区，除国家另有规定外。综合保税区货物不设存储期限。

二维码 4-1　综合保税区进出境货物证件表

（3）税收政策

综合保税区实行特殊的税收政策，主要体现在 4 个方面：保税、免税、退税、征税。

对境外进入综合保税区的货物予以保税，但减免税货物、征税货物、通过综合保税区直接进出的货物除外。从综合保税区运往境外的货物免征出口关税，但法律、法规另有规定的除外。

货物从综合保税区进入境内区外时，按照货物进出区时的实际状态缴纳税款；境内区外货物进入综合保税区视同出口，实行退税。

综合保税区内企业之间的货物交易不征增值税和消费税。

综合保税区海关税收政策如表 4-5 所示。

表 4-5 综合保税区海关税收政策

税收类型	适用范围
保税	1. 进入综合保税区的境外货物； 2. 出口报关入区取得退税的国内货物； 3. 综合保税区与其他综合保税区等特殊区域、保税场所之间往来的货物。
免税	1. 进口：下列进口货物免征进口关税和进口环节税。 区内依法开展业务所需的机器、设备、模具及零配件； 区内基建项目或建设厂房仓库所需要的机器、设备、基建物资； 区内行政管理机构、企业自用合理数量的办公用品； 区内、区间流转货物，不征收货物国内环节增值税和消费税。 2. 出口：从综合保税区内运往境外的货物免征出口关税。
退税	1. 国内的货物、机器、设备以出口报关方式入区的； 2. 区内企业（增值税一般纳税人资格试点企业除外）生产出口货物耗用的水电气，视同出口货物实行退税； 3. 区内企业将自用机器、设备、模具等运往区外检测、维修时，在区外更换的国产零配件可以退税。
征税	1. 区内货物进入境内销售按货物进口的有关规定办理报关手续，并按货物实际报验状态征税（经批准或授权的除外）； 2. 入区的出口货物属于应征出口关税的，应缴纳出口关税； 3. 供区内企业、行政机构等自境外入区的自用交通运输工具、生活消费用品应纳税； 4. 区内企业生产、加工并销往区外的保税货物，企业可以选择按其对应进口料件或者按实际报验状态缴纳进口关税。

2. 保税区

保税区是经国务院批准设立的、海关实施特殊监管的经济区域。它是我国借鉴国外自由贸易区的经验，结合我国国情设立的处于国境内、海关境外的特殊区域。在保税区内，对进出口货物等实行一定程度的关税减免和特殊的海关监管政策。

（1）业务范围

保税区的功能定位为"保税仓储、出口加工、转口贸易"三大功能。运入保税区的货物可以进行储存、改装、分类、混合、展览和加工制造，但必须处于海关监管范围内。

（2）海关监管

企业在保税区内可以享受"免证、免税、保税"的政策，采用"境内关外"的运作方式。保税区与综合保税区对比如表 4-6 所示。

表 4-6　保税区与综合保税区对比一览表

类型	保税区	综合保税区
含义	为了发展对外贸易和转口贸易,借鉴境外自由贸易园区而设立的经济区域,是我国最早出现的海关特殊监管区域。	设立在内陆地区的具有保税港区功能的海关特殊监管区域,由海关参照有关规定对综合保税区进行管理,集保税区、出口加工区、保税物流、港口的功能于一身,可以发展国际中转、配送、采购、转口贸易和出口加工等业务。
功能	保税仓储、出口加工、转口贸易。	研发、加工、制造、再制造;检测、维修;货物存储;物流分拨;融资租赁;跨境电商;商品展示;国际转口贸易;国际中转;港口作业;期货保税交割;国家规定可以在区内开展的其他业务。
监管	海关对保税区与非保税区之间进出的货物,按照国家有关进出口管理的规定实施监管。	保税区与境外之间进出的货物,不实行配额、许可证件管理;货物从综合保税区进入境内区外时,属于配额、许可证件管理商品的,不予免除相关证件,国家另有规定的除外。
税收	1. 保税政策。对保税区或综合保税区内企业为开展加工、物流、服务等业务而进口的原材料、零部件、物料等货物实行保税政策,不征收进口环节增值税、消费税和关税。 2. 免税政策。区内货物自由流转,不征收增值税和消费税。免税货物包括基础设施建设项目所需的机器、设备和其他物资,开展加工、服务、物流等业务所需的机器、设备、模具及其维修用零配件等。除了自用的运输工具和生活消费用品不予免税外,区内企业自用合理数量的办公用品及其所需的维修用零配件,免征进口关税和进口环节增值税与消费税。 3. 征税政策。货物出区进入境内,按货物进口的有关规定,办理报关征税手续。	
出口退税	离境退税	入区退税

3. 保税港区

保税港区是指经国务院批准,设立在国家对外开放的口岸港区和与之相连的特定区域内,具有口岸、物流、加工等功能的海关特殊监管区域。

(1) 业务范围

保税港区的业务包括仓储物流,对外贸易,国际采购、分销和配送,国际中转,检测和售后服务维修,商品展示,研发、加工、制造,港口作业等功能。

(2) 监管

保税港区实行"一线放开、二线管住"的进出口管理制度。"一线放开"是指境外及区内的货物可以不受海关监管自由出入境,即洋浦保税港区与境外实现货物、资金等要素自由流动。进一步放宽贸易管制,除法律、法规、国际公约规定禁止入境的少数货品外,绝大多数货品可自由进出洋浦保税港区,免予报关报检手续。区内免征进口关税,进出货品不纳入贸易统计。

"二线管住"是指从洋浦保税港区出入关境内其他区域的货物,纳入全国海关通关一体化,实行常规监管,要征收相应税收,并纳入贸易统计。

4. 跨境工业园区

珠澳跨境工业园区位于珠海拱北茂盛围与澳门青洲之间，是全国首个跨境工业园区，分为珠海、澳门两个园区。其设立旨在加强珠澳两地的经济合作，充分利用两地在地理、资源、政策等方面的互补优势，促进区域经济一体化发展。珠海园区作为珠海保税区的延伸区，由海关监管，实行保税区政策，珠澳跨境工业区要充分发挥区位优势，以发展工业为主，兼顾物流、中转贸易、产品展销等功能。

三、保税监管场所

保税监管场所是经海关批准设立，专门用于存放保税货物及其他未办结海关手续货物的场所。保税监管场所主要有 4 种形式：保税仓库、出口监管仓库、保税物流中心（A 型）、保税物流中心（B 型）。

保税仓库是经海关批准设立的专门存放保税货物及其他未办结海关手续货物的仓库。保税仓库按照使用对象不同分为公用型保税仓库、自用型保税仓库。

保税物流中心（A 型）是经海关批准，由中国境内企业法人经营，专门从事保税仓储物流业务的海关监管场所。保税物流中心（A 型）按照服务范围分为公用型物流中心和自用型物流中心。

保税物流中心（B 型）是经海关批准，由中国境内一家企业法人经营，多家企业进入并从事保税仓储物流业务的海关集中监管场所。

出口监管仓库是指经海关批准设点，对已办结海关出口手续的货物进行存储，保税物流配送，提供流通性增值服务的仓库。出口监管仓库分为出口配送型仓库和国内结转型仓库。

智关强国

宁波海关首创跨境电商出口前置仓监管模式支持新业态发展

近年来，跨境电商发展呈现批量小、种类多、频次高的趋势，为降低运费，跨境电商货物"一箱多票"出口的装运需求日益增多。但在传统出口模式下，一个集装箱内的票数越多，被抽中海关查验的概率就越高，拼箱货物拆箱重装存在困难，装船计划也容易变动。

通俗地说，一批货物需要先跟多批货物拼箱，进入码头等海关监管场所，随后触发运抵报告。报告中有放行或查验指令。若被抽中查验，海关关员要从集装箱中翻出货物查验。集装箱内的货物越多，被抽中查验的可能性越大，通关时长就会被拉长。

宁波海关转变思路，重造流程，探索跨境电商出口前置仓监管新模式，摒弃先拼箱后查验的"旧俗"，创新推出先查验后拼箱的新模式。跨境电商出口前置仓就是针对跨境电商货物特点，设置在国内口岸，专门为跨境电商出口货物服务的物流集拼分拨中心，具备存储、海关查验、拼箱装运等功能。

新模式下，企业以散件货物形式进入仓库即可报关，待完成通关手续后再进行拼箱装运。货物通关时间因此从原先的两三天压缩至1天。新模式为跨境电商企业带来了实实在在的便利。一方面，企业可在前置仓内实现当天查验、当天出运，物流周转效率提高了50%以上；另一方面，在前置仓备货可进行"小单元"拣选发货，将原先大批量出口到海外的分拣步骤前移至国内，帮助供应商节省运营成本，可结合市场需求更精细化地进行备货出货。

跨境电商小批量、高频次的特点，使得跨境物流事关电商企业竞争优势。从拼箱通关，到散件通关再拼箱出关的转变突破传统监管模式的束缚，给全国跨境电商发展的提质增效提供了一个新思路。

资料来源：海关总署官网，有删改

任务4-2 "9610"一般出口申报

操作分析

青岛通达的报关人员仲良向青岛海淘详细了解到该公司委托报关的业务（前文所述【代表性业务4】）详情如下：

2024年6月，加拿大消费者在跨境电商平台eBay付款下单购买个人跨境网购商品。青岛海淘（3702W6123V）负责收集此批加拿大消费者在eBay平台下单的各种商品，然后集货至深圳宝通物流有限公司通过陆路运输至青岛跨国购电子商务产业园有限公司（3702266666），青岛海淘以汇总申报方式向海关申报订单、收款单、清单、清单总分单、汇总申请单；委托国内物流企业青岛通达（3702988888）向海关申报运单、离境单；委托青岛跨国购电子商务产业园有限公司（3702266666）向海关申报运抵单。海关清单核放后，通过航空运输出口至加拿大，将货物送往加拿大消费者的手中。基本信息包括：

主单号：78464557430；订单数：21单；箱数：21箱；毛重：9.393kg；净重：8.904kg；尺码：0.3CBM；内件数：32；航班号：CZ8117；航班日期：20240616；申报金额：203.763美元。

仲良分析到，由于青岛海淘计划将这些订单项下的商品运输至青岛跨国购电子商务产业园有限公司的跨境电商产业园，而不是运输到海关特殊监管区域或者保税物流中心（B型）仓库，而且单个包裹出口申报价值（企业向海关申报的价值，而不是订单售价）203.763美元，是低于5000人民币的订单，经查相关资料，所报商品不涉证、不涉税。因此，仲良决定选择"9610"海关监管方式办理出口通关手续。

"9610"监管方式下的一般出口模式针对的是小体量零售货品，一般采用国际快递发货。该模式的"清单核放，汇总申报"方式，要求跨境企业将数据推送给税务、外汇管理部门，实现退税，这不仅让企业通关效率更高，而且降低了通关成本。跨境电商零售出口和企业对企业出口清单申报前，跨境电商企业或其代理人、物流企业等相关主体应当分别通过国际贸易"单一窗口"或跨境电商通关服务平台，向海关传输交易、收款、物流等电子信息，无须传输收款单电子信息，并对数据真实性承担相应法律责任。大体流程包括前期准备—境外消费者（买家）网上购物下单付款—数据申报、清单核放（三单申报—清单申报—运抵单申报—清单总分单申报）—查验放行—物流派送—离境单申报—买家收到货物—汇总申报（如需出口退税）。一般可以分成以下步骤来进行通关申报，如图4-14所示。

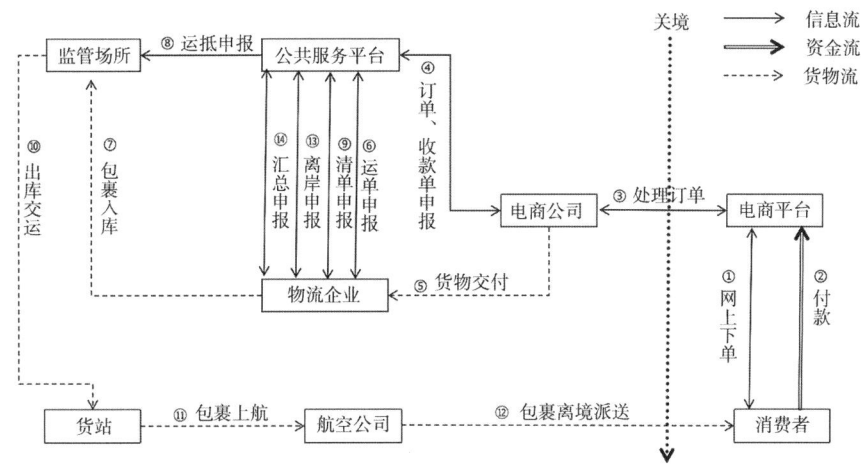

图4-14　跨境电商一般出口（9610）通关流程图

一、数据导入申报模板

1. 订单信息导入

跨境电商企业经过备案环节后，就可以在电商平台上进行商品的销售，境外消费者通过电商平台下订单并支付成功后形成订单信息和支付信息，由电商企业或电商平台将订单信息导入系统模板，以备向海关传输数据与进行申报。

2. 清单信息录入/导入

跨境电商B2C出口清单的申报可以由电商企业或代理申报企业通过通关服务系统录入清单信息，通关服务系统校验录入清单信息的格式是否正确，校验通过后允许企业暂存、申报清单信息，对清单进行新增、暂存、申报和删除等操作。其中，带有红色星号的字段，为必填项。清单申报之前必须先进行暂存操作。

在实际操作中，由于跨境数据信息量大且复杂，一般企业不选择跨境电商出口的"清单管理"模块进行信息录入，而是通过清单数据导入的方式进行数据录入。

在现实业务中，如果电商企业委托代理报关企业作为导入和申报清单数据的代理申报企业，代理报关企业会要求电商企业或物流企业根据申报系统（根据海关要求自己开发）的报文数据模板提交申报资料，并根据海关公布的《中华人民共和国跨境电子商务零售出口商品申报清单数据》的填制规范要求进行审核，审核无误后导入申报模板。

3. 商品运抵海关特殊监管区域或海关监管场所后，运单和运抵单信息导入

根据现行海关政策，跨境电商出口业务须在海关特殊监管区域或者监管场所内（跨境电商产业园/作业区等）开展，因此，货物必须先到海关特殊监管区域或者监管场所进行集货。订单形成后，跨境电商企业将订单相关商品打单发货，打印物流面单，然后将商品交给物流企业，由其集中运输至指定区域或场所，此时形成运单信息，物流企业将信息导入模板。

货到仓库后，仓库需进行理货作业，如果是委托报关，需向委托人反馈实际到货情况，包括但不仅限于到货提单号、箱数、分单号等。如实际到货与申报资料存在差异，需与委托人确认是以资料为准还是以实际到货为准，务必遵循单货相符原则。运抵信息确认后，监管场所经营企业将信息导入跨境电商场站辅助管理系统模板，以备随后进行申报。

二、"三单"、清单、运抵单、清单总分单导入"单一窗口"并申报

根据海关现行政策，在向海关申报跨境电商零售出口商品信息之前，跨境电商企业或其代理人、物流企业应当各自分别通过中国国际贸易"单一窗口"或者跨境电商综合服务平台，如实向海关传输订单、收款单、运单信息。

1. 订单信息

电商企业或者电商平台登录系统进行订单数据申报，订单信息包括订单号及商品信息等。通关服务系统接收企业的电子订单数据，接收到订单后进行数据校验，校验通过后入库，同时向企业发送入库成功或失败回执，只有电商企业或者电商平台有权限查询相关数据。查询出的数据包括不同的业务状态，用户可通过点击对应的业务状态查看相应的回执信息。电商企业查询订单信息时，订单数据有"未审结"和"已审结"两种状态，无论哪种状态，信息只能查询，不能修改。

当订单处于"已审结"状态时，此时查询出的数据为已结关的数据，与清单的关系为：订单：清单＝1：1。

2. 收款单信息

电商企业登录"单一窗口"进行收款单信息申报，收款单信息包括支付金额等交易信息。通关服务系统接收企业收款单数据，接收到收款单后进行数据校验，校验通过后入库，向企业发送入库成功或失败回执，只有电商企业有权限查询相关数据。收款单查询状态同订单。

当收款单处于"未审结"状态时，此时查询出的数据为未结关的数据，与清单的关系为：收款单：清单＝1：1。

3. 运单信息

跨境电商企业根据消费者的订单信息完成商品打包后交付给物流企业，由物流企业完成订单的配送，在这一环节中将产生运单信息，由物流企业或者其代理人向海关申报。这里的运单信息是指单个包裹的运单信息，包括包裹的收件信息、运单号等信息，由有资质的物流企业将其集货至指定的监管区域（国际邮政点、国际机场监管场所、指定跨境园区、其他跨境监管场所等），然后统一送往机场仓并通过航空运输运送出境，此时形成航空主运单信息。

运单申报需在电商企业申报完订单及收款单后进行。物流企业登录"单一窗口"，填报相关的运单信息，通关服务系统接收企业的电子运单数据，接收到运单后进行数据校验，校验通过后入库，同时向企业发送入库成功或失败回执，只有物流企业有权限查询相关数据。查询出的数据包括不同的业务状态，用户可通过点击对应的业务状态查看相应的回执信息。

此时查询出的数据为已结关的数据，与清单的关系为：运单：清单 = 1：1。

在显示的查询结果中，点击蓝色"订单编号"字段，页面将会跳转到订单详情界面，企业只可对显示页面进行查看，无法进行修改等操作。

4. 清单申报

清单申报需在订单、运单、收款单这三单申报之后进行，"三单"申报状态转为"已审结"之后，就可以进行清单申报。电商企业或其代理申报企业通过通关服务系统向海关申报清单，同时触发向海关发送订单、运单和收款单（共为四单）的流程，海关接收清单并进行四单比对审核。

对于海关未办结通关手续的清单，企业可以发送撤销申请单对清单进行撤销操作。撤销申请单审批通过后，对应清单即进行撤销，企业可以重新申报清单。

对于申报内容错误的清单，企业可以通过发送改单申请单对清单进行修改操作。改单申请单审批通过后，对应清单即完成修改。

5. 运抵单申报

当运单申报状态转为"海关审结"时，即可进行下一步：申报运抵单。

跨境货物抵达监管场所后，海关监管场所企业通过通关服务系统向海关申报运抵单，只有监管场所经营企业有权限查询相关数据。通关服务平台接收运抵单数据后，向通关管理系统传输。根据清单的审核状态、运抵单数据、总分单信息，通关管理系统将"放行""查验"等状态的清单，通过通关服务平台将相关审核结果向企业传输。

查询运抵单状态时，在运抵单申报详情中，业务状态为"暂存"和"退单"的可以单独对该运抵单进行申报以及删除操作。系统根据用户的查询条件筛选并显示查询结果。可在查询列表中选择一条数据，查看物流运抵单数据信息详情。

在显示的查询结果中，点击蓝色"预录入编号"字段，页面将会跳转到运抵单已审结详情界面，此时企业只可对显示页面进行查看，无法进行修改等操作。

6. 清单总分单申报

当运抵单申报状态转为"海关审结"时，即可进行下一步：申报清单总分单。

申报企业通过跨境电商出口统一版系统向海关申报清单总分单数据（申报企业、口岸、航班日期、重量等货物信息），用以对清单进行补充申报，并可以通过跨境电商出口统一版系统查询清单总分单数据信息，只有报关企业有权限对查询数据进行操作。

查询出的数据与清单的对应关系为：清单：清单总分单：航空运单 = n：1：1。

通关服务平台对企业传输的清单总分单进行初步逻辑校验。校验通过的，通关服务平台将清单总分单数据发送至通关管理系统。校验不通过的，相关单证传输失败，系统将错误信息返回给企业。

在清单总分单申报详情中，业务状态为"暂存"和"退单"的可以单独对该清单总分单进行申报以及删除操作。

三、查验放行、货物离境后，进行离境单申报

海关对接收的《申报清单》及随附单证进行审核和布控。清单数据申报后，海关系统自动审核，审核通过后，商品过机、随机查验，查验无误后即可放行。

出口商品实际离境后，物流企业或报关企业向通关服务平台发送离境单数据，通关服务平台接收离境单数据后，向通关管理系统传输。海关系统审核后，对应的出口清单结关。

查询已入库物流离境单数据，当离境单的状态转为"已审结"时，表明查询出的数据为已结关的数据，表示离境单的运单号与清单、清单总分单、运抵单的运单号已经对碰一致，通关管理系统将已申报的清单、清单总分单状态转为结关。此时，离境单与清单的关系为：清单：离境单 $= n : 1$。

四、汇总申报（非必需流程）

根据《关于增列海关监管方式代码的公告》（海关总署公告2014年第12号）和《关于跨境电子商务零售进出口商品有关监管事宜的公告》（海关总署公告2018年第194号）的规定，跨境电商"9610"出口业务可以采取"清单核放，汇总申报"模式（涉及出口退税）或"清单核放，汇总统计"模式（不涉及出口退税且单票价值在人民币5000元以内的商品）办理通关手续。

根据财政部、税务总局、商务部、海关总署联合发布的《关于跨境电子商务综合试验区零售出口货物税收政策的通知》（财税〔2018〕103号）相关规定，国家对综合试验区电子商务出口企业出口未取得有效进货凭证，同时符合条件的货物试行增值税、消费税免税政策。因此，综合试验区多数跨境电商出口企业一般不办理退税业务，而是采用"清单核放，汇总统计"模式，不再汇总形成《中华人民共和国海关出口货物报关单》，海关即可在审核无误后直接按清单核放，申报清单自动纳入海关贸易统计；如果跨境电商出口企业能取得有效进货凭证（增值税、消费税发票），则可以申请出口退税。在海关放行货物后一个月内（特殊情况需延期报关的，需经海关同意，延期最长不得超过3个月，超过3个月未形成报关单申报的清单，不再办理报关手续），跨境电商企业或其代理人应当于每月10日前（当月10日是法定节假日或者法定休息日的，顺延至其后的第一个工作日）将上月结关的电商清单，依据清单"八同"［同一收发货人、同一运输方式、同一生产销售单位、同一运抵国（地区）、同一出境关别、同一最终目的国（地区）、同一10位海关商品编码、同一币制］规则进行合并，集中向海关汇总申报，生成报关单。

1. 汇总申请单申报与查询

清单数据结关后，申报企业向通关服务系统导入汇总申请单数据后，海关根据汇总申请单数据生成汇总结果单和汇总报关单。查询出的数据与清单的对应关系为：清单：汇总申请单 $= n : 1$。

2. 汇总结果单查询

电商企业/申报企业可以通过通关服务系统查询汇总结果单信息及汇总状态。查询出的汇总结果单数据与汇总申请单的对应关系为：汇总申请单：汇总结果单 $= 1 : n$。

3. 汇总报关单查询

企业可查询汇总报关单信息，根据报关单信息去完成出口退税操作。汇总结果单数据与汇总报关单的对应关系为：汇总结果单：汇总报关单＝1：1。

一、数据导入报文模板

1. 订单信息导入

仲良根据公司业务流程要求，请青岛海淘按照青岛通达提供的商品备案信息表模板填写商品的详细申报信息（详见配套教学资源 XXY4-1），如图 4-15（1）、4-15（2）所示（由于篇幅有限，此处仅截取部分商品信息，下同）。

9610 B2C 订单 对应运单号 9710 B2B 订单 对应运单号 9810 海外仓订仓单对应运单号 一单多品分行显示	9610 B2C 交易订单号 9710 B2B 交易订单号 9810 海外仓订仓单编号 贸易国(地区)中文，下拉选项选择，不能输入无效值	无填0 有填实际运费，此运单号下对应5票货物，此处填5。如一单多品，此列仍显示订单总件数，且不能合并单元格显示，见例。	填写单个订单对应的包裹总件数：如9710模式一个订单对应一个运单号	每个订单对应的包装，填写代码，参照填写：1木箱 2纸箱 3桶装 4散装 5托盘 6包 7其它	成交币制，下拉选项选择，不能输入无效值	填写每个订单对应的总毛重，如为一单多个商品，填写单个订单对应的总毛重（单位为KG）	批次号即大包号（麻袋号/外箱号）注意：需把批次号以条码的形式打印出来并贴到麻袋上。	有可填写，无可空，由我司协助归类填写。简化申报9610模式填写"4位HS"，9710、9810模式填写"6位HS"。	品名需描述准确，不能笼统描述。需表述产品材质信息以方便归类海关编码。
分单号	订单号	贸易国(地区)	运费	件数	包装种类代码	币制	订单毛重	批次号	HS编码	商品名称
AS206489663CN	1127725210	加拿大	0	2	2	美元	2.22	98801453	9404909000	PU面填充座椅垫
AS841077920CN	1127220560	加拿大	0	1	2	美元	0.113	98801454	9004100000	太阳眼镜
AS841092856CN	1127278284	加拿大	0	1	2	美元	0.461	98801455	6402992900	拖鞋（EVA鞋面和鞋底）

图 4-15（1）　"9610"一般出口——委托人提供的申报资料截图

有可填写，无可空，由我司协助归类填写。简化申报9610模式填写"4位HS"，9710、9810模式填写"6位HS"	品名需描述准确，不能笼统描述。需表述产品材质信息以方便归类海关编码。	商品SKU货号，不能有空格	请填写规格型号、材质、用途。	填写单订单内单品对应数量	单品价格=赠品价格或0 个SKU商品对应的总金额	总金额=订单内部 个SKU商品对应的总金额	频参照"海关计量单位代码表"填写HS描述填写"千克"	果列有法定第一单位代码填写	果填写定第一单位代码，须填写第一单位对应的数量	果列有法定第二单位代码，填写第二单位代码	果填写定第二单位代码，须填写第二单位对应的数量	填写每个订单商品对应的总净重，如填写多个商品，填写单个商品对应的总净重（单位为KG），注意单个订单总净重应小于单个订单总毛重。	填写定报关单主单号	1-单，2-单价，3-总价，0运费默认填3
HS编码	商品名称	商品货号	规格型号	数量	单价	金额	成交单位代	法定第一单位代	法定第一数量	法定第二单位代	法定第二数量	商品净重	主单号	运费标志
9404909000	PU面填充座椅垫	BNKL743890006	PU面，涤纶填充 惠尔顿牌 WELLDON169*55*24cm	2	7.15	14.3	个	千克	2.195			2.195	78464557430	3
9004100000	太阳眼镜	BNKL743890008	遮阳光 不变色 景龙牌 BOLONIDG2152	1	12.3	12.3	个	千克	0.088	副	1	0.088	78464557430	3
6402992900	拖鞋（EVA鞋底和鞋面）	BNKL743890009	不过踝 EVA面 EVA底 橡胶发泡鞋 四件套鞋 开拓者牌 Toread18-09073848	1	5.3	5.3	双	千克	0.436	双	1	0.436	78464557430	3

图 4-15（2）　"9610"一般出口——委托人提供的申报资料截图

仲良审核完上述模板中的商品信息后，通知青岛海淘将其导入订单报文模板中（格式与"9610"进口申报报文模板相同，见配套教学资源 SCY4-7）。收款单导入信息详见配套教学资源 SCY4-8。

2. 清单信息录入/导入

接下来，仲良通知青岛海淘对照清单申报模板各个栏目要求补充所需信息，并将其导入清单申报模板（格式与"9610"进口申报报文模板相同，见配套教学资源SCY4-9），部分信息如图4-16所示。

报送时间	报送状态	申报地海关代码	电商平台代码	电商平台名称	订单编号	物流企业代码	物流企业名称	物流运单编号	企业唯一编号
appTime	appStatus	customsCode	ebpCode	ebpName	orderNo	ogisticsCod	logisticsName	logisticsNo	copNo
240614113025	2	4227	无	eBay	1127725210	3702988888	青岛通达物流有限公司	AS206489663CN	I12345678912345678999
240614113025	2	4227	无	eBay	1127220560	3702988888	青岛通达物流有限公司	AS841077920CN	I12345678912345677890
240614113025	2	4227	无	eBay	1127278284	3702988888	青岛通达物流有限公司	AS841092856CN	I12345678912345677891
240614113025	2	4227	无	eBay	1127483247	3702988888	青岛通达物流有限公司	AS206232464CN	I12345678912345677892
240614113025	2	4227	无	eBay	1127539433	3702988888	青岛通达物流有限公司	AS206425103CN	I12345678912345677893
240614113025	2	4227	无	eBay	1126867139	3702988888	青岛通达物流有限公司	AS206092092CN	I12345678912345677894
240614113025	2	4227	无	eBay	1126269585	3702988888	青岛通达物流有限公司	AS205865687CN	I12345678912345677895
240614113025	2	4227	无	eBay	1127759051	3702988888	青岛通达物流有限公司	AS206470202CN	I12345678912345677896
240614113025	2	4227	无	eBay	1127755718	3702988888	青岛通达物流有限公司	AS206472308CN	I12345678912345677897

图4-16 "9610"一般出口——清单报文模板导入部分信息截图

3. 商品运抵海关特殊监管区域或海关监管场所后，运单和运抵单信息导入

青岛通达作为该批货物的物流企业，负责运单信息导入（详见配套教学资源SCY4-10）和申报事宜，青岛跨国购电子商务产业园有限公司作为海关监管场所经营企业，负责运抵单信息导入（详见配套教学资源SCY4-11）。

二、"三单"、清单、运抵单、清单总分单导入"单一窗口"并申报

"9610"出口申报过程中，单据导入"单一窗口"的方法、流程与其他需要进行清单申报的监管模式一样，上传单据后加签申报，回执状态依次为：山东电子口岸已上传—中国电子口岸申报中—海关入库。详情请参照本书"9610"进口申报任务，此处只展示前文未展示过的操作界面，其他不再做示范操作演示。

但要注意的是，总体而言，"9610"出口申报单证比"9610"进口申报单证的种类多，比如"9610"出口申报时，需要将相关信息导入清单总分单之后，在"单一窗口"进行申报。本案例的清单总分单报文模板导入详见配套教学资源SCY4-12。

1. 订单模板导入

订单导入"单一窗口"后的回执状态见图4-17至4-20。

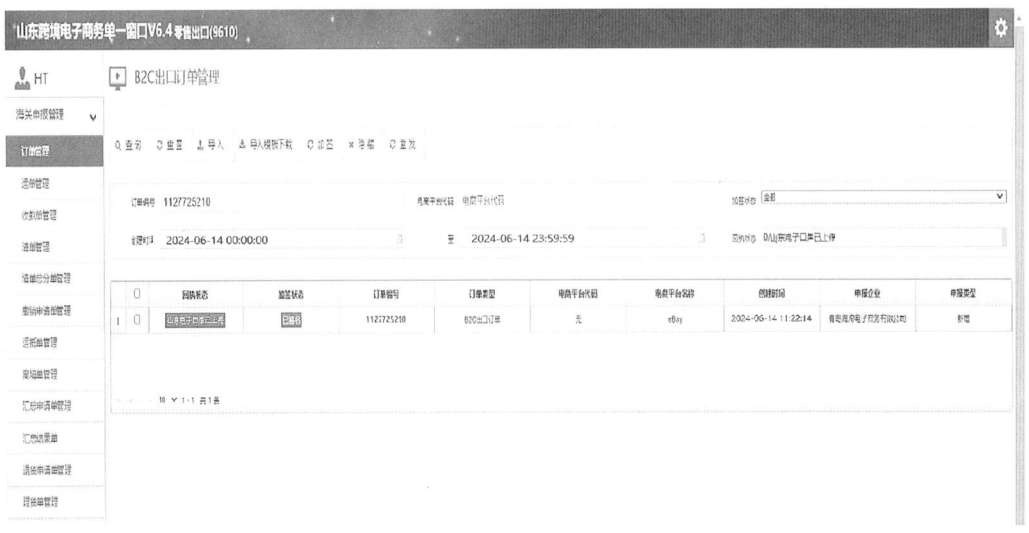

图4-17 "山东电子口岸已上传"回执状态

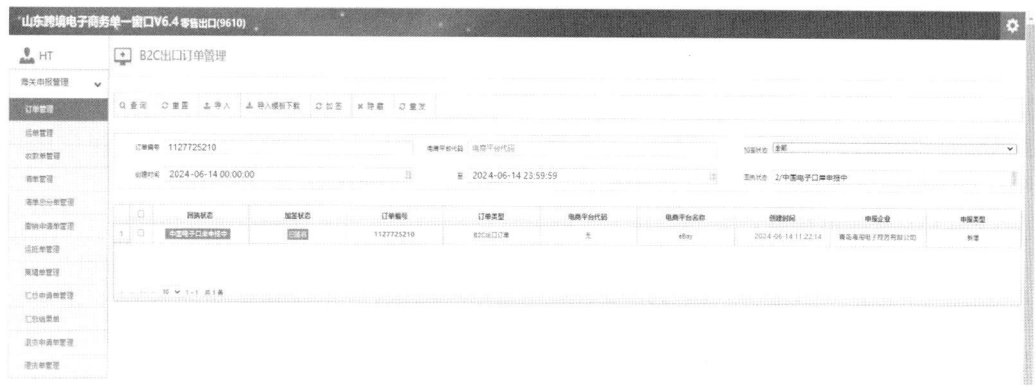

图 4-18   "中国电子口岸申报中"回执状态

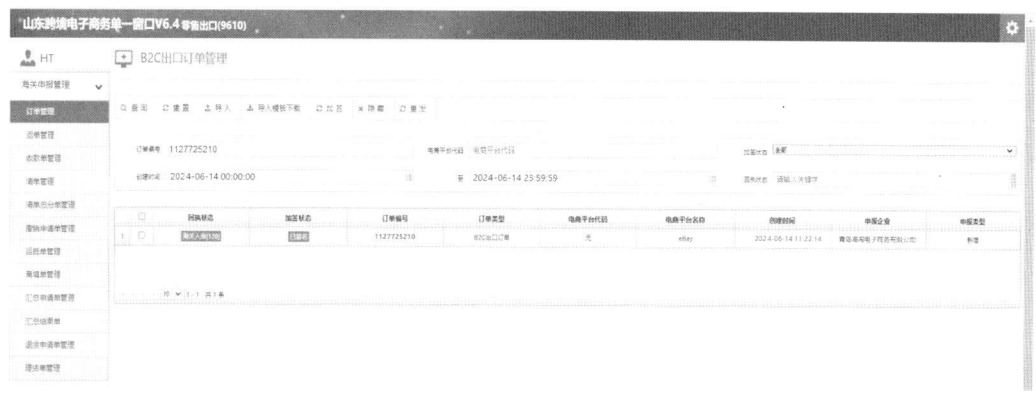

图 4-19   "海关入库"回执状态

图 4-20   全部回执状态

2. 收款单模板导入

收款单导入"单一窗口"后的回执状态与订单的状态相同，此处不做展示。

3. 运单模板导入

运单导入"单一窗口"后的回执状态与订单、收款单的状态相同，此处不做展示。

4. 清单数据导入/录入

应及时查看订单、运单、收款单申报后的回执状态。当订单、运单、收款单的状态转为"中国电子口岸申报中"时，即可进行下一步：申报清单数据。与订单、收款单、运单不同的是，清单在先后显示"山东电子口岸已上传—中国电子口岸申报中—海关入库"等状态后，进入"海关审结—放行—结关"状态，此处不做展示。

5. 运抵单数据导入

完成清单申报后及时查看清单申报状态。当清单申报状态转为"海关审结"时，即可进行下一步：由海关监管场所经营企业申报运抵单。运抵单申报后经历"山东电子口岸已上传—中国电子口岸申报中—海关审结"三种状态。

6. 清单总分单申报

运抵单申报后，及时查看状态，当其申报状态转为"海关审结"时，即可进行下一步：申报清单总分单。

清单总分单申报后的状态与清单相同，先后显示"山东电子口岸已上传—中国电子口岸申报中—海关入库—海关审结—放行—结关"。此处选择清单总分单的全部回执状态及详情页面进行展示，如图4-21所示。

图4-21 "9610"出口清单总分单申报后全部回执状态

三、查验放行、货物离境后，进行离境单申报

当运输工具离境后，物流企业根据客户告知的离境时间，加签离境单（其报文模板导入后信息详见配套教学资源SCY4-13）。物流企业应及时查看离境单状态。当离境单的状态转为"海关审结"时，即表示离境单的运单号与清单、清单总分单、运抵单的运单号已经对碰一致，海关同意审结。届时，已申报的清单、清单总分单状态会转为结关。

离境单申报后的状态依次为"山东电子口岸已上传—中国电子口岸申报中—海关审结"。

四、汇总申报

仲良了解到该批商品取得了有效进项增值税发票，而且是按照"9610"正式申报流程进行报关的，因此，配合青岛海淘进行汇总申报，便于收汇和出口退税。青岛海淘在这批跨境电商零售商品以"9610"监管方式通关出口后，于2024年7月15日前（由于当月13日是法定休息日星期六，因此顺延至其后的第一个工作日），将上月结关的《申报清单》依据"八同"规则进行归并，汇总形成《中华人民共和国海关出口货物报关单》向海关申报。

1. 加签/申报汇总申请单

汇总申请单（报文模板导入后的信息详见配套教学资源 SCY4-14）申报后的状态依次为"山东电子口岸已上传—中国电子口岸申报中—海关审结"。此处选择其全部状态及详情页面进行展示，如图4-22所示。当汇总申请单的状态转为"海关审结"时，即为审核通过，表示已经按照汇总原则进行汇总。

图4-22　"9610"出口汇总申请单申报后的全部回执状态及详情

2. 汇总结果单查询

当汇总申请单海关审结后，可以通过"汇总结果管理—汇总结果单"查看汇总基本信息和结果信息列表，如图4-23、4-24所示。

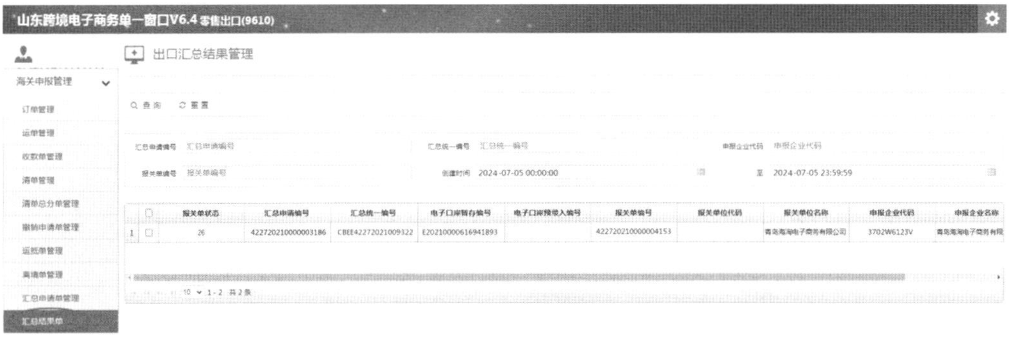

图4-23　"9610"出口汇总结果单操作界面

图 4-24 "9610" 出口汇总结果单汇总基本信息和结果信息列表

3. 汇总报关单查询

汇总报关单查询路径如下：登录中国（山东）国际贸易"单一窗口"，依次点击"中央标准应用—货物申报—两步申报—数据查询/统计—报关数据查询—高级查询"，进出口标志选择"出口"，选择操作时间，即可查询到汇总申报的报关单。

报关单补录和申报路径如下：点击统一编号进入单据预录页面，补填必填信息，核对无误后，点击申报（随附单据需上传代理报关委托协议），申报后的回执状态转为"海关已放行"即表示汇总报关单海关放行。

知识链接

"9610" 一般出口

跨境电商 B2C "9610" 一般出口（亦称为"直邮出口模式"）与"1210"特殊区域出口（亦称为"监管出口模式"）通关流程比较详见图 4-25。

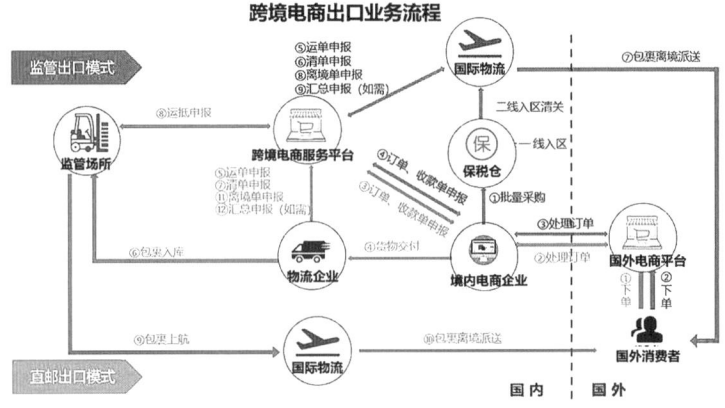

图 4-25 "9610" 一般出口与 "1210" 特殊区域出口通关流程对比

一、"9610"清单核放、汇总申报

"清单核放、汇总申报"是指平台允许电商企业按照"清单"进行申报，海关对"清单"进行审核并办理实货放行手续，解决零售出口订单数量少、批次多的问题，让企业通关效率更高、通关成本更低；海关通关系统会定期汇总清单形成报关单进行申报，为企业出具报关单退税证明联，解决了企业退税难题，也将跨境贸易电子商务业务纳入了海关贸易统计。

二、"9610"一般出口的简化申报与汇总申报

1. 简化申报

根据海关总署相关规定，对出口不涉及出口征税、出口退税、许可证件管理且单票货值 5000 元以下的 B2C 电商商品，由 10 位税号简化为 4 位税号（"9610"出口）或者 6 位税号（"9810"出口）申报，计量单位统一为"千克"，不要求填写申报要素，并且无须再汇总申报报关单，可降低申报难度，节省企业申报成本，提高通关效率。

不过，如果采用简化申报，后续不能汇总报关单，相应也无法收汇和退税。同时，在进行简化申报时要注意，清单的简化申报不体现电商企业抬头，这将不利于电商企业出口数据的累计。

2. 汇总申报

汇总申报就是跨境电商企业在取得了有效进项增值税发票的情况下，按照"9610"正式申报流程进行报关，后续可以汇总报关单，并可通过报关单进行收汇及退税操作。同时体现电商抬头，有利于企业累计出口数据，实现良性发展。使用此种方式，由于采购合规、报关合规、收汇合规，电商企业后续也可以轻松实现出口退税操作，可进一步提升 6%~13% 的利润。

三、"9610"一般出口汇总申报与汇总统计对比

1. 汇总申报与汇总统计适用条件对比见表 4-7。

表 4-7　"9610"一般出口汇总申报与汇总统计适用条件对比

汇总申报	汇总统计
退（免）税	免税
电商企业	电商企业
货权所有人	货权所有人
注册在境内	注册在境内综合试验区
取得有效进货凭证	未取得有效进货凭证
出口货物不属国务院明确取消出口退（免）税的货物	出口货物不属国务院明确取消出口退（免）税的货物
清单核放、汇总申报	综合试验区申报

表4-7　续

汇总申报	汇总统计
报关单	清单核放、汇总统计
	货物免税明细表

2. "9610" 出口汇总申报与汇总统计申报规范对比见表4-8。

表 4-8　"9610" 一般出口的汇总申报、汇总统计申报规范对比

汇总申报	汇总统计
清单申报业务类型（填写 B）	清单申报业务类型（填写 A）
商品编码（10 位海关编码）	商品编码（前 4 位按税则归类申报，后 6 位税则号补 0）
商品第一计量单位需按税则定义的法定计量单位申报	申报的商品第一法定计量单位需按"千克"申报
汇总形成《中华人民共和国海关出口货物报关单》向海关申报	不再汇总形成《中华人民共和国海关出口货物报关单》

四、跨境电商出口业务单证及申报主体

具体内容见表4-9。

表 4-9　跨境电商出口业务单证及申报主体

序号	业务单证	责任主体	数字签名
1	出口清单	电商企业或其代理人	是
2	电子订单	电商企业或电商平台	是
3	收款单	电商企业	是
4	运单	物流企业	是
5	运抵单	海关监管作业场所经营企业	是
6	离境单	物流企业	是
7	清单总分单	电商企业或其代理人	是
8	撤销申请单	电商企业或其代理人	是
9	汇总申请单	电商企业或其代理人	是
10	退货申请单	电商企业或其代理人	是
11	退货理货明细单	海关监管作业场所经营企业	是

五、出口退税管理

出口退税相关内容参见本书项目五，此处不再介绍。

六、"一单多品"的鉴别操作方法

"一单多品"是订单管理中的一种常见模式，指的是在一份订单中同时包含多种不同的商品。这种模式与"一单一件"（一份订单只包含一件商品）和"一单一品"（一份订单只包含一种商品，但可能有多个数量）形成对比。这种模式下，消费者在跨境电商平台下单时，可能会一次性购买多种商品，例如衣服、鞋子和配饰，这些商品会被打包成一份订单，即"一单多品"。在向海关申报清单时，如果不作拆单处理，整单只有一个支付单，无法做到100%合规的"三单"对碰，可能会导致退单。因此，电商企业需要在清单申报时进行"一单多品"的鉴别，确保合规申报。

二维码4-2　一单多品的鉴别操作方法

数字中国

跨境电商高速发展　培育外贸发展新动能

　　我国跨境电商持续高速发展，成为外贸出口的亮点之一。据海关统计，2024年，我国跨境电商新业态全年进出口达到了2.63万亿元，同比增长10.8%，占整个进出口的比重提升到了6%。其中自主品牌占我国出口比重同比提升0.8个百分点，到了21.8%，凸显我国跨境电商业态的结构优化。过去5年，我国跨境电商贸易规模增长超过10倍。截至2024年年底，我国跨境电商企业数量已超12万家，跨境电商企业累计在海外注册商标超3万个。跨境电商在"卖全球"方面潜力进一步释放，在"买全球"方面的优势也在持续发挥。

　　综合保税区是我国开放程度最高、优惠政策最集中、功能最齐全的海关特殊监管区域，现在167个综合保税区分布在我国31个省区市，在促进制度型开放和产业转型升级方面发挥了重要作用。2024年，综合保税区合计进出口6.7万亿元，增长4.7%。也就是说，平均一个足球场大小的面积就贡献了超过1亿元的进出口。自由贸易试验区有效发挥改革开放综合试验平台作用，合计进出口8.45万亿元，增长10.3%。海南自由贸易港建设稳步推进，全年进出口2776.5亿元，增长20%。横琴粤澳深度合作区实施分线管理政策以来，在"一线"横琴口岸，可以说是车水马龙、川流不息，有效推动了"琴澳一体化"。

资料来源：海关总署官网，有删改

任务4-3 "9710/9810"跨境电商企业对企业出口申报

操作分析

本任务根据【代表性业务5】进行讲解和演示。具体业务情况如下：

LOFT. Co，. Ltd日本海外仓（已在中国海关备案）与青岛海淘在跨境电商平台eBay达成一笔FOB出口订单交易（合同协议号HT062104），交易订仓单编号：eBay1001。LOFT. Co，. Ltd采购了三脚架100箱、不锈钢置物架200箱、浴室拖鞋20箱、女式针织棉制睡衣套装30箱、直杆伞20箱，合计370箱。青岛海淘以电商企业主体的身份委托青岛开源（3702W1111W）在青岛大港海关以报关单模式向海关申报。报关单放行后，货物装入1＊40GP集装箱内（集装箱号：CRLU7228009，自重：3800KGS），于2024年6月27日由航次号为"5911E"、船名为"HUA DONG PEARL VIII"的船舶从石岛运往日本LOFT. Co，. Ltd日本海外仓（提运单号为HDFC24E5728912）。仓库详情如下：

企业和海外仓名称：LOFT. Co，. Ltd

设立方式：自建

中国海关备案编码：JAAA 1234 220101 1234

地址：1-11-1 NAKATSU KITA-KU OSAKA 531-0071JPN

根据报关资料，青岛海淘按照青岛通达所提供的业务信息模板填写的表格，主要信息包括提单号、件数、包装种类、毛重、运输工具名称、航次号、境外收货人名称（外文）、合同号、订单号、商品项号、企业商品货号、HS编码、编码海关商品名称、企业商品名称、申报要素、规格型号、规格型号核对、币制、单价、总价、成交数量、成交计量单位、成交单位、法定第一数量、法定第一计量单位、法定第一计量单位代码、法定第二数量、法定第二计量单位、法定第二计量单位代码、净重、目的国（地区）、原产国（地区）、境内货源地、征免方式、境内货源地中文、币值、贸易国（地区）等。详见配套教学资源XXY 4-2。

在我国现行政策背景下，跨境电商企业对企业出口主要包括"9710跨境电商B2B直接出口"和"9810跨境电商出口海外仓"，企业可根据自身业务类型，选择相应方式向海关申报。参与跨境电商B2B出口业务并选择海关监管方式"9710/9810"的企业需具备一定资质，办理企业备案和出口海外仓业务模式备案，然后进行出口申报。"9710/9810"模式下的出口申报流程如图4-26所示。

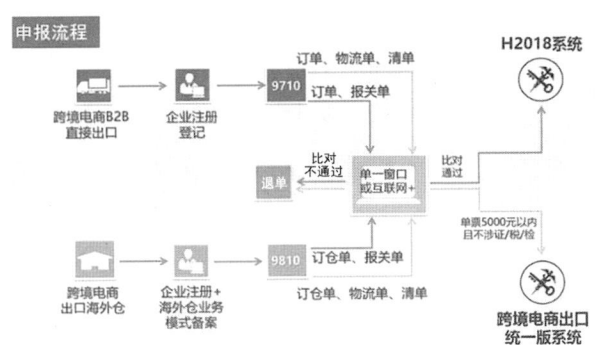

图 4-26　跨境电商"9710/9810"模式下的出口申报流程

根据 2021 年 6 月海关总署发布的 2021 年第 47 号公告《关于在全国海关复制推广跨境电子商务企业对企业出口监管试点的公告》，跨境电商"9710/9810"模式可以采用清单申报和报关单申报两种模式进行报关。对于单票金额超过人民币 5000 元，或涉证、涉检、涉税的跨境电商 B2B 出口货物，企业应当通过 H2018 通关管理系统办理通关手续，换言之，企业应当选择报关单申报模式；对于单票金额在人民币 5000 元（含）以内，且不涉证、不涉检、不涉税的，企业可以通过 H2018 系统或跨境电商出口统一版系统办理通关手续，也就是说，既可以选择清单申报，也可以选择报关单申报。二者的具体要求与比较见表 4-10。

表 4-10　"9710/9810"模式下的清单申报与报关单申报比较

货物要求与申报要求	清单申报（跨境电商出口统一版系统）		报关单申报（H2018通关管理系统）	
单票金额在人民币 5000 元（含）以内，且不涉证、不涉检、不涉税的商品跨境电商 B2B 出口货物	√		√	
单票金额超过人民币 5000 元，或涉证、涉检、涉税的跨境电商 B2B 出口货物			√	
海关监管方式	9710	9810	9710	9810
订单类型	B	W	B	W
电商平台代码	对于境外平台等无法提供情况的，可填写"无"			
电商平台名称	按实际填写	填写海外仓名称，备注填写海外仓地址	按实际填写	填写海外仓名称，备注填写海外仓地址
监管方式	9710	9810	9710	9810
申报海关	试点关区（为综合试验区所在地海关的可选 6 位简化申报）			

表4-10 续

货物要求与申报要求	清单申报（跨境电商出口统一版系统）		报关单申报（H2018通关管理系统）	
向海关传输的电子信息（责任主体：跨境电商企业或境内跨境电商平台企业）	交易订单	海外仓订仓单	交易订单	海外仓订仓单
向海关传输的电子信息（责任主体：物流企业）	运单		以舱单形式传输	
报关单随附单证	可不传输		上传合同、发票、箱单、代理报关委托书等	
报关单的随附单证类别代码10000004	无		电商订单编号	

在清单申报模式下，交易订单、海外仓订仓、物流信息申报后，即可进行清单申报，由跨境电商企业或其代理人向海关申报清单，清单无须汇总申报报关单。

在报关单申报模式下，在报关单的申报环节进行报关单（表头与表体）与订单比对校验，报关单可按现有方式录入或导入，也可以选择跨境电商通道导入报关单，报关单回执原路由跨境电商通道下发。上述信息传输完成后，由跨境电商企业或其代理人向海关申报报关单。

由于订单（"9710"模式）/订仓单（"9810"模式）的数据申报与"9610"出口大体相同，此处不再赘述。根据海关规定，订单/订仓单申报完成后，后续作业流程与监管方式"一般贸易"（代码0110）出口业务的监管要求相同。为了提供相对完整的实战案例，下面结合【代表性业务5】详细介绍跨境电商"9810"报关单申报模式的出口通关流程，其申报的具体任务步骤如下。

一、订仓单模板录入

根据现行规定，选择"9810"申报前，跨境电商企业或其委托的代理报关企业、境内跨境电商平台企业、物流企业需通过国际贸易"单一窗口"或"互联网+海关"上传海外仓委托服务合同等海外仓订仓单的电子信息，并填写海外仓地址、委托服务期限等关键信息。出口货物入仓后需上传入仓电子信息，并填写入仓商品名称、入仓时间等关键信息。其中，代理报关企业应填报货物对应的委托企业信息。

1. 订仓单模板表头（Order Head）sheet 的录入说明

（1）报送类型：填写1（新增）。

（2）报送时间：申报时间，根据实际填写。

（3）报送状态：填写2（申报）。

（4）订单类型：填写W。

（5）订仓单编号：填写电商平台的交易订单编号，同一平台的订单编号唯一不重复，比如 eBay1001。

（6）电商平台代码：填写无。

（7）海外仓名称：填写实际海外仓名称，比如 LOFT. Co，. Ltd。

（8）电商企业代码：按照实际填写，比如 3702W6123V。

（9）电商企业名称：按照实际填写，比如青岛海淘电子商务有限公司。

（10）商品金额：填写该订单项下所有商品的总金额（价格为 FOB 价，不含运杂费）。

（11）运杂费：填写 0（如果有，按照实际填写）。

（12）币制：填写 502（按照实际币制进行代码转换）。

（13）备注：按照实际海外仓地址填写，比如 1-11-1 NAKATSU KITA-KU OSAKA 531-0071 JPN。

2. 订仓单模板表体（Order List）sheet 的录入说明

（1）订单号：填写电商平台的交易订单编号，同一平台的订单编号唯一、不重复，比如 eBay1001。

（2）序号：根据商品项数进行填写，5 项商品，就填写 1-5（从 1 开始的递增序号）。

（3）企业商品货号：填写企业自定义的商品货号，比如 HH001-HH005。

（4）企业商品名称：填写实际的商品名称。比如三脚架、不锈钢置物架、浴室拖鞋、女式针织棉制睡衣套装、直杆伞等。

（5）企业商品描述：填写电商平台上架的商品描述宣传信息。

（6）条形码：填写无。

（7）计量单位：按照委托人提供的资料来填写，将计量单位按照海关标准参数代码进行转换。

（8）币制：填写 502（按照实际币制进行代码转换）。

（9）数量：填写实际成交数量。

（10）单价：填写实际成交单价。

（11）总价：填写每个商品的成交总金额。

3. 报文传输 sheet 的录入说明

（1）传输企业代码：填写接入委托人端企业的代码（电商企业代码）。

（2）传输企业名称：填写接入委托人端企业的名称（电商企业名称）。

（3）报文传输模式：默认为 DXP（指中国电子口岸数据交换平台）。

（4）报文传输编号：向中国电子口岸数据中心申请数据交换平台的用户编号。

二、检验检疫申请

根据海关总署现行规定，入境法检货物利用中国国际贸易"单一窗口"的"进口报关单整合申报"页面录入货物的报关、报检信息进行一次申报，申报成功后系统会返回一个检验检疫编号，并提示由海关相关科室负责检验检疫相关事宜。报检人员凭借检验检疫编号与海关相关科室联系，并按照指令配合完成检验检疫相关工作，如果检验检疫合格，系统会反馈对应的提示信息，表明入境法检货物检验检疫工作完成。

根据海关总署公告 2018 年第 89 号（关于优化出口货物检验检疫监管的公告）要求，出境法检货物应在报关前利用中国国际贸易"单一窗口"的"出境检验检疫申请"页面录入报检信息，向产地/组货地海关进行申报。

跨境电商出口的货物涉及法定检验检疫的，需要在出口申报前申请检验检疫。法定检验的出口商品未经检验或者经检验不合格的不准出口。企业向海关办理报检业务，应当遵守《中华人民共和国进出口商品检验法》《中华人民共和国进出口商品检验法实施条例》及针对某类商品的专项管理政策。申请检验检疫时，可以采取自理和代理两种方式办理手续，代理报检的，需向海关提供委托书。

机构改革后，报检申报与海关报关系统合并为"单一窗口"，新的申报系统整合了申报项目，同时采取了更智能的方式，由系统内置的审单规则、布控规则代替人工审单，从而实现了申报数据与原始运输数据的整合比对。

1. 审核企业和商品资质

任何报关业务开始前，均需根据企业营业执照，审核其经营范围是否包含所要销售的商品（如果是跨境电商，需要确认企业是否具备经营跨境电商的资质）；同时，需要对商品进行审核，包括但不限于以下要点：商品归类税号、申报要素、原产地、价格、所需业务单据（含监管证件）等。申请检验检疫前，需查看监管条件和检验检疫项目，确认商品是否涉及检验检疫。

2. 申报检验检疫

根据海关规定，如遇法检和涉检业务，先报检后报关。

（1）电子申报检务数据录入

海关总署公告2018年第50号（海关总署关于全面取消《入/出境货物通关单》有关事项的公告）规定，自2018年6月1日起，涉及法定检验检疫要求的进口商品申报时，在报关单随附单证栏中不再填写原通关单代码和编号；企业可以对入境法检货物通过"单一窗口"（包括通过"互联网+海关"接入"单一窗口"）"进口整合申报"报关报检合一界面向海关一次申报。

涉及法定检验检疫要求的出口商品申报时，报关企业在"单一窗口"的"出境检验检疫申请"功能模块录入报检数据，企业不需在报关单随附单证栏中填写原通关单代码和编号，应当填写报检电子回执上的企业报检电子底账数据号，并填写代码"B"。需要注意的是，部分入境货物需在入境前办理检验检疫申请。

（2）上传无纸化单据

申报人员应按照货物的性质，根据海关有关规定和要求提前准备好相关单证（报检的基本单证包括外贸合同、发票、装箱单、厂检单等），并确认提供的数据和各种单证正确、齐全、真实、有效，需办理国家实施许可制度管理、强制性认证、卫生注册、运输包装性能检验（适用于出境危险货物）等有关批准文件的，还应在报检前办妥相关手续、获取相关单证。

企业通过无纸化上传系统将随附单据电子版上传的，无须在申报时提交纸质单证，海关按照风险布控、签注作业的要求进行监管，需要验核纸质单证的，申请人应当补充提交相关纸质单证。

3. 配合检验检疫的实施（抽样/采样、卫生除害处理等）

检验检疫机构对已报检的出入境货物，通过感官、物理、化学、微生物等方法进行检验检疫，以判定所检对象的各项指标是否符合有关强制性标准或合同及买方所在国（地区）官方机构的有关规定。目前，检验检疫的方式包括全数检验、抽样检验、型式试验、过程检验、登记备案、符合性验证、符合性评估、合格保证和免予检验等。

申报人员对实施检验检疫的出口货物，应向海关提供进行抽样、检验检疫和鉴定等必要的工作条件，配合海关实施检验检疫而进行的现场验货、抽样及检验检疫处理等事宜，落实海关检验检疫监管措施和其他有关要求。法定检验检疫的出口货物未经申报前监管服务的检验检疫或者经检验检疫不合格的不准出口。

对须实施检验检疫并出具结果的出入境货物，检验检疫工作人员需到现场抽取（采取）样品。抽取（采取）的样品不能直接进行检验的，需要对样品进行一定的加工，称为"制样"。根据样品管理的规定，样品及制备的小样经检验检疫后应重新封识，超过样品保存期后方可销毁。

按照《中华人民共和国国境卫生检疫法》及其实施细则、《中华人民共和国进出境动植物检疫法》及其实施条例的有关规定，检验检疫机构对来自传染病疫区或动植物疫区的有关出入境货物、交通工具、运输工具及废旧物品等进行卫生除害处理。

4. 建立电子底账，签领检验检疫单证

海关实施检验检疫监管后，对检验合格的商品建立电子底账，向企业反馈电子底账数据号，符合要求的按规定签发检验检疫证书，企业报关时应填写电子底账数据号，办理出口通关手续。

入境货物经检验检疫合格，或经检验检疫不合格、但已进行有效处理合格的，签发《入境货物检验检疫证明》；不合格需作退货或销毁处理的，签发《检验检疫处理通知书》；不合格需办理对外索赔的，签发相关的检验检疫证书，供有关方面办理对外索赔及相关手续。

出境货物经检验检疫合格的，办理货物通关手续；经检验检疫或口岸核查货证不合格的，签发《出境货物不合格通知单》。

三、通关现场作业

1. 订仓单模板导入"单一窗口"并进行申报

电商企业使用其用户名和密码登录，进入"单一窗口"中"B2B出口海外仓（9810）"的"海外仓订仓单管理"功能模块，将审核无误的订仓单申报资料模板进行上传，当回执状态为"海关入库"时，即可加签（申报）订仓单，当订仓单的状态转为"中国电子口岸申报中"时，即表示订仓单已经申报成功。

2. 报关单申报

（1）录入出口报关单

出口报关单录入按照以下路径操作：报关企业使用其用户名、密码或者卡介质登录国际贸易"单一窗口"，依次点击"货物申报—出口整合申报—出口报关单整合申报"，根据准备好的申报资料录入报关单所需填报的各项内容并核对无误，暂存报关单数据，点击"随附单据"按钮，在"随附单据文件类别"下拉框里选择"10000001代理报关委托协议（电子）"（如果电商企业已经与中华人民共和国海关、中国电子口岸数据中心签订了通关无纸化协议，代理报关委托协议可自动生成）和"10000004跨境B2B出口单证"（选择电商企业已申报的订仓单编号，比如eBay1001），再点击"上传/保存"，暂存报关单数据。此时，出口报关单录入完毕，可以打印和下载预录入好的报关单审核版进行复核。

（2）查询舱单数据

物流公司传输舱单后，报关单位或者相关主体登录海关总署或者地方"互联网+海关"查询舱单信息。以山东海关为例，进入"互联网+海关"关区特色政务服务（青岛）后，点击"海关业务云查询"，然后点击"舱单查询"，左边输入查询条件，一般选择按照"提单号（主/分）"查询，核对出口提单号、运输工具信息（船名、航次）、总/分单标识、集装箱数量、件数、重量；查看"预配舱单"回执结果，当"预配舱单"回执结果为"接受申报"时，即可申报出口报关单，此时舱单数据已经符合申报的条件。

（3）申报出口报关单

报关单位可在进出口货物到达海关监管场所后发送完整的报关单数据。也可根据海关规定在确认舱单数据已向海关申报后、货物运抵前向海关提前申报。

出口报关单申报路径如下：报关企业使用用户名、密码或者卡介质登录国际贸易"单一窗口"，依次点击"口岸执法申报—货物申报—综合查询—报关数据查询"，填写查询条件（进出口标志选择"出口"、填写提运单号）进行查询，然后点击蓝色统一编号进入出口报关单暂存状态页面，点击"申报"。

（4）查看报关单回执状态

报关单位发送报关单之后，海关通关作业管理系统进行规范性、逻辑性检查。对舱单、许可证件、电子备案信息等进行核注。对于符合条件的，海关接受申报，向企业发送接受申报回执；对于不符合条件的，系统自动退单，发送退单回执。

对于海关已接受的报关单，收发货人可通过"互联网+海关"一体化网上办事平台、"掌上海关"App、"掌上海关"微信小程序订阅本企业申报报关单回执数据，查看报关单的申报状态，包括"海关入库成功""海关退单""审结""删单""放行""结关""查验通知"等。

3. 出口报关单放行（或查验）、结关

当报关单的状态显示放行或者查验时，表示出口集装箱已经运抵出口口岸的码头，等待配载装船，此时运抵报告数据已经与申报的出口报关单数据进行对碰，并且匹配完毕，报关单申报即为结束。如报关单状态为查验，应配合海关完成查验。

当运输工具离境后，出口报关单会自动结关。

根据国家对"9810"海关监管方式的界定和要求，在向海关申报之前，申报人员需要查询海外仓备案结果。青岛开源的报关人员纪元阳经过查阅资料和相关网站了解到，本任务涉及的商品均在正面清单内，无须办理检验检疫。

一、订仓单模板录入

青岛海淘录入的订仓单报文模板表头、表体如图 4-27 和 4-28 所示，详见配套教学资源 SCY4-15。

报送类型	报送时间	报送状态	订单类型	订仓单编号	电商平台代码	海外仓名称	电商企业代码	电商企业名称	商品金额	运杂费	币制
appType	appTime	appStatus	orderType	orderNo	ebpCode	ebpName	ebcCode	ebcName	goodsValue	freight	currency
1	20240626081014	2	W	eBay1001	无	LOFT.Co,.Ltd	3702W6123V	青岛海淘电子商务有限公司	9000	0	502

图 4-27　订仓单表头报文模板截图

订单号	序号	企业商品货号	企业商品名称	企业商品描述	条形码	计量单位	币制	数量	单价	总价	备注
orderNo	gnum	itemNo	itemName	itemDescribe	barCode	unit	currency	qty	price	totalPrice	note
eBay1001	1	HH001	三脚架	三脚架	无	011	502	100	15	1500	
eBay1001	2	HH002	不锈钢置物架	不锈钢置物架	无	011	502	200	14	2800	
eBay1001	3	HH003	浴室拖鞋	浴室拖鞋	无	025	502	200	2	400	
eBay1001	4	XJM6166	女式针织棉制睡衣套装	女式针织棉制睡衣套装	无	011	502	300	10	3000	
eBay1001	5	HH005	直杆伞	直杆伞	无	011	502	200	6.5	1300	

图 4-28　订仓单表体报文模板截图

二、检验检疫申请

仲良通过查询中国海关总署官网及其他网站与工具书等，将本业务涉及货物的商品编码进行了一一查询与核对，发现均不属于法检和涉检出口货物，因此，此处不演示检验检疫申请流程及单据。

三、通关现场作业

由于"9810"跨境电商出口清单申报模式的业务应当在海关特殊监管区域及场所内开展，所以货物必须先到海关特殊监管区域及场所进行集货。货到仓库后，仓库需进行理货作业，反馈实际到货情况，包括但不限于到货提单号、箱数、分单号等。如实际到货与申报资料存在差异，需向委托人确认是以资料为准还是以实际到货为准，务必遵循"单货相符"原则。

1. 订仓单模板导入"单一窗口"并进行申报

青岛海淘将审核过的模板数据导入中国（山东）国际贸易"单一窗口"，进入"出口海外仓（9810）"之后，选择导入，将做好的订仓单模板申报资料进行上传，如图 4-29 所示。

图 4-29　订仓单模板导入"单一窗口"

当模板数据上传后的回执状态为"山东电子口岸已暂存"和"海关入库"时，即可进入申报流程并查看订仓单申报状态，状态依次为"山东电子口岸已上传—中国电子口岸申报中"；当订单的状态转为"中国电子口岸申报中"时，即表示订单已经申报成功。

2. 报关单申报

（1）录入出口报关单

纪元阳在中国（山东）国际贸易"单一窗口"录入出口报关单（详见配套教学资源 SCY4-16），具体的步骤如下：

录入出口报关单的路径为：报关企业使用用户名、密码或者卡介质登录中国（山东）国际贸易"单一窗口"，依次点击"货物申报—出口整合申报—出口报关单整合申报"，根据委托人提供的申报资料录入报关单所需填报的各项内容并核对无问题，暂存报关单数据，点击"随附单据"按钮，选择随附单据文件类别［①代理报关委托协议（电子），如果电商企业已经与中华人民共和国海关、中国电子口岸数据中心签订了通关无纸化协议，代理报关委托协议可自动生成；②跨境 B2B 出口单证（填写电商企业已申报的订仓单编号：eBay1001）］，点击"上传/保存"，再次暂存报关单数据，出口报关单录入完毕。出口报关单的录入要求按照最新版《中华人民共和国海关进出口货物报关单填制规范》及相关公告执行，这里结合本任务的实际情况作简单介绍。

首先，进行报关单表头的录入。

①申报地海关：填写实际申报地海关名称。根据业务详情信息，本任务本栏目填写"青岛大港"。

②出境关别：出境关别根据货物实际出境的口岸海关，填报海关规定的《关区代码表》中相应口岸海关的名称及代码。根据业务详情信息，本任务本栏目填写"荣成海关"。

③备案号：填报进出口货物收发货人、消费使用单位、生产销售单位在海关办理加工贸易合同备案或征、减、免税审核确认等手续时，海关核发的《加工贸易手册》、海关特殊监管区域和保税监管场所保税账册、《征免税证明》或其他备案审批文件的编号。"9810"出口无须填写。

④合同协议号：填写买卖双方之间签署的贸易合同号。根据业务详情信息，本任务本栏目填写"HT062104"。

⑤境内收发货人：境内收发货人是指对外签订并执行进出口贸易合同的中国境内企业或单位，填写企业在海关备案注册的信息。"18 位社会信用代码、10 位海关代码、10 位检验检疫编码（非必填）、企业名称（中文）"四项内容，任意填写其中一项，其余的信息都可自动调出。根据业务详情信息，本任务本栏目填写"91370211334134905D""3702W6123V""3702W6123V""青岛海淘电子商务有限公司"。

⑥境外收发货人：境外收货人通常指签订并执行出口贸易合同中的买方或合同指定的收货人，境外发货人通常指签订并执行进口贸易合同中的卖方。填报境外收发货人的名称及编码。"境外发货人代码"为非必填项，"企业名称（外文）"填写境外收货人的英文公司名称。根据业务详情信息，本任务本栏目填写"LOFT. Co，Ltd"。

⑦生产销售单位：生产销售单位填报出口货物在境内的生产或销售单位的名称，

包括自行出口货物的单位和委托进出口企业出口货物的单位。"18 位社会信用代码、10 位海关代码、10 位检验检疫编码（非必填）、企业名称（中文）"四项内容，任意填写其中一项，其余的信息都可自动调出。根据业务详情信息，本任务本栏目填写同"境内收发货人"。

⑧申报单位：自理报关的，填报进出口企业的名称及编码；委托代理报关的，填报报关企业名称及编码。编码填报 18 位法人和其他组织统一社会信用代码。"18 位社会信用代码、10 位海关代码、10 位检验检疫编码（非必填）、企业名称（中文）"四项内容，任意填写其中一项，其余的信息都可自动调出。根据业务详情信息，本任务本栏目填写"91370211MA3TP9DD20""3702W1111W""3702W1111W""青岛开源进出口报关有限公司"。

⑨运输方式：运输方式包括实际运输方式和海关规定的特殊运输方式，前者指货物实际进出境的运输方式，按进出境所使用的运输工具分类；后者指货物无实际进出境的运输方式，按货物在境内的流向分类。根据货物实际进出境的运输方式或货物在境内流向的类别，按照海关规定的《运输方式代码表》选择填报相应的运输方式。根据业务详情信息，本任务本栏目填写"水路运输（2）"。

⑩运输工具名称及航次号：填报载运货物进出境的运输工具名称或编号及航次号。填报内容应与运输部门向海关申报的舱单（载货清单）所列相应内容一致。根据业务详情信息，本任务运输工具名称填写"HUA DONG PEARL VIII"，航次号填写"5911E"。

⑪提运单号：填报进出口货物提单或运单的编号。一份报关单只允许填报一个提单或运单号，一票货物对应多个提单或运单时应分单填报。根据业务详情信息，本任务填写提单号"HDFC24E5728912"。

⑫监管方式：监管方式是以国际贸易中进出口货物的交易方式为基础，结合海关对进出口货物的征税、统计及监管条件综合设定的海关对进出口货物的管理方式（《代理报关委托书/委托报关协议》《进出口许可证》等单证中的"贸易方式"栏目）。根据业务详情信息，本任务填写"跨境电商出口海外仓（9810）"。

⑬征免性质：征免性质是指海关根据《海关法》《关税法》及国家有关政策对进出口货物实施的征、减、免税管理的性质类别。征免性质是海关对进出口货物征、减、免税进行分类统计分析的重要基础。根据业务详情信息，本任务填写"一般征税（101）"。

⑭许可证号：进出口许可证是指一国根据其进出口管制法令由商务主管部门签发的允许管制商品进出口的证件。许可证号是指由商务部及其授权发证机关签发的进出口许可证的编号。

该栏目填报进（出）口许可证、两用物项和技术进（出）口许可证、两用物项和技术出口许可证（定向）、纺织品临时出口许可证、出口许可证（加工贸易）、出口许可证（边境小额贸易）的编号。根据出口商品的 HS 编码来判别是否需要填写（非必填）。根据业务详情信息，本任务无须填写。

⑮运抵国（地区）：运抵国（地区）填报出口货物离开我国境内直接运抵或者在运输中转国（地区）未发生任何商业性交易的情况下最后运抵的国家（地区）。按海

关规定的《国别（地区）代码表》选择填报相应的启运国（地区）或运抵国（地区）中文名称及代码。根据业务详情信息，本任务填写出口货物直接运抵的国家"日本"。

⑯指运港：指运港填报出口货物运往境外的最终目的港；最终目的港不可预知的，按尽可能预知的目的港填报。根据实际情况，按海关规定的《港口代码表》选择填报相应的港口名称及代码。指运港在《港口代码表》中无港口名称及代码的，可选择填报相应的国家（地区）名称及代码。无实际进出境的货物，填报"中国境内"及代码。根据业务详情信息，本任务填写出口货物运往境外的最终目的港"大阪（日本）"。

⑰成交方式：成交方式是指在进出口贸易中进出口商品的价格构成和买卖双方各自应承担的责任、费用和风险以及货物所有权转移的界限。根据进出口货物实际成交价格条款，按海关规定的《成交方式代码表》选择填报相应的成交方式代码。无实际进出境的货物，进口填报"CIF"，出口填报"FOB"。根据业务详情信息，本任务填写"FOB"。

⑱运费：填报进口货物运抵我国境内输入地点起卸前的运输费用，出口货物运至我国境内输出地点装载后的运输费用。运费可按运费单价、总价或运费率三种方式之一填报，注明运费标记（运费标记"1"表示运费率，"2"表示每吨货物的运费单价，"3"表示运费总价），并按海关规定的《货币代码表》选择填报相应的币种代码。运费、保费栏目是否需要填写，要根据成交方式来判断，详见表4-11。

表4-11 成交方式、运费和保费的逻辑关系

货物流向	成交方式	运费	保费
进口	CIF	不填	不填
	CFR	不填	填
	FOB	填	填
出口	CIF	填	填
	CFR	填	不填
	FOB	不填	不填

根据业务详情信息，结合表4-11可以判断，本任务运费栏无须填写。

⑲保费：填报进口货物运抵我国境内输入地点起卸前的保险费用，出口货物运至我国境内输出地点装载后的保险费用。保费可按保险费总价或保险费率两种方式之一填报，注明保险费标记（保险费标记"1"表示保险费率，"3"表示保险费总价），并按海关规定的《币制代码表》选择填报相应的币种代码。根据业务详情信息，结合表4-11可以判断，本任务保费栏无须填写。

⑳杂费：填报成交价格以外的、按照《关税法》相关规定应计入计税价格或应从计税价格中扣除的费用。可按杂费总价或杂费率两种方式之一填报，注明杂费标记（杂费标记"1"表示杂费率，"3"表示杂费总价），并按海关规定的《货币代码表》选择填报相应的币种代码。应计入计税价格的杂费填报为正值或正率，应从计税价格

中扣除的杂费填报为负值或负率。根据业务详情信息，本任务杂费栏无须填写。

㉑件数：件数是指有外包装的单件进出口货物的实际件数。填报进出口货物运输包装的件数（按运输包装计）。舱单件数为集装箱的，填报集装箱个数；舱单件数为托盘的，填报托盘数。不得填报为0，裸装货物填报为"1"。根据业务详情信息，本任务件数栏填写出口货物运输包装的件数"370"。

㉒包装种类：填报进出口货物的所有包装材料，包括运输包装和其他包装，按海关规定的《包装种类代码表》（详见表4-12）选择填报相应的包装种类名称及代码。运输包装指提运单所列货物件数单位对应的包装，其他包装包括货物的各类包装，以及植物性铺垫材料等。根据业务详情信息，本任务包装种类填写"纸制或纤维板制盒/箱（22）"。

表 4-12　《包装种类代码表》

国标码	中文名称	原报关代码	原报关名称	原报检代码	原报检名称
00	散装	4	散装	9993	散装
01	裸装	7	其他	9994	裸装
04	球状罐类	7	其他	390	其他罐
06	包/袋	6	包	590	包/袋类
22	纸制或纤维板制盒/箱	2	纸箱	4M	纸箱
23	木制或竹藤等植物性材料制盒/箱	1	木箱	4C11	木制箱
29	其他材料制盒/箱	7	其他	490	其他箱
32	纸制或纤维板制桶	3	桶装	1G	纤维圆桶
33	木制或竹藤等植物性材料制桶	3	桶装	1C	木圆桶
39	其他材料制桶	3	桶装	190	其他桶
92	再生木托	5	托盘	9F91	再生木托
93	天然木托	5	托盘	9C91	天然木托
99	其他包装	7	其他	9999	其他

㉓毛重：填报进出口货物及其包装材料的重量之和，计量单位为千克，不足一千克的精确到小数点后2位（根据海关总署公告2024年第30号规定）。根据业务详情信息，本任务毛重填写"670"。

㉔净重：填报进出口货物的毛重减去外包装材料后的重量，即货物本身的实际重量，计量单位为千克，不足一千克的精确到小数点后2位（根据海关总署公告2024年第30号规定）。根据业务详情信息，本任务净重填写"630"。

㉕贸易国（地区）：发生商业性交易的进口填报购自国（地区），出口填报售予国（地区）。未发生商业性交易的填报货物所有权拥有者所属的国家（地区）。按海关规定的《国别（地区）代码表》选择填报相应的贸易国（地区）中文名称及代码。

贸易国（地区）不一定与货物启运国（地区）或运抵国（地区）一致，须根据实际情况，由报关人员与委托单位进一步确认后填报。

根据业务详情信息，本任务贸易国（地区）填写"日本"。

㉖货物存放地点：填报货物进境后存放的场所或地点，包括海关监管作业场所、分拨仓库、定点加工厂、隔离检疫场、企业自有仓库等。出口货物为非必填项。

㉗离境口岸：按海关规定的《国内口岸编码表》选择填报相应的境内口岸名称及代码。根据业务详情信息，本任务本栏目填写"石岛"。

㉘报关单类型：填写"通关无纸化（M）"，目前出口业务基本都适用于通关无纸化。

㉙价格说明：此栏共有"特殊关系确认、价格影响确认、与货物有关的特许权使用费支付确认、公式定价确认和暂定价格确认"五个分栏，具体填报要求按照报关单填制规范执行。出口货物免予填报。根据业务详情信息，本任务本栏目无须填写。

㉚标记唛码及备注：此栏目包括"标记唛码、备注、关联报关单及关联备案、集装箱项目"四个分项。

标记唛码：是运输标志的另一种名称。一般包括收货人、文件号（如合同号等）、目的地和包装件号。标记唛码中除图形以外的文字、数字，无标记唛码的填报"N/M"。

备注：指填制报关单时对其他栏目的补充及说明。

集装箱数：是"集装箱及关联单证申报项目"中集装箱录入项目的关联显示项目，用于显示所填报集装箱总数，为系统返填项。系统根据集装箱数量自动返填，集装箱规格为"S"时数量标记为"1"，集装箱规格为"L"时数量标记为"2"。

集装箱号：即集装箱箱体上表示的全球唯一编号，申报使用集装箱装载进出口货物的情况时必填，填报 11 位（4 个字母+7 个数字）集装箱号。

集装箱规格：使用集装箱装载进出口货物时，按照《集装箱规格代码表》录入集装箱规格，其代码见表4-13。

表 4-13　集装箱规格代码表

代码	中文名称
11	普通 2 * 标准箱（L）
12	冷藏 2 * 标准箱（L）
13	罐式 2 * 标准箱（L）
21	普通标准箱（S）
22	冷藏标准箱（S）
23	罐式标准箱（S）
31	其他标准箱（S）
32	其他 2 * 标准箱（L）

自重：填写集装箱的自重（非必填）。

拼箱标识：是拼箱填写"是"（1），反之填写"否"（0）（非必填）。

商品项号关系：填写集装箱与商品的对应关系（通俗来讲就是这个集装箱里面装了哪几项商品，商品项号之间需用英文格式的逗号间隔）。

根据业务详情信息，本任务标记唛码填报"N/M"；备注栏无须填写；由于本任务中的集装箱1*40GP相当于普通集装箱的普通2*标准箱（L），集装箱数栏为"2"；集装箱号栏填写"CRLU7228009"；集装箱规格栏填报"普通2*标准箱（L）"；自重栏填写"3800"；拼箱标识选择"否"；由于此任务涉及5项商品，商品项号关系显示为"1，2，3，4，5"。

其次，进行报关单表体的录入。

①商品名称及规格型号：商品名称分两行填报。第一行填报进出口货物规范的中文商品名称，第二行填报规格型号。需要特别注意的是，如果商品是法检商品和其他按照有关法律、法规须实施检验检疫的商品，需要填报"监管类别名称"栏（海关总署公告2024年第30号第四条规定，"检验检疫名称"申报项目名称调整为"监管类别名称"，填报要求不变）。根据"单一窗口"录入规则，录入10位商品编号，并填写申报要素后，点击该申报项目右侧的蓝色按钮，会弹出"监管类别名称列表"，然后从中勾选相应的商品；规格型号填写出口货物10位HS编码所对应的商品申报要素。

②商品编号：填报由10位数字组成的商品编号。前8位为税则和海关统计商品目录确定的编码；第9、10位为监管附加编号。

根据业务详情信息，本任务填写的"商品名称及规格型号""商品编号"栏目"单一窗口"填报的截图如图4-30所示。

图4-30 "商品名称及规格型号""商品编号"栏目
"单一窗口"录入操作界面

③单价：填报同一项号下进出口货物实际成交的商品单位价格。无实际成交价格的，填报单位货值。国际贸易商品的单价一般应包括单位商品价值金额、计量单位、计价货币和价格术语四个部分，若有佣金和折扣的，佣金、折扣的大小也应在价格术语中注明。"单一窗口"录入时，录入成交数量、成交单位、总价之后，单价会自动生成。

④总价：填报同一项号下进出口货物实际成交的商品总价格。无实际成交价格的，填报货值。报关单总价栏目要求填报的是成交术语下的总价。"单一窗口"录入时，该项目为必填项，录入成交数量、成交单位、单价之后，总价会自动生成。

⑤币制：按海关规定的《币制代码表》选择相应的货币名称及代码填报，如《货币代码表》中无实际成交币种，需将实际成交货币按申报日外汇折算率折算成《货币代码表》列明的货币填报。

⑥数量及单位：该栏目由互相关联的"数量"和"单位"组成。"数量"指进出

口商品的实际数量，"单位"指进出口商品的计量单位，分三行填报。第一行按进出口货物的法定第一计量单位填报数量及单位，法定计量单位以海关统计商品目录中的计量单位为准；凡列明有法定第二计量单位的，在第二行按照法定第二计量单位填报数量及单位，无法定第二计量单位的，第二行为空；成交计量单位及数量填报在第三行。法定第一、第二计量单位根据在系统填写的 HS 编码自动调出，无须填写。

⑦最终目的国（地区）：最终目的国（地区）填报已知的进出口货物的最终实际消费、使用或进一步加工制造国家（地区）。不经过第三国（地区）转运的直接运输货物，以运抵国（地区）为最终目的国（地区）；经过第三国（地区）转运的货物，以最后运往国（地区）为最终目的国（地区）。同一批进出口货物的最终目的国（地区）不同的，分别填报最终目的国（地区）。进出口货物不能确定最终目的国（地区）时，以尽可能预知的最后运往国（地区）为最终目的国（地区）。按海关规定的《国别（地区）代码表》选择填报相应的国家（地区）名称及代码。

⑧原产国（地区）：依据《中华人民共和国进出口货物原产地条例》《中华人民共和国海关关于执行〈非优惠原产地规则中实质性改变标准〉的规定》以及海关总署关于各项优惠贸易协定原产地管理规章规定的原产地确定标准填报。同一批进出口货物的原产地不同的，分别填报原产国（地区）。进出口货物原产国（地区）无法确定的，填报"国别不详"。按海关规定的《国别（地区）代码表》选择填报相应的国家（地区）名称及代码。

⑨境内货源地：境内货源地填报出口货物在境内的产地或原始发货地。出口货物产地难以确定的，填报最早发运该出口货物的单位所在地。

⑩征免方式：是指海关依照《海关法》《关税法》及其他法律、行政法规，对进出口货物决定征、减、免税或者特案处理的实际操作方式。主要的征减免税方式有照章征税、折半征税、全免、特案减免、随征免性质、保证金和保函等。按照海关核发的《征免税证明》或有关政策规定，对报关单所列每项商品选择海关规定的《征减免税方式代码表》中相应的征减免税方式填报。

根据业务详情信息，本任务报关单表体③~⑩栏目的"单一窗口"录入操作如图4-31所示，纸质报关单核对单如图4-32所示。

图4-31　出口报关单整合申报"单一窗口"数据录入操作界面截图（部分）

中华人民共和国海关出口货物报关单

E2024000125412002

预录入编号：	海关编号：	（青岛大港）	仅供模对用		页码/页数：1/1

境内发货人（91370211334134905D） 青岛海海电子商务有限公司	出境关别（4209） 荣成海关	出口日期	申报日期		备案号
境外收货人 LOFT, Co., Ltd	运输方式（2） 水路运输	运输工具名称及航次号 HUA DONG PEAR VIII/5911E	提运单号 HDFC21E5728912		
生产销售单位（91370211334134905D） 青岛海海电子商务有限公司	监管方式（9810） 跨境电商出口海外仓	征免性质（101） 一般征税	许可证号		
合同协议号 HT062104	贸易国（地区）（JPN） 日本	运抵国（地区）（JPN） 日本	指运港（JPN381） 大阪（日本）		离境口岸（370401） 台岛
包装种类（22） 纸制或纤维板制品/箱	件数 370	毛重（千克） 670	净重（千克） 630	成交方式（3） FOB	运费 保费 录费

随附单证及编号	
标记喻码及备注 备注：N/M	

项号	商品编号	商品名称及规格型号	数量及单位	单价/总价/币制	原产国（地区）	最终目的国（地区）	境内货源地	征免
1	9620001000 三脚架 1|0|用于照相机、摄像机及相关小型设备的支撑卡 古能辉curkoci	100千克 100件	15.0000 1500.00 美元	中国（CHN）	日本（JPN）	（41909）河南其他 照章征税（1）	
2	7324900000 不锈钢置物架 1|0|卫生间用|不锈钢|汉摆安|富爱林 feojo	260千克 200件	11.0000 2800.00 美元	中国（CHN）	日本（JPN）	（41909）河南其他 照章征税（1）	
3	6402200000 浴室拖鞋 1|0|人字拖|EVA|EVA|中桂塑制|乐益牌LELI|HH003	60千克 200双 200双	2.0000 400.00 美元	中国（CHN）	日本（JPN）	（41909）河南其他 照章征税（1）	
4	6108310000 女式针织棉制睡衣套装 1|0|针织|睡衣套装|女式|棉100%|猫人牌 Mi10|XJM6166	300件 90千克 300件	10.0000 3000.00 美元	中国（CHN）	日本（JPN）	（41909）河南其他 照章征税（1）	
5	6601990000 直杆伞 1|0|防雨遮风遮阳|手撑|天堂伞paradise|HH005	120千克 200把 200把	6.5000 1300.00 美元	中国（CHN）	日本（JPN）	（41909）河南其他 照章征税（1）	

特殊关系确认：否	价格影响确认：否	支付特许权使用费确认：否	公式定价确认：否	暂不定价确认：否	自报自缴：是

报关人员	报关人员证号	电话	兹申明以上内容承担知实申报、依法纳税之法律责任	海关批注及签章
申报单位（91370211MA3TP9DD20）青岛开源进出口报关有限公司			申报单位（签章）	

图 4-32　出口报关单整合申报"单一窗口"数据录入后的核对单截图（部分）

在录入申报数据后，还需上传随附单据。如果"报关单类型"选择"通关无纸化"，"进（出）口报关单整合申报"的顶部导航栏的"随附单据"将会点亮，此时可以开始上传随附单据。在"随附单据文件类别"下拉框中选择所需上传的文件即可（如果选择电子代理报关委托协议，将会在"随附单据编号"后侧自动弹出"自动生成代理报关委托协议"，其编号会自动返填至"随附单据编号"中，如图4-33所示）。

图 4-33　"单一窗口"随附单据上传操作界面

（2）查询舱单数据

在申报出口报关单之前，需查询舱单，确保数据统一和后续程序顺利完成。查询结果如图4-34所示。

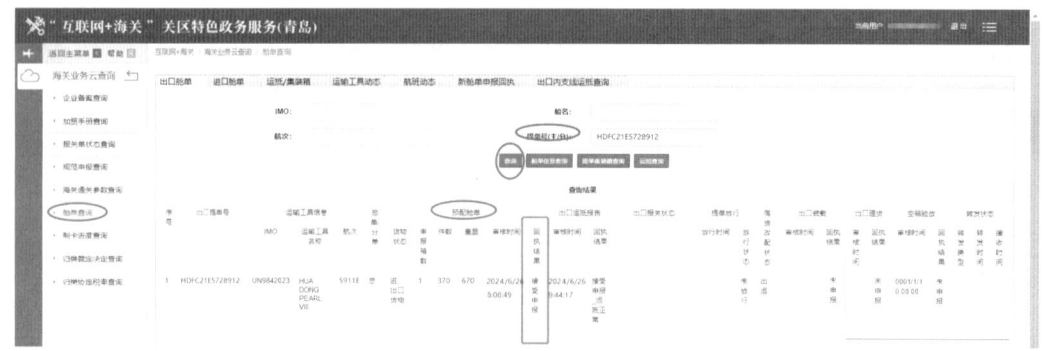

图4-34 舱单查询操作界面及查询结果

（3）申报出口报关单

纪元阳在核对暂存的报关单、舱单数据正确无误后，点击了右上角的"申报"按钮，申报出口报关单。

3. 出口报关单放行（或查验）、结关

申报后，纪元阳查询报关单的回执状态、回执详细信息及报关状态等信息（如图4-35所示），最终状态为"放行"。

图4-35 "单一窗口"出口申报后"报关数据查询"状态操作界面

报关单放行后，纪元阳查询到了出口运抵报告，这表明实货将被放行。当运输工具离境后，出口报关单将自动结关。

智关强国

跨境电商新政实施

为贯彻党中央、国务院关于加快跨境电商新业态发展以及中央经济工作会议关于拓展跨境电商出口的部署，认真落实党的二十届三中全会精神，进一步促进跨境电商高质量发展，海关总署就优化跨境电商出口监管措施发布公告，自2024年12月15日起施行。

一、取消跨境电商出口海外仓企业备案

开展跨境电商出口海外仓业务的企业，无须向海关办理出口海外仓业务模式备案，不再执行海关总署公告2020年第75号中"三、企业管理"项下第二款"开展出口海外仓业务的跨境电商企业，还应当在海关开展出口海外仓业务模式备案"的要求。企业在申报环节仍需向海关传输订仓单电子数据，并对真实性负责。

二、简化出口单证申报手续

跨境电商零售出口和企业对企业出口清单申报前，跨境电商企业或其代理人、物流企业应当分别通过国际贸易"单一窗口"或跨境电商通关服务平台向海关传输交易、物流等电子信息，无须传输收款单电子信息，并对数据真实性承担相应法律责任。

三、扩大出口拼箱货物"先查验后装运"试点

在上海、杭州、宁波、厦门、青岛、郑州、武汉、长沙、广州、黄埔、成都、西安海关12个直属海关开展出口拼箱货物"先查验后装运"监管模式试点。允许跨境电商出口货物以散货形式进入海关监管作业场所（场地），先行接受海关查验，然后再根据实际需求灵活拼箱装运。海关监管作业场所（场地）需建立货物入场、上架、装箱以及海关监管作业场所（场地）至口岸的物流运输等各环节信息实时采集系统，实现全流程信息化管理，并与海关联网实时传输相应数据。

四、推广跨境电商零售出口跨关区退货监管模式

在北京、天津、大连、哈尔滨、上海、南京、杭州、宁波、合肥、福州、厦门、南昌、青岛、郑州、长沙、广州、深圳、黄埔、成都、乌鲁木齐海关20个直属海关开展跨境电商零售出口跨关区退货监管模式试点。允许跨境电商零售出口（9610模式）退货商品跨直属关区退货，退货商品应当退至开展跨境电商零售出口业务的海关监管作业场所（场地）。开展跨境电商零售出口跨关区退货业务的企业应规范经营，具备企业生产作业系统数据并向海关开放或与海关信息化系统对接。

资料来源：海关总署公告2024年第167号，有删改

知识链接

跨境电商出口相关知识

一、跨境电商"9710""9810"的通关便利化措施

1. 报关全程信息化

企业通过"单一窗口"或"互联网+海关"网上传输交易订单、海外仓订仓单等电子信息，且全部以标准报文格式自动导入，报关单和申报清单均实现无纸化，简化企业申报手续。

2. 新增便捷申报通道

对单票金额在人民币5000元（含）以内且不涉证、不涉检、不涉税的货物，可通过跨境电商出口统一版系统以申报清单的方式进行通关，申报要素比报关单减少，清单无须汇总报关单，让中小微出口企业申报更为便捷，通关成本进一步降低。

3. 综合试验区简化申报

参照综合试验区所在地海关开展跨境电商零售出口（9610）简化申报的做法，在综合试验区所在地海关申报符合条件的"9710""9810"清单，可申请按照6位HS编码简化申报。（简化申报不能退税）

4. 物流和查验便利

跨境电商B2B出口货物可按照"跨境电商"类型办理转关，通过H2018系统通关的，同样适用全国通关一体化。企业可根据自身实际选择时效更强、组合更优的方式运送货物，同时可享受优先查验的便利。

二、报关单改单、撤单情况处理

1. 报关单改单、撤单主要情形

（1）出口货物放行后，由于装运、配载等原因造成原申报货物部分或者全部退关、变更交通运输工具的；

（2）进出口货物在装载、运输、储存过程中发生溢短装，或者由于不可抗力造成灭失、短损等，导致原申报内容与实际货物不符的；

（3）由于办理税收、加工贸易、保税、检验检疫等海关手续以及其他经海关确认需要修改或者撤销报关单的；

（4）根据贸易惯例先行采用暂时价格成交、实际结算时按商品检验品质认定或者国际市场实际价格付款方式需要修改报关单的；

（5）已申报进口货物办理直接退运手续，需要修改或者撤销原进口货物报关单的；

（6）由于计算机、网络系统等技术原因导致电子数据申报错误的。

2. 改单、撤单案例及操作流程

案例概况：货物已清关放行，委托人临时告知取消出货计划，需要将已运抵海关监管场所的货物退回深圳厂家。

操作流程：

（1）向海关发起撤销清单总分单的申请；

（2）清单总分单状态转为人工审核；

（3）现场操作人员提供情况说明去海关人工处理；

（4）海关人工审核处理后，清单总分单状态转为已删除；

（5）将此票提单项下的所有清单向海关发起撤销申请；

（6）所有清单状态转为人工审核；

（7）现场操作人员去海关人工处理；

（8）海关人工处理后，所有清单状态转为退单，撤单即为结束；

（9）将货物退回深圳厂家。

三、跨境电商出口海外仓

1. 海外仓的含义

根据《跨境电子商务海外仓运营管理要求》（GB/T 43291—2023），跨境电子商务海外仓（简称"海外仓"）是指根据跨境电子商务业务需要，在境外设立，为客户提供收货、储存、出货等订单履约及增值服务的物流节点。跨境卖家将商品批量运输到目标市场，在当地建立仓库来存储商品，并直接在目标市场国家（地区）进行货物分拣、包装和派送的一站式控制与管理服务，从而实现当地销售，本地配送。跨境电商企业借助海外仓，可以第一时间响应境外的顾客需求，达到缩短订单周期，提升用户购买体验的效果。同时，当需要处理买家退货时，海外仓的存在也可以帮助企业快速完成退货流程，避免当地退货政策限制带来的货品审查风险。

2. 海外仓的类型

（1）海外仓三种模式的含义

根据国家税务总局2024年8月发布的《跨境电商出口海外仓出口退（免）税操作指引》，按海外仓库类型区分，目前跨境电商出口海外仓业务主要分为平台海外仓模式、第三方海外仓模式、自建海外仓模式三种。这三种模式各有优劣，处在不同阶段的卖家可以根据自己的实际情况，选择最适合自己的海外仓。

平台海外仓模式。它泛指依托以亚马逊为主要代表的跨境电商服务平台建立的仓储配送体系，在提供传统的电子商务销售平台的同时，还提供一系列的跨境电商物流辅助服务。比如，亚马逊的FBA仓库，提供仓储、拣货、打包、派送、收款、客服与退货处理等一条龙服务。亚马逊FBA模式投入低、操作简单，亚马逊品牌效应也有利于商品的推广，因此吸引了一大批跨境电商企业的入驻。但亚马逊严格的流程管理，对商品的尺寸、重量、类别等的高要求，提高了入驻门槛，而且相对较高的仓储配送费用也使跨境电商企业需要斟酌其中的利弊。

第三方海外仓模式。它是指由第三方企业（多数为物流服务商）建立并运营的海外仓，并且融合了FBA海外仓和自营海外仓模式，既可以为跨境电商卖家提供相应运输物流服务，也可以依托海外仓库提供仓储管理服务。我们也可以将其理解为跨境电商出口企业将整个物流、仓储过程都外包给了第三方物流公司。这种模式可以提供多家跨境电商企业的清关、入库质检、接收订单、商品分拣、配送等服务。通过第三方海外仓模式，第三方企业可以帮助跨境卖家打通国际贸易的壁垒。

自建海外仓模式。它是指跨境电商企业在销售目的国（地区）自己建立海外仓库，自己负责完成或掌握头程运输、仓储管理和尾程配送这三个环节。选择自建海外仓的跨境电商企业大多因为其贸易或产品特性不能满足 FBA 模式的限制条件，对第三方海外仓的服务水平不够信任，且相信自身的管理水平。所以很多企业都选择在拥有一定实力后使用不受限制的自建海外仓模式。其个性化的仓储物流方案以及本土化的经营，能够更加贴近当地的客户，增强客户的信赖程度，提升电商品牌的知名度。

经营自建海外仓就如同经营一家境外公司，除了经营公司的风险，还包括物流、海关、税收等各个环节和因素的影响。当海外仓管理的出货量达不到一定的规模，使得单位商品成本居高不下，可能会导致跨境电商企业发生亏损、经营困难。

正因为自建海外仓的前期投入大，从而导致风险高，因此有些公司将三种海外仓模式进行了融合，仓库以租代建，自己管理库存和物流，而销售端则选择自建平台或者与销售地大型本土电商进行合作。这种模式既规避了高额的前期投入风险，也能够灵活提供商品、仓储和物流方案，但由于公司是对供应链进行全流程管理，因此对货物的仓储和物流成本的控制成为其管理的重点。

（2）海外仓三种模式优缺点对比（见表4-14）

表4-14　海外仓三种模式优缺点对比

模式	优点	缺点
平台海外仓模式	1. 提升 Listing（产品页面）排名，提升客户的信任度，提高销售额； 2. 物流配送方便快捷，时效性高； 3. 提升客户服务体验	1. 费用总体比较高； 2. 客服不到位，灵活性差； 3. 货物入库容易受到前期影响； 4. 退货受到限制
第三方海外仓模式	1. 提高单件商品利润率； 2. 稳定的供应链有助于增加商品销量； 3. 有助于卖家扩大销售品类； 4. 有效降低了物流管理成本； 5. 提升卖家的好评度	1. 货物容易积压、滞销； 2. 货物物流监控存在困难； 3. 本土化服务和团队管理存在障碍
自建海外仓模式	1. 更加灵活，公司自主掌控系统操作和管理； 2. 可以为客户提供更多商品，提升客户服务体验； 3. 提高物流的配送效率； 4. 退换货服务更具竞争力； 5. 增加多元化管理运营的经验	1. 不能满足客户的个性化需求； 2. 风险和成本增加； 3. 多元化员工管理困难； 4. 配送成本较高； 5. 需要更专业的综合技能人才支持

3. 海外仓管理便利措施

（1）报关全程信息化

企业通过中国国际贸易"单一窗口"或"互联网+海关"一体化网上办事平台传输交易订单、海外仓订仓单等电子信息，且全部以标准报文格式自动导入，报关单和申报清单均以无纸化进行，简化了企业申报手续。

（2）新增便捷申报通道

对单票金额在人民币 5000 元（含）以内且不涉证、不涉检、不涉税的货物，可通过跨境电商出口统一版系统以申报清单的方式进行通关，与报关单相比，申报要素减少，清单无须汇总报关单，让中小微出口企业申报更为便捷，通关成本进一步降低。

（3）综试区简化申报

参照综试区所在地海关开展跨境电商零售出口（9610）简化申报的做法，在综试区所在地海关申报符合条件的"9710""9810"清单，可申请按照 6 位 HS 编码简化申报。

（4）物流和查验便利

跨境电商 B2B 出口货物可按照跨境电商类型办理转关，通过 H2018 系统通关的，同样适用全国通关一体化。企业可根据自身实际选择时效更强、组合更优的方式运送货物，同时可享受优先查验的便利。

课后习题

一、单选题

1. "9610"模式出口的业务单证中，最后申报的单证是（　　）。

A. 订单　　　　　　B. 运单　　　　　　C. 清单总分单　　　　　　D. 清单

2. "1210"模式出口报关单填制时，境内发货人应该填（　　）。

A. 电商企业　　　　B. 物流企业　　　　C. 仓储企业　　　　　　D. 生产企业

3. 跨境电商出口海外仓的监管代码是（　　）。

A. 9610　　　　　　B. 1210　　　　　　C. 9710　　　　　　　　D. 9810

4. "9610"模式出口的业务单证中，最早向海关申报的单证是（　　）。

A. 订单　　　　　　B. 运单　　　　　　C. 清单总分单　　　　　　D. 清单

5. "9710"模式适用于（　　）形式。

A. B2C 零售　　　　B. B2B 直接出口　　C. 国内零售　　　　　　D. 出口至海外仓

6. 跨境电商出口中订单、运单、清单的数量关系是（　　）。

A. $1:1:1$　　　　B. $1:1:n$　　　　　C. $n:1:1$　　　　　　D. $1:n:1$

二、多选题

1. 企业在跨境电商出口中可选择的申报模式有（　　）。

A. 清单申报　　　　B. 报关单申报　　　C. 清单汇总申报　　　　D. 清单直接核放

2. 适用"9810"清单模式申报的，要满足（　　）条件。

A. 货值低于人民币 5000 元　　　　　　B. 货物不涉证

C. 货物不涉检　　　　　　　　　　　　D. 货物不涉税

3. 跨境电商零售出口的"三单"信息包括（　　）。

A. 订单　　　　　　B. 运单　　　　　　C. 支付单　　　　　　　D. 清单

4. "9810"模式的适用场景包括（　　）。

A. 批量出口至海外仓　　　　　　　B. 零散包裹直接出口

C. 跨境电商零售　　　　　　　　　D. 海外仓存储后零售

5. 使用"1210"监管方式，企业需完成的主要操作包括（　　　）。

A. 物流账册申请　　　　　　　　　B. 核注清单申报

C. 出区核放单申报　　　　　　　　D. 境外仓储备案

6. 由电商企业申报的业务单证是（　　　）。

A. 订单　　　　　　B. 清单　　　　　　C. 汇总申请单　　　　　　D. 支付单

三、判断题

1. 跨境电商出口申报中，只有在订单、运单、支付单、清单申报通过后，才能申报运抵单。（　　　）

2. 跨境电商零售进出口商品在申报前，跨境电商企业或其代理人、物流企业应当如实向海关传输"三单"信息。"三单"信息是指报关单、支付和物流电子信息。（　　　）

3. 跨境电商零售出口申报中，由物流企业向海关申报运抵单。（　　　）

4. 申报企业承担向海关所申报及传输电子数据的法律责任，要确保所传输电子数据的有效性和可靠性，并需要统一使用电子签名。（　　　）

5. 跨境电商"9610"模式中，在综合试验区所在地海关通过跨境电商出口统一版系统申报，符合条件的可以按6位HS编码简化申报。（　　　）

能力实训

日本 ELEVEN Co.，Ltd 公司与青岛海淘在跨境电商平台 eBay 达成一笔出口订单交易，交易订单编号：eBay123456。ELEVEN Co.，Ltd 采购了发夹 100 箱、铅笔 300 箱、护膝 250 箱、健腹轮 100 箱、LED 灯 200 箱、U 形颈枕 300 箱，合计 1250 箱。青岛海淘电子商务有限公司（3702W6123V）以电商企业主体的身份委托青岛开源进出口报关有限公司（3702W1111W）以报关单模式向海关申报。报关单放行后，装载以上货物的 1＊20GP 集装箱，通过水路运输，出口至日本 ELEVEN Co.，Ltd 公司。请根据背景单证资料（详情见配套教学资源 XXY4-3），完成出口报关单制作。

项目五

跨境电商进出口税费征缴与计算

学习目标

【知识目标】

1. 对比跨境电商进出口税收新旧政策，熟知现行跨境电商征税标准；
2. 区分跨境电商不同种类的税种；
3. 理解商品的计税价格、原产地规则、跨境电商综合税税率公式的推导；
4. 知晓跨境电商出口退（免）税政策和适用条件、办理流程。

【技能目标】

1. 能确定跨境电商商品的计税价格；
2. 能查询跨境电商商品的关税、增值税、消费税的税率；
3. 能查询跨境电商综合税税率并计算其税额；
4. 能计算跨境电商出口退税；
5. 能处理跨境电商出口退（免）税过程中的异常情况。

【素质目标】

1. 培养学生诚实守信、合规申报的职业底线；
2. 培养学生的风险意识和法治意识；
3. 培养学生的沟通协作和团队合作能力。

思维导图

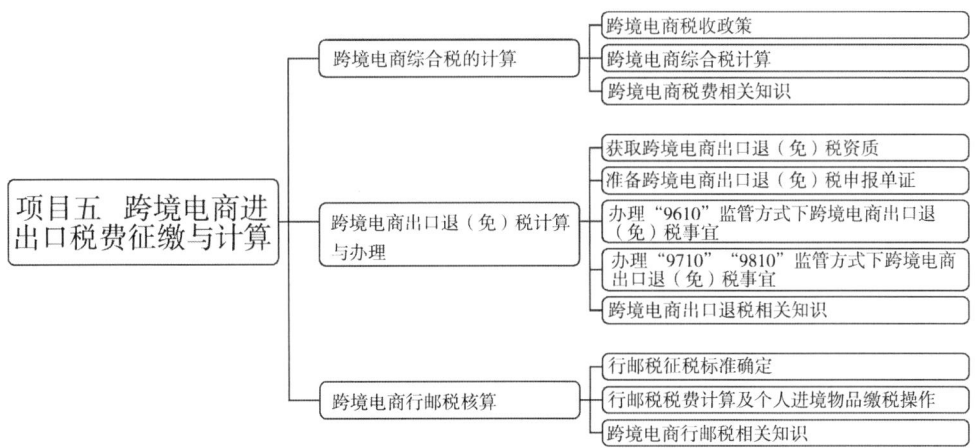

项目导入

　　跨境电商作为"互联网+跨境贸易+制造"的新行业形态发展迅猛，对传统税收制度造成了一定冲击。为规范跨境电商行业健康发展，国家出台了《关于跨境电子商务零售出口税收政策的通知》（财税〔2013〕96号）、《关于跨境电子商务零售进口税收政策的通知》（财关税〔2016〕18号）等多部关于跨境电商零售进出口商品的涉税政策。

　　跨境电商进出口货物税费是商品成本的构成要素之一，影响商品价格的竞争力和交易的利润率，以及企业的税收合规风险程度。因此，为有效防范税收风险，企业有必要正确掌握跨境电商零售进出口业务的税务处理方式，跨境电商关务人员应该掌握跨境电商进出口税收政策和税费计算方法，从而帮助企业进行税务筹划，提高企业的经济效益。

　　针对货物或物品，海关一般征收进出口关税和进口环节海关代征增值税与消费税、综合税和行邮税。但按照现行政策，为促进跨境电商新业态进一步发展，跨境电商进出口货物在符合国家政策规定的前提下，可以享受更优惠的税收政策。一般情况下，跨境电商零售进口货物税收包括关税、增值税与消费税 3 种，根据《关于跨境电子商务零售进口税收政策的通知》（财关税〔2016〕18 号）和《关于完善跨境电子商务零售进口税收政策的通知》（财关税〔2018〕49 号），跨境电商零售进口货物的税收政策适用于综合税，跨境电商出口货物适用增值税、消费税退（免）税政策。

　　本项目将结合本书【代表性业务 1】【代表性业务 2】的"1210"保税进口和"9610"直购进口的具体业务情况，重点介绍跨境电商进口综合税的税收政策以及计算方式，同时介绍（跨境电商）出口退税相关政策及计算方式。

任务 5-1　跨境电商综合税的计算

　　跨境电商综合税是对跨境电商交易商品征收的一种综合性税费，对跨境电商进口商品实行关税、进口增值税、消费税三税并征，税率一般低于同类进口货物的综合税率。

　　本书【代表性业务 1】的货物属于海关监管方式"1210"下的保税备货进口货物，【代表性业务 2】的货物属于海关监管方式"9610"下的直购进口货物，均征收跨境电商综合税。

一、掌握和运用跨境电商税收政策

1. 掌握跨境电商税收政策

　　财政部、海关总署、国家税务总局发布的《关于完善跨境电子商务零售进口税收政策的通知》（财关税〔2018〕49 号）对《关于跨境电子商务零售进口税收政策的通知》（财关税〔2016〕18 号）进行了修改，主要内容为：

　　（1）将跨境电子商务零售进口商品的单次交易限值由人民币 2000 元提高至 5000元，年度交易限值由人民币 20000 元提高至 26000 元。

　　（2）计税价格超过 5000 元单次交易限值但低于 26000 元年度交易限值，且订单下仅一件商品时，可以自跨境电商零售渠道进口，按照货物税率全额征收关税和进口环节增值税、消费税，交易额计入年度交易总额，但年度交易总额超过年度交易限值的，应按一般贸易管理。

（3）已经购买的电商进口商品属于消费者个人使用的最终商品，不得进入国内市场再次销售；原则上不允许网购保税进口商品在海关特殊监管区域外开展"网购保税+线下自提"模式。

（4）其他事项继续按照财关税〔2016〕18号有关规定执行。

（5）为适应跨境电商发展，财政部会同有关部门对《跨境电子商务零售进口商品清单》进行了调整。

2. 界定跨境电商综合税适用范围

（1）所有通过与海关联网的电子商务交易平台交易，能够实现交易、支付、物流电子信息"三单"比对的跨境电商零售进口商品；

（2）未通过与海关联网的电子商务交易平台交易，但快递、邮政企业能够统一提供交易、支付、物流等电子信息，并承诺承担相应法律责任进境的跨境电商零售进口商品。

不属于跨境电商零售进口的个人物品以及无法提供交易、支付、物流等电子信息的跨境电商零售进口商品，按现行规定执行。

3. 明确跨境电商综合税纳税人和计征方法

购买跨境电商零售进口商品的个人作为纳税人，电子商务企业、电子商务交易平台企业或物流企业可作为代收代缴义务人。

跨境电商综合税的计征方法为从价计征。

二、计算限值内跨境电商综合税税额

本任务首先要确定所购跨境电商商品价值在规定的限值以内，在此基础上再计算跨境电商综合税。由于跨境电商综合税是关税、进口增值税、消费税三税并征，因此适用最常用的税收计算公式：应纳税额＝税基×税率。根据海关相关规定，跨境电商综合税的税基为计税价格，由此推出：

跨境电商综合税税额＝计税价格×跨境电商综合税税率

1. 确定计税价格

计税价格（dutiable value）是指海关在计征关税时使用的价格。进口货物的计税价格，由海关以该货物的成交价格为基础确定，并且应当包括货物运抵中华人民共和国境内输入地点起卸前的运输及其相关费用、保险费。进口货物的成交价格，是指卖方向中华人民共和国境内销售该货物时买方为进口该货物向卖方实付、应付的，并且按照《中华人民共和国海关确定进出口货物计税价格办法》的规定调整后的价款总额，包括直接支付的价款和间接支付的价款。

出口货物的计税价格由海关以该货物的成交价格为基础确定，并且应当包括货物运至中华人民共和国境内输出地点装载前的运输及其相关费用、保险费。出口货物的成交价格，是指该货物出口销售时，卖方为出口该货物应当向买方直接收取和间接收取的价款总额。

根据《关于跨境电子商务零售进口税收政策的通知》（财关税〔2016〕18号），跨境电商综合税的计税价格为电商平台的实际交易价格（包括货物零售价格、运费和保险费），其中运保费包含境内外相关的运保费。用以下公式表达为：

计税价格＝购买单价×件数

需要注意的是，购买时使用的优惠券抵扣额并不能扣减商品的计税价格。

2. 计算限值内跨境电商综合税率

根据《国家税务总局 海关总署关于进口货物征收增值税、消费税有关问题的通知》（国税发〔1993〕155 号），纳税人进口货物，按照组成计税价格和规定的税率计算应纳税额。在实行从价定率办法的前提下，计算公式如下：

应纳税额＝组成计税价格×税率
组成计税价格＝关税计税价格+关税税额+消费税税额

从上面的公式可以推导出，一般贸易进口货物的综合税率在不征消费税的情况下，其计算公式为：

一般贸易进口货物综合税率＝进口关税税率+增值税税率+进口关税税率×增值税税率

在应征消费税的情况下，其计算公式为：

一般贸易进口货物综合税率＝（进口关税税率+消费税税率+增值税税率+进口关税税率×增值税税率）÷（1−消费税税率）

依照《关于跨境电子商务零售进口税收政策的通知》（财关税〔2016〕18 号），在限值以内进口的跨境电商零售进口商品，关税税率暂设为 0%；进口环节增值税、消费税取消免征税额，暂按法定应纳税额的 70% 征收。由此可以得出：

在征收消费税的情况下，跨境电商综合税税率＝〔（消费税率+增值税率）÷（1−消费税率）〕×0.7
在不征收消费税的情况下，跨境电商综合税税率＝增值税率×0.7

增值税、消费税的具体税率可依据确定的商品编码，通过查询当年出版的《中国海关报关实用手册》《进出口税则对照使用手册》或者通过海关总署、通关网申报要素界面进行查询。

3. 计算限值内跨境电商综合税税额

在确定计税价格并根据是否征收消费税确定跨境电商综合税税率之后，利用公式"跨境电商综合税税额＝计税价格×跨境电商综合税税率"则可以计算应纳的跨境电商综合税税额。

操作示范

限值内跨境电商综合税税额的计算示例：

以【代表性业务 2】海关监管方式"9610"下的直购进口货物为例，境内个人消费者刘东和李莉通过青岛海淘的跨境电商平台购买了原产于日本的雅诗兰黛洁面乳

（125mL／支）和皇后的秘密保湿面膜（5 片／盒），具体数据如表 5-1 所示，请计算李莉和刘东各自应该缴纳的跨境电商综合税税额。

表 5-1 李莉和刘东的购买清单

订单编号	消费者姓名	商品名称	规格型号	数量	支付金额
4825849528944320168	刘东	皇后的秘密保湿面膜（Quality First）	5 片／盒	1	788 元
4825849528944320167	李莉	雅诗兰黛洁面乳（Estee Lauder）	125mL／支	1	205 元

计算步骤如下：

第一步，确定商品的计税价格以及是否在现行政策的限值以内。

根据计税价格＝实际交易价格（包括零售价格、境外境内的运保费），可以确认"皇后的秘密保湿面膜"的计税价格为 788 元，"雅诗兰黛洁面乳"的计税价格为 205 元。

通过查询，确认两位消费者年度跨境电商个人额度未超过 26000 元，单次购买金额未超过 5000 元，而且该商品属于计税价格未超过 5000 元限值的单个不可分割商品，因此确定其计税价格分别为 788 元和 205 元。

第二步，确定"皇后的秘密保湿面膜"和"雅诗兰黛洁面乳"两项商品的商品编号。

根据前文商品归类的流程，可以确定"皇后的秘密保湿面膜"属于"包装标注规格为'片'或'张'的其他美容品或化妆品及护肤品"，其商品编码为 3304990049；"雅诗兰黛洁面乳"属于"包装标注含量以体积计的其他美容品或化妆品及护肤品"，其商品编码为 3304990039。

第三步，查询该商品的关税、增值税和消费税税率，并计算出跨境电商综合税税率。

登录海关总署官网查询界面，输入商品编码 3304990049，可以得知，"皇后的秘密保湿面膜"进口最惠国税率为 1%，如图 5-1 所示。由于日本是世界贸易组织成员，进口关税适用进口最惠国税率，因此，关税税率为 1%。

图 5-1 "皇后的秘密保湿面膜"关税、消费税、增值税税率查询截图

同时查询到"皇后的秘密保湿面膜"进口计税价格在 10 元/毫升（克）或 15 元/片（张）及以上时的消费税税率为 15%"，增值税税率为 13%，由于该面膜每盒 5 片，每盒价格为 788 元，每片价格则为 157 元，属于 15 元/片（张）及以上的范畴，因此，消费税税率为 15%，增值税税率为 13%。

同样地，还可以查询到"雅诗兰黛洁面乳"的关税、消费税、增值税率，如图5-2所示。

图5-2 "雅诗兰黛洁面乳"的关税、消费税、增值税查询截图

然后，根据跨境电商综合税税率公式计算出本商品的跨境电商综合税税率。由于"皇后的秘密保湿面膜"需要缴纳消费税，因此适用征收消费税的公式。

$$\begin{aligned}
跨境电商综合税税率 &= [（消费税率+增值税率）\div（1-消费税率）] \times 0.7 \\
&= [（15\%+13\%）\div（1-15\%）] \times 0.7 \\
&= （0.28\div0.85）\times 0.7 \\
&= 23.06\%
\end{aligned}$$

商品"雅诗兰黛洁面乳"的进口计税价格为 205 元，根据"计税价大于等于10000元，消费税税率为 15%；计税价小于 10000 元，消费税税率为 0"的标准，"雅诗兰黛洁面乳"不需要缴纳消费税，只需要缴纳 13% 的增值税。其计算公式是：

$$\begin{aligned}
跨境电商综合税税率 &= 增值税率 \times 0.7 \\
&= 13\% \times 0.7 = 9.1\%
\end{aligned}$$

第四步，根据公式计算跨境电商综合税税额。

商品"皇后的秘密保湿面膜"应该缴纳的跨境电商综合税税额为：

$$\begin{aligned}
跨境电商综合税税额 &= 计税价格 \times 跨境电商综合税税率 \\
&= 788 \times 23.06\% = 181.71 元
\end{aligned}$$

商品"雅诗兰黛洁面乳"应缴纳的跨境电商综合税税额为：

$$\begin{aligned}
跨境电商综合税税额 &= 计税价格 \times 跨境电商综合税税率 \\
&= 205 \times 9.1\% = 18.65 元
\end{aligned}$$

由于跨境电商不设置免征额，因此，刘东购买的"皇后的秘密保湿面膜"需要缴纳跨境电商综合税为181.71元，李莉购买的"雅诗兰黛洁面乳"应缴纳18.65元的跨境电商综合税。

跨境电商税费相关知识

海关税收是海关代表国家对进出境货物、物品、运输工具所征收的税，主要包括关税、进口环节代征增值税、消费税和船舶吨税等。

一、关税

关税是由海关代表国家，按照国家制定的关税政策、进出口税则，对进出境的货物和物品征收的一种流转税和间接税。关税的征收主体是国家，由海关代表国家向纳税人征收，基本作用是体现国家主权，推动国家的经济建设。

关税的征收对象是准许进出口的货物、进出境的物品。关税的纳税人是进口货物的收货人、出口货物的发货人、进境物品的携带人或者收件人。从事跨境电商零售进口的电商平台经营者、物流企业和报关企业，以及法律、行政法规规定负有代扣代缴、代收代缴关税税款义务的单位和个人，是关税的扣缴义务人。

出口关税目的是控制过度、无序出口，保护国内重要资源。出口税率中暂定税率优先。

出口从价关税 = FOB÷（1+出口关税税率）×出口关税税率

出口从量关税 = 货物数量×单位税额

二、进口环节增值税

组成计税价格 = 关税计税价格 + 关税税额 + 消费税税额

应纳增值税税额 = 组成价格×增值税税率

= （计税价格+关税税额+消费税税额）×增值税税率

三、进口环节消费税

进口环节消费税是海关针对进口环节的部分商品征的税收，以消费品或消费行为的流转额为课税对象，采用价内税计税，根据实际情况按照从价、从量和复合税方式进行计征。

应纳进口环节消费税税额 = （计税价格+关税税额）÷（1−消费税税率）×消费税税率

1. 从价定率征收

组成计税价格 = （计税价格+关税税额）÷（1-消费税税率）

应纳税额 = 组成计税价格×消费税税率

= （计税价格+关税税额）×消费税税率÷（1-消费税税率）

2. 从量定额征收

应纳税额 = 应征消费税消费品数量×单位税额

3. 复合征税

应纳税额 = 应征消费税消费品数量×单位税额+组成计税价格×消费税税率

四、进口货物计税价格的确定

进口货物计税价格应是"到岸价"，包括起卸前的保险费、运输及相关费用（如装卸费、搬运费等）。根据《中华人民共和国海关确定进出口货物计税价格办法》的规定，确定货物计税的方法有六种，分别是：成交价格法、相同货物成交价格估价方法、类似货物成交价格估价方法、倒扣价格估价方法、计算价格估价方法、合理方法。本书重点讲解成交价格方法。

成交价格是指调整后的实付或应付价格，不同于发票或合同价格，它还包括间接支付给卖方的价款。使用成交价格法要注意以下事项：

1. 买方对进口货物的处置或使用不受限制，如限定用途、指定转售方等。但国内法律、行政法规规定的限制和对货物转售地域的限制，以及对货物价格无实质影响的限制除外。

2. 货物的价格不得受到使该货物成交价格无法确定的条件或因素的影响，如搭售行为。

3. 卖方不得直接或间接获得因买方转售、处置或使用进口货物而产生的任何收益，除非能够按照有关规定作出调整。

4. 买卖双方之间没有特殊关系，如确有，应以不对成交价格产生实质性影响为前提。

同时，还需考虑成交价格法的调整因素，其中：

计入因素包括购货佣金以外的佣金和经纪费（向采购代理人支付的购货佣金，不计入计税价格中）；与进口货物视为一体而又未纳入价格中须由我方负担的容器费用；包装材料和包装劳务费用；由我方直接或间接免费提供或低于成本价销售给卖方或有关方、未包括在实付或应付价格之中、可按适当比例分摊的协助价值如工、磨具，材料，工程设计，境外技术开发等；不是作为货物价格一部分的特许权使用费，如商标使用费、专有/利技术使用费等；返回给卖方的转售收益。

扣减因素包括机械、设备等进口后的安装、调试、维修和技术服务费（售后服务的费用而非货物进口费用）；货物起卸后的运保费等相关费用（国内部分）；进口关税、进口环节税和国内税；境内发生的技术培训费、境外考察费、进口货物境内复制费；单独列明、有融资协议、不高于一般金融市场利率水平的利息。

五、出口货物计税价格的确定

出口货物的计税价格以 FOB 价格为基础，扣除关税。扣减因素包括出口关税，装船后发生的运输费、保险费，卖方自己承担的佣金等。其计算公式如下：

$$计税价格 = FOB - 出口关税$$
$$= FOB \div (1 + 出口关税率)$$

六、税率适用

进口税率设最惠国税率、协定税率、特惠税率、普通税率、关税配额税率等，一定期限内可实行暂定税率。不同税率适用范围如表 5-2 所示。

表 5-2　不同税率的适用范围

税率类别	适用范围
最惠国税率	原产于共同适用最惠国待遇条款的世界贸易组织成员的进口货物，原产于与中华人民共和国缔结或者共同参加含有相互给予最惠国待遇条款的国际条约、协定的国家或者地区的进口货物，以及原产于中华人民共和国境内的进口货物
协定税率	原产于与中华人民共和国缔结或者共同参加含有关税优惠条款的国际条约、协定的国家或者地区且符合国际条约、协定有关规定的进口货物
特惠税率	原产于中华人民共和国给予特殊关税优惠安排的国家或者地区且符合国家原产地管理规定的进口货物
普通税率	上述国家或地区以外的进口货物、原产地不明的进口货物
关税配额税率	实行关税配额管理的在关税配额内的进口货物
ITA 税率	列入《信息技术协议》范围内的信息技术产品

同时适用两种及以上税率的进口货物，需要从低适用的优先从低适用，需要优先执行暂定税率的优先暂定税率。货物最终适用税率情况如表 5-3 所示。

表 5-3　适用多种税率进口货物的最终适用税率

适用税率情形	最终适用税率
同时适用最惠国税率、进口暂定税率	适用进口暂定税率
同时适用最惠国税率、减征税率	优先适用减征税率
同时适用减征税率、协定税率、进口暂定税率、特惠税率	从低适用税率
同时适用普通税率的，有进口暂定税率的	适用普通税率
同时适用关税配额税率、其他税率	关税配额内，适用关税配额税率，配额内还设有暂定税率的，适用暂定税率；关税配额外，适用其他税率
同时适用 ITA 税率、其他税率	适用 ITA 税率

数字中国

RCEP 落地惠企，助推国际贸易合作新发展

海关数据显示，截至 2023 年 8 月 31 日，《区域全面经济伙伴关系协定》（RCEP）项下享惠进口货值 1213 亿元，减让税款 30.4 亿元，主要享惠进口商品为钢铁、塑料及其制品、有机化学品、机械器具及其零件等；享惠出口货值 4195 亿元，主要享惠出口商品为服装及衣着附件、塑料及其制品、皮革制品等。今年（2023 年）以来，RCEP 项下享惠进出口货值已分别达到 560 亿元和 1817 亿元，同比（下同）增长 53.6% 和 20.2%。

企业享惠数据快速增长的背后，是海关为外贸企业量身定做享惠方案，帮助企业研究吃透协议规则，充分运用政策红利，积极拓展海外市场。

协定利用整合产业"全球化"

作为 RCEP 最为重要的原产地规则之一，累积规则把商品生产中所使用的其他成员的原产材料视为本国原产材料，有力引导企业在同等条件下选用区内材料，强化区内产业链供应链高质量发展。

为帮助企业抢抓机遇，海关加大对企宣讲培训力度，做好 RCEP 政策解读和实施效果跟进，企业对累积规则的运用也越来越得心应手。2023 年 1—8 月，全国 652 家企业灵活运用累积规则为 1.5 万批次货物申领 RCEP 原产地证书，增长 48%。

政策引导便利企业"效益化"

背对背原产地证明制度是 RCEP 的一项创新举措，货物在保持原产资格不变的情况下，可在 RCEP 成员进行物流分拆集拼、重新包装贴标等操作，并分批运输至不同的 RCEP 成员享惠通关，为企业提供了全新的贸易思路，有利于企业更灵活地制定销售策略和物流安排。

2023 年 1—8 月，我国企业凭 RCEP 背对背原产地证书享惠进口货值 6855 万元，同比增长 16 倍。

通道发展开拓市场"辐射化"

RCEP 生效实施一年多以来，凭借更广泛的享惠货物清单、更有潜力的降税幅度，进一步为我国与东盟国家间的货物贸易释放了享惠政策红利，同时也为"西部陆海新通道"建设提供了新动力。

资料来源：海关总署官网

任务 5-2 跨境电商出口退（免）税计算与办理

操作分析

出口退税，全称出口货物退（免）税，是指在国际贸易业务中，对我国报关出口的货物退还在国内各生产环节和流转环节按税法规定缴纳的增值税和消费税，即出口环节免税且退还以前纳税环节的已纳税款。出口退（免）税政策对增强我国出口产品的国际竞争力、扩大出口、增加就业、保证国际收支平衡、增加国家外汇储备、促进国民经济持续快速健康发展发挥了重要作用。

跨境电商企业主要的出口退税方式一般有三种。一是出口退税，是指在出口环节免除增值税和消费税，并按规定的退税率返还之前纳税环节已缴纳的税款；二是出口免税不退税，也就是说货物在出口销售环节免除增值税和消费税，但不退还之前各环节已缴纳的税款，并需要转出以前环节抵扣的进项税；三是出口视同内销征税，是指货物在出口环节按内销方式缴纳增值税和消费税，不退还之前各环节已缴纳的税款，但纳税人可以抵扣之前环节的进项税。

目前，贸易企业出口退（免）税的基本流程如图 5-3 所示。

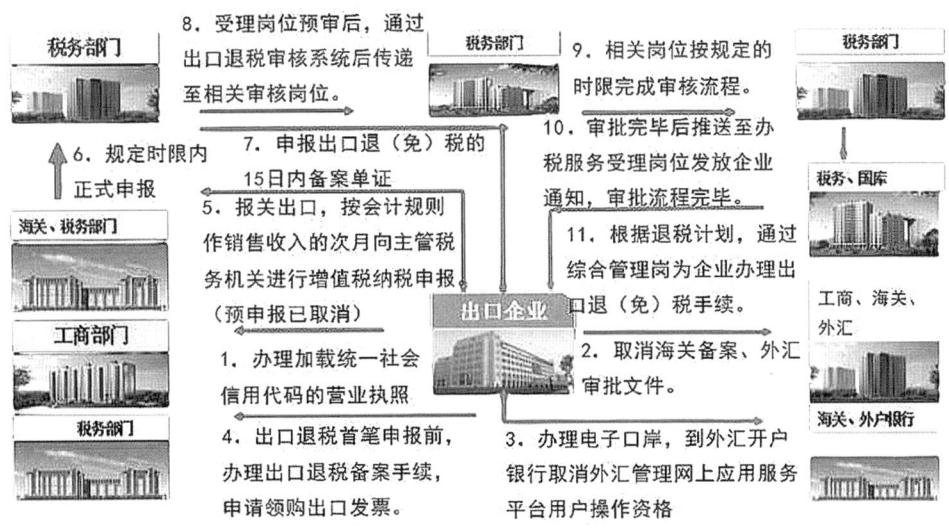

图 5-3 贸易企业出口退（免）税的基本流程

一、获取跨境电商出口退（免）税资质

1. 了解出口货物退（免）税需符合的条件

根据国家规定，在签订第一份委托出口协议之日起 30 天之内，出口公司应该准备好相关材料，到税务机关办理出口退（免）税资格认定。出口商只有具备了退（免）

税资格，才能进行退（免）税登记。出口企业向税务机关申请办理退（免）税的货物，必须同时具备以下条件：

（1）必须是增值税、消费税征收范围内的货物；

（2）必须是报关离境出口的货物；

（3）必须是在财务上作出口销售处理的货物；

（4）必须是已收汇并经核销的货物。

以上条件可以简单概括为应税货物、货物离境、已确认销售和收汇并核销完毕。如果是货物生产企业申请办理出口货物退税，需要特别注意的是，生产企业申请退税的货物还必须是生产企业的自产货物（外商投资企业经省级外经贸主管部门批准收购出口的货物除外）。

2. 确认出口货物退（免）税备案登记条件

出口退（免）税登记是我国对出口公司在具备出口经营权以后必须到税务机关办理书面登记的一项规定。它一般包括注册、变更、注销登记和年检，是我国所有出口企业办理出口退（免）税必不可少的一个过程。

出口商在办理出口退（免）税登记之前，首先应该审视自身企业是否满足经营出口产品业务、持有工商行政管理部门所发营业执照、具有法人地位且实行独立经济核算三个基本条件，只有满足以上条件，才能合法登记并获得出口退（免）税。退（免）税备案登记还需符合以下几项条件：

（1）公司经营范围包含"货物或技术进出口"；

（2）已办理进出口货物收发货人海关备案；

（3）开通电子口岸，领取法人卡及操作员卡（电子口岸）；

（4）办理登记企业名录，开通外汇收支申报、货物贸易监测系统（外管局）；

（5）升级一般纳税人（税务局）；

（6）办理出口退（免）税备案表（外贸型）（税务局）或出口免、抵、退备案表（生产型）（税务局）；

（7）领购增值税普通发票（五联）。

一般情况下，退（免）税登记分为3个环节：在相关文件检验完毕后领取出口退（免）税登记表；领表之后按要求填写并加盖企业公章，与出口产品经营权、工商登记证明材料一起提交税务机关，税务机关审核无误即代表登记被受理；税务机关发放出口退（免）税登记证。

为鼓励跨境电商新业态的发展，国家针对跨境电商出口企业和货物出台了相关政策。跨境电商出口退（免）税的目的、意义和原则基本与一般贸易一致，但在条件资质、报送单证和办理流程等方面有些区别。

在企业资质方面，根据相关规定，适用出口退税、免税的跨境电商企业，是指自建跨境电商销售平台或利用第三方跨境电商平台开展电商出口的单位和个体工商户，不包括为电商出口企业提供交易服务的跨境电商第三方平台。

二、准备跨境电商出口退（免）税申报单证

在单证方面，跨境电商企业办理增值税、消费税退（免）税申报时，需报送正式的申报电子数据、外贸企业出口退税出口明细申报表、外贸企业出口退税进货明细申报表以及其他资料；在申报出口退（免）税后15日内，跨境电商企业需将下列备案单证妥善留存，并按照申报退（免）税的时间顺序，制作出口退（免）税备案单证目录，注明单证存放方式，以备税务机关核查。

1. 出口企业的购销合同和发票（包括：出口合同、外贸综合服务合同、外贸企业购货合同、代理出口货物证明以及代理协议原件、生产企业收购非自产货物出口的购货合同等；出口货物发票原件、增值税专用发票原件等）。

2. 出口货物的运输、物流单据（包括：海运提单、航空运单、铁路运单、货物承运单据、邮政收据等承运人出具的货物单据，出口企业承付运费的国内运输发票，出口企业承付费用的国际货物运输代理服务费发票等；物流合同/订单、出口申报要素、装箱单、出口放行通知单、出口报关单、物流装货单/船单、物流提单。

3. 出口企业委托其他单位报关的单据（包括：代理报关委托书/委托报关协议、受托报关单位为其开具的代理报关服务费发票等）。

4. 外贸企业进出口退税进货明细申报表、外贸企业出口退税出口明细申报表、外贸企业出口退税汇总申报表。

5. 其他相关单证（包括出口退税申报软件中生成的电子数据、出口货物销售明细、出口收汇核销单、采购付款银行水单、出口收汇银行水单、物流发票、物流付款银行水单）。

纳税人无法取得上述单证的，可用具有相似内容或作用的其他资料进行单证备案。除另有规定外，备案单证由出口企业存放和保管，不得擅自损毁，保存期为5年。

纳税人发生零税率跨境应税行为不实行备案单证管理。

纳税人可以自行选择纸质化、影像化或者数字化方式，留存保管上述备案单证。选择纸质化方式的，还需在出口退（免）税备案单证目录中注明备案单证的存放地点。

税务机关按规定查验备案单证时，纳税人按要求将影像化或者数字化备案单证转换为纸质化备案单证以供查验的，应在纸质化单证上加盖企业印章并签字声明与原数据一致。

目前，跨境电商出口适用的海关监管模式有"0110""1210""9610""1039""9710""9810"6种。在现有政策下，涉及出口退税较多的是"9610""9710"和"9810"，本书进行重点介绍。

三、办理"9610"监管方式下跨境电商出口退（免）税事宜

1. 掌握"9610"出口退（免）税政策

根据现行政策，针对海关监管方式代码"9610"的跨境电商零售出口货物（财政部、国家税务总局明确不予出口退税或免税的货物除外），同时符合下列条件的，则适用增值税、消费税退税政策：

（1）跨境电商零售出口企业属于增值税一般纳税人并已向主管税务机关办理出口退税备案；

（2）出口货物取得海关出口货物报关单电子信息；

（3）出口货物在退税申报期截止之日内收汇；

（4）跨境电商零售出口企业属于外贸企业的，购进出口货物取得相应的增值税专用发票、消费税专用缴款书（分割单）或海关进口增值税、消费税专用缴款书电子信息，且上述电子信息有关内容与出口货物报关单有关内容相匹配。

跨境电商出口企业出口货物，如不符合上述规定条件，但需符合另外三项条件的，适用消费税、增值税免税政策。第一，电子商务出口企业要有税务登记；第二，出口货物需拿到海关签发的出口货物报关单；第三，购进出口货物还有合法有效的进货凭证。

"9610"跨境电商零售出口货物，采用清单核放通关模式的，如需办理出口退税，应先生成汇总报关单，生产企业凭出口货物报关单，外贸企业凭出口货物报关单以及购进出口货物取得相应的增值税专用发票等凭证申报出口退税。汇总报关单清单明细可与增值税专用发票销货清单对应办理出口退税。

出口企业或其他单位可于首次申报出口退（免）税时，向主管税务机关提供《出口退（免）税备案表》及其电子数据，办理出口退（免）税备案手续。根据《关于跨境电子商务综合试验区零售出口货物税收政策的通知》（财税〔2018〕103号）的要求，对综合试验区电子商务出口企业出口未取得有效进货凭证的货物，同时符合下列条件的，试行增值税、消费税免税政策：

（1）电子商务出口企业在综合试验区注册，并在注册地跨境电商线上综合服务平台登记出口日期、货物名称、计量单位、数量、单价、金额；

（2）出口货物通过综合试验区所在地海关办理电子商务出口申报手续；

（3）出口货物不属于财政部和国家税务总局根据国务院决定明确取消出口退（免）税的货物。

对按规定适用增值税、消费者免税政策的货物，电商企业可通过跨境公共服务平台生成货物免税明细表（见表5-4），作为免税申报附报内容。操作步骤如下：

（1）查询结关数据：已通过跨境公共服务平台进行数据申报的电商企业，登录跨境公共服务平台统一应用门户，查询已申报商品清单。

（2）导出货物免税明细表：跨境公共服务平台统一应用门户通过导出货物免税明细表。

（3）导入货物免税明细表：将在跨境公共服务平台上导出的货物免税明细表，导入增值税纳税申报系统中作为附报内容，连同其他纳税申报资料向主管税务机关申报免税。

表5-4 电子商务企业零售出口货物免税明细表

纳税人名称：   申报所属期：   年   月
社会信用代码（纳税人识别号）：

出口商品申报清单号	申报序号	出口日期	出口商品代码	出口商品名称	计量单位	出口数量	交易币种	出口单价（原币额）	出口货物免税销售额（原币额）	备注
1	2	3	4	5	6	7	8	9	10	11

2. 办理"9610"出口退税的基本流程

跨境电商退税申报资料和所需备案的单证如前文所述。办理退税的基本流程如下：

（1）与海关、口岸的系统进行数据对接备案；

（2）企业发货，将订单、物流信息上传至系统；

（3）整理所有材料，向主管税务机关申请退税。

对按规定适用增值税、消费税退税政策的，按照"清单核放，汇总申报"完成通关操作的，通关服务平台支持发送汇总申报数据，经汇总报关后生成报关单以供电商企业开展后续退税申报。具体流程如下：

（1）发送汇总申报数据：经由跨境公共服务平台申报完订单、收款单、运单、清单等电子单据并获海关放行后，登录跨境公共服务平台，选择时间段将已结关清单进行汇总申报，也可设定系统定期自动汇总申报。跨境公共服务平台会将汇总数据发送至国际贸易"单一窗口"。

（2）汇总报关：汇总申报企业在国际贸易"单一窗口"进行出口报关申报。根据海关要求，每月10日前（当月10日是法定节假日或者法定休息日的，顺延至其后的第一个工作日，第12月的清单汇总应当于当月最后一个工作日前完成），完成上月（12月为当月）的汇总报关。

（3）退税申报：完成汇总报关后生成的报关单，连同其他退税申报凭证，可通过国际贸易"单一窗口"出口退税申报系统向主管税务机关申报退税。

3. 核算跨境电商出口退税税额

出口退税的核心在于正确计算应纳税额和应退税额。核算跨境电商出口退税税额需要确定正确的退税方法。

（1）适用于生产企业的退税核算方法

对于生产企业，目前实行的退税方法大体分为两种：一种是"免、抵、退税"；另一种是"先征后退"。两种方法分别适用不同的条件。

"免、抵、退税"一般适用于自身具有进出口经营权的生产企业自营出口的自产货物（也包括委托出口）的增值税。这种方法以出口货物的离岸价为计税依据，它的退税率与出口企业出口获得的退税率是一致的，但它对于出口商品的应退税款采取的并不是全额退税的办法。它对出口商品实行的是首先免征其出口环节的税款，再抵消内销货物应纳的税额，最后对其应纳税额不足以抵消应退税额的部分，根据生产企业出口销售额在其当季度全部货物销售额所占的比例来确定是否退税。"免、抵、退税"计算公式为：

当期出口货物不予免征抵扣退税税额＝当期出口货物的离岸价×外汇人民币牌价×（征税率－退税率）－当期海关核销免税进口料件组成计税价格×（征税率－退税率）

"先征后退"一般比较适合没有进出口经营权的生产企业委托出口的自产货物。"先征后退"采用的是对于手续齐全的出口货物在出口环节所照常征收的增值税和消费税给予退税的方法。其退税一般由主管出口退税的税务部门负责。"先征后退"的计算分为征税的计算和退税的计算。

征税的计算公式为：

出口货物销项税额＝出口货物的离岸价×外汇人民币牌价×征税税率
当期应纳税额＝当期内销货物的销项税额＋当期出口货物离岸价×外汇人民币牌价×（征税率－退税率）－当期全部进项税额－上期留抵税额
　　　　＝内销货物的销项税额＋当期出口货物不予免征抵扣税额－进项税额－上期留抵税额

退税的计算公式为：

应退税额＝出口货物的离岸价×外汇人民币牌价×退税率

在退免税过程中，同样的出口货物，采用不同退税方式后通常可以得到不同的结果。所以，在选择退税方式的时候，一定要谨慎考虑，选择最佳方式。

（2）适用于外贸企业的退税核算方法

外贸企业退税是指对出口货物所含进项税额予以退还。本书对外贸企业出口货物应退增值税（消费税略）的计税依据及计算方法进行说明。

第一种计税依据是从增值税一般纳税人收购、作价加工收回货物的视角来确定退税依据。按规定，外贸企业申报出口退税时要附送增值税专用发票，在这两种方式下出口退税的计税依据可以直接从附送的增值税专用发票中认定，不需经过另外的计算，即以增值税专用发票上注明的进项金额为退税计算依据。基本计算公式如下：

应退税额＝外贸收购不含增值税购进金额×退税率
　　　或＝出口数量×加权平均单价×退税率

第二种计税依据是从增值税小规模纳税人购进货物视角来确定出口退税依据。又分为两种情况。

①出口企业从小规模纳税人购进并持普通发票的特准退税的抽纱、工艺品、香料油、山货、草柳竹藤制品、渔网渔具、松香、五倍子、生漆、鬃尾、山羊板皮、纸制品12类货物，其计税依据按下列公式计算：

出口退税的计税依据＝普通发票所列销售金额（含增值税）÷（1＋征税率）
应退税额＝出口退税的计税依据×退税率

上述公式中普通发票所列销售金额只能是实际成交的货物进价，不包括运费和手续费，如普通发票注明有这部分费用，必须予以剔除。征收率按3%计算。

②出口企业从小规模纳税人购进，其提供的发票为主管征税机关代开的增值税专用发票，其计税依据则为增值税专用发票上注明的进项金额。

应退税额＝增值税专用发票上注明的金额×退税率

除农产品为5%外，上述出口货物的退税率均为3%。

（3）跨境电商企业的退税计算方法

由于跨境电商出口产品所属的税种和实际税负不同，卖家可以分别运用以下六种不同的退税率计算退税：一是产品税的税率；二是核定的产品税的综合退税率；三是增值税的税率；四是核定的增值税退税率；五是核定的营业税的综合退税率；六是特别消费税的单位退税额。卖家一定要注意退税率是计算出口产品退税额的关键，如商品出口将适用不同退税率的出口产品放在一起申报退税，一律按从低退税率计算退税。

应退税额＝［增值税发票金额（含税）÷（1+增值税税率）］×出口退税率

需要注意的是，增值税发票金额为包含增值税的价格。另外，根据国家的出口退税政策规定，出口企业从小规模纳税人购进货物出口准予退税的，规定出口退税率为5%的货物，按5%的退税率执行，规定出口退税率高于5%的货物一律按6%的退税率执行。这对卖家来说无疑节省了非常大的一笔费用，中国的出口退税政策一直处于变动之中，卖家根据最新的政策来操作，可以获得较多政策红利和优惠。

四、办理"9710""9810"监管方式下跨境电商出口退（免）税事宜

1. 掌握"9710""9810"监管货物的出口退（免）税政策

根据现行政策，针对海关监管方式代码"9710""9810"的跨境电商企业对企业出口货物，参照适用一般贸易（海关监管方式代码"0110"）出口货物相关政策办理出口退税，应符合以下基本条件：

（1）货物向海关报关后实际离境；

（2）在财务上做销售；

（3）销售对象为境外单位和个人；

（4）按期收汇。

2. 办理"9710""9810"监管货物的出口退税事宜

由于"9710""9810"监管货物的出口退税流程参照适用一般贸易"0110"监管的出口货物相关政策，需先熟悉一般贸易出口退税流程。

按照一般贸易监管方式（0110）的规则，它针对的是大批量出口的贸易，如海外仓头程（海运、空运、快递）发货、FBA头程（海运、空运、快递）发货等。出口企业进行商品的出口报关前，须已经与境外主体签订了货物的销售合同，凭借销售合同以及相关单证填写出口报关单，并在完成相应合同的收汇以后，申请该笔出口订单的退税，其流程大致如下（根据国家政策及时调整）：

（1）货物供应商在出口后的一个月内开具发票；

（2）企业拿到增值税发票后进行相关核对、核查，进入税务系统进行认证；

（3）认证通过后，海关发出出口信息和发票信息；

（4）卖家进入退税系统查看相关信息，录入发票、关单信息；

（5）正式申报，单据、证明收录备案，等待退税款的拨发。

需要注意的是，退税申报手续需在货物报关出口后的90天内办理；收汇申报业务，需在货物报关出口后的180天内办理。如果被耽误，要向外汇管理局申请延期备案。

3. 计算跨境电商出口退税额

下面通过分析跨境电商出口退税相关的案例，进一步了解出口退税的相关政策。

（1）案例背景

某生产企业2024年11月发生以下业务：①5日以一般贸易方式出口适用退（免）税政策的货物一批，实现销售收入20万美元（FOB价）；②10日购进原材料一批，可抵扣进项税额20万元；③15日国内销售货物一批，实现销售收入50万元。假设该企业内外销货物增值税税率均为13%，出口退税率为9%，汇率：1美元=6.20元人民币。请计算该企业当月出口货物不予免征和抵扣的税额、应纳税额和应退税额。

（2）案例分析和解答

根据案例背景，出口退税所涉及的企业是生产企业，出口的货物适用退（免）税政策。

第一步，计算当期出口货物不予免征抵扣税额。

当期出口货物不予免征抵扣税额=当期出口货物离岸价×外汇人民币牌价×（征税率−退税率）

=20万美元（FOB价）×6.20×（13%−9%）

=4.96万元人民币

第二步，计算应纳税额。

当期应纳税额=当期内销货物的销项税额+当期出口货物不予免征抵扣税额−当期全部进项税额

=当期内销货物的销项税额+当期出口货物离岸价×外汇人民币牌价×（征税率−退税率）−当期全部进项税额

=50×13%+20万美元×6.20×（13%−9%）−20

=−8.54万元

第三步，计算免、抵、退税额。

免、抵、退税额=当期出口货物离岸价×外汇人民币牌价×退税率

=20万美元×6.20×9%

=11.16万元人民币

第四步，确定应退税额。

若当期期末留抵税额绝对值≤当期免抵退税额，则当期应退税额=当期期末留抵税额，当期免、抵税额=当期免、抵、退税额−当期应退税额。

若当期期末留抵税额绝对值>当期免抵退税额，则当期应退税额=当期免抵退税额，此时，二者的差额为下期留抵税额，当期免、抵税额=0。

此案例中，由于应纳税额为−8.54万元，负数表示它的当期期末留抵税额为8.54万元，其绝对值小于免抵退税额11.16万元，当期应退税额=当期期末留抵税额，因此应退税额为8.54万元。

我们以【代表性业务3】杭州智赢出口至杭州综合保税区的枕套为例（相关信息见配套教学资源XXY5-1）演示出口退税额的计算。经查阅，进项发票金额含税价为7013元，增值税税率为13%，出口退税率为13%。由于杭州智赢是跨境电商企业，因此该公司在申请退税前应完成的事项如下：

1. 已将商品以一般贸易方式申报入区。

2. 境外消费者下单后，已在跨境电商出口统一版系统申报《申报清单》，海关放行后生成出口核注清单并申报出区核放单，货物出区离境。

3. 已准备好出口报关单、进项发票等材料向税务部门提出退税申请。

计算应退税额如下：

应退税额=增值税发票金额（含税）÷（1+增值税率）×出口退税率
$$=7013÷（1+13\%）×13\%$$
$$=806.81 元$$

本书涉及出口退税业务的案例还有"9610"一般出口的【代表性业务4】【代表性业务5】，读者可以根据业务信息和配套教学资源XXY5-2、XXY5-3进行操练。

知识链接

跨境电商出口退税相关知识

一、出口退税含义

出口退税，全称出口货物退（免）税，是指在国际贸易业务中，对我国报关出口的货物退还在国内各生产环节和流转环节按税法规定缴纳的增值税和消费税，即出口环节免税且退还以前纳税环节的已纳税款。根据我国现行出口退税制度规定，出口适用退（免）税规定的货物，是指向海关报关后实际离境并销售给境外单位或个人的货物。跨境电商出口退税类型按企业划分，可以分为生产型出口企业，即自产自销自行出口的企业；外贸企业出口企业，即从生产企业处购入货物再进行出口的企业。按照销售模式可以分为，货物报关出口时已经实现销售和货物报关出口时未实现销售，后续待销售后再申报办理出口退税。按照出口退税操作形式，可以分为一次性出口退税和分批出口退税。

二、出口退税方式

1. 生产型出口企业实行"免、抵、退"管理办法

"免税"是指：货物报关出口并在财务上做销售后，免征出口销售环节的销项

税金。

"抵税"是指：出口货物耗用国内采购的原材料、动力等所含的进项税额抵减内销货物的销项税额。

"退税"是指：当期内销项税额不足抵减时，对不足抵减部分办理退税。

2. 外贸出口企业实行"先征后退"管理办法

针对外贸出口企业，依据目前出口退税的政策管理办法，采用"先征后退"的办法。外贸企业支付货款给生产工厂时其实已经包含了增值税，国家按照退税率和发票面额将退税退到外贸企业。

以下情况无法办理出口退税：

（1）出口企业以自营名义出口，但不承担出口货物的质量、结汇或退税风险的，即出口货物发生质量问题不承担外方的索赔责任（合同中有约定质量责任承担者除外）；不承担未按期结汇导致不能核销的责任（合同中有约定结汇责任承担者除外）；不承担因申报出口退税的资料、单证等出现问题造成不退税责任的。

（2）出口企业以自营名义出口，其出口业务实质上是由本企业及其投资的企业以外的其他经营者（或企业、个体经营者及其他个人）假借该出口企业名义操作完成的。

（3）出口货物在海关验放后，出口企业自己或委托货代承运人对该笔货物的海运提单（其他运输方式的，以承运人交给发货人的运输单据为准）上的品名、规格等进行修改，造成出口货物报关单与海运提单有关内容不符的。

（4）出口企业将空白的出口货物报关单、出口收汇核销单等出口退（免）税单证交由除签有委托合同的货代公司、报关行，或由境外进口方指定的货代公司（提供合同约定或者其他相关证明）以外的其他单位或个人使用的。

（5）出口企业以自营名义出口，其出口的同一批货物既签订购货合同，又签订代理出口合同（或协议）的。

（6）出口企业未实质参与出口经营活动、接受并从事由中间人介绍的其他出口业务，但仍以自营名义出口的。

（7）其他违反国家有关出口退税法律法规的行为。

三、前提条件

办理出口退税的企业必须具备以下条件：

1. 必须是增值税一般纳税人，且有进出口权；

2. 出口的货物属于增值税和消费税的应税产品，并且属于退税的产品，不是免税或者征税的产品；

3. 出口货物已报关离境并已结关，有报关单的相关电子信息；

4. 已在财务上做了销售；

5. 已完成收汇；

6. 出口单证齐全。

四、出口退（免）税一般流程

跨境电商企业办理出口退（免）税，与其他出口企业并无区别，均可按照现行出口退（免）税规定办理。具体办理时，同样涉及出口退（免）税备案、退税申报、备案单证管理、收汇管理等业务事项。

1. 出口退（免）税备案

跨境电商企业，如需办理出口退（免）税相关事项，应先进行出口退（免）税备案。企业可在首次申报出口退（免）税时，向主管税务机关办理出口退（免）税备案手续。备案时，应真实、完整填写并报送《出口退（免）税备案表》（其中"退税开户银行账号"必须填写办理税务登记时向主管税务机关报备的银行账号之一），以及主管税务机关要求提供的其他资料。

跨境电商出口企业出口退（免）税备案信息发生变更的，应自变更之日起 30 日内提交变更后的《出口退（免）税备案表》，向主管税务机关申请办理备案变更。需要注意的是，企业需要变更"退（免）税方法"的，应按规定结清退（免）税款后再行办理变更。

企业如需撤回出口退（免）税备案的，应按规定先行结清退（免）税款，再向主管税务机关申请撤回备案。

跨境电商出口企业申请注销税务登记的，应先向主管税务机关申请撤回出口退（免）税备案。

2. 出口退（免）税申报办理

（1）申报期限

跨境电商出口企业出口并按会计规定做销售的货物，应在做销售的次月进行增值税纳税申报。企业在货物报关出口之日（以出口货物报关单上载明的"出口日期"为准）次月增值税纳税申报期内，即可向主管税务机关申报办理出口退（免）税；次年4月30日前的任何一个月增值税纳税申报期内，均可申报办理出口退（免）税。对于外贸型跨境电商出口企业，经主管税务机关同意后，也可在增值税纳税申报期以外的其他时间办理出口退（免）税申报。

同时，2020年财政部、税务总局发布的《关于明确国有农用地出租等增值税政策的公告》（2020年第2号），明确自2020年1月20日起，企业未在规定期限内申报出口退（免）税的，待收齐退（免）税凭证及相关电子信息后，仍可申报办理出口退（免）税。

（2）申报渠道

跨境电商企业可自行选择税务局、国际贸易"单一窗口"等申报渠道进行申报。企业通过上述免费申报渠道提交申报电子数据、影像化或者数字化表单资料后，即可实现"网上"申报，相关纸质表单、原始凭证由企业留存备查。此外，有"线下"办税需要的企业，也可前往主管税务机关现场办理。

（3）申报资料

根据企业类型的不同，所需提交的申报资料也有所不同。

①生产企业

生产企业申报增值税免抵退税时，应当提供申报电子数据及下列表单资料：A. 《免抵退税申报汇总表》；B. 《生产企业出口货物劳务免抵退税申报明细表》；C. 出口货物报关单、出口发票等凭证。属于委托出口货物的，还应提供受托方主管税务机关签发的代理出口货物证明。企业如需申报消费税退税的，还应同时提供《生产企业出口非自产货物消费税退税申报表》、消费税专用缴款书或分割单、海关进口消费税专用缴款书、委托加工收回应税消费品的代扣代收税款凭证等表单资料。

②外贸企业

外贸企业申报增值税免退税时，应当提供申报电子数据及下列表单资料：A.《外贸企业出口退税进货明细申报表》；B.《外贸企业出口退税出口明细申报表》；C. 出口货物报关单、增值税专用发票、海关进口增值税专用缴款书等凭证。属于委托出口货物的，还应提供受托方主管税务机关签发的代理出口货物证明。企业如需同时申报消费税退税的，还应提供消费税专用缴款书或分割单、海关进口消费税专用缴款书等凭证。

（4）操作流程

电子税务局出口退（免）税申报操作流程具体如下。

①免抵退税申报

操作路径：登录电子税务局后，点击"我要办税—出口退税管理—出口退免税申报—免抵退税申报"功能菜单。

②免退税申报

操作路径：登录电子税务局后，点击"我要办税—出口退税管理—出口退免税申报—免退税申报"功能菜单。

（5）出口退（免）税备案单证管理

企业应在申报出口退（免）税后 15 日内，将下列备案单证妥善留存，并按照申报退（免）税的时间顺序，制作出口退（免）税备案单证目录，注明单证存放方式，以备税务机关核查。

①出口企业的购销合同（包括：出口合同、外贸综合服务合同、外贸企业购货合同、生产企业收购非自产货物出口的购货合同等）；

②出口货物的运输单据（包括：海运提单、航空运单、铁路运单、货物承运单据、邮政收据等承运人出具的货物单据，出口企业承付运费的国内运输发票，出口企业承付费用的国际货物运输代理服务费发票等）；

③出口企业委托其他单位报关的单据（包括：委托报关协议、受托报关单位为其开具的代理报关服务费发票等）。

企业无法取得上述单证的，可用具有相似内容或作用的其他资料进行单证备案。除另有规定外，备案单证由企业存放和保管，不得擅自损毁，保存期为 5 年。

（6）出口退（免）税收汇要求

企业申报退（免）税的出口货物，应当在出口退（免）税申报期截止之日前收汇。未在规定期限内收汇，但符合《视同收汇原因及举证材料清单》所列原因的，企业留存《出口货物收汇情况表》及举证材料，即可视同收汇；因出口合同约定全部收汇最终日期在退（免）税申报期截止之日后的，应当在合同约定收汇日期前完成收汇。

RCEP 助力东南亚成为跨境电商新增长极

《2024 中国跨境电商企业出海发展蓝皮书》（以下简称《蓝皮书》）报告显示，"东南亚成为跨境电商新增长极"。RCEP 落地，提高了跨境电商出海便利度，区域经济高质量发展推动了东南亚跨境电商经济快速发展。东南亚经济增长态势良好，跨境电商红利暴涨，而东盟是中国进出口规模最大、增速最快的区域。其中印度尼西亚电商规模庞大，社交电商发达；印度尼西亚电商市场前景广阔，可成为中国出海东南亚的突破口。

2023 年 1 月，国务院批复同意在福建设立中国—印度尼西亚、中国—菲律宾经贸创新发展示范园区（以下简称"两国双园"）。"两国双园"既是国家之间经济合作的战略支点，更是中国跨境电商大步走向海外的道路上可着力的重要行业载体，一条以全球化和数字化为双翼的新"丝绸之路"雏形已全面展现。

《蓝皮书》指出，海外仓建设是未来跨境电商高质量发展的重点，对推动外贸保稳提质具有重要作用。中国跨境电商海外仓逐步走上"快车道"，而东南亚有望成为新兴市场海外仓首选地。

《蓝皮书》显示，数字技术赋能跨境电商，同时带动中小企业和新业态出海。传统外贸在转型，跨境电商在升级，数字化不仅仅是当下企业要顺应的趋势，更是接下来发展的必备"武器"，跨境电商下一阶段红利或将来自全流程数字化带来的高效率和确定性。

资料来源：中国新闻网、《2024 中国跨境电商企业出海发展蓝皮书》，有删改

任务 5-3　跨境电商行邮税核算

操作分析

跨境电商行邮模式（C2C 模式）即个人物品清关模式。有些跨境电商的货物对应的 HS 编码不在正面清单内，不能按跨境 B2C 的模式进口，但可以以个人物品清关的模式通过邮递物品或者快件入境，前提条件是要满足个人物品的要求。

一、行邮税征税标准确定

1. 进出境物品的界定

以个人携带和邮寄方式入境的物品，按照《中华人民共和国进境物品归类表》（以下简称《归类表》）、《中华人民共和国进境物品计税价格表》（以下简称《计税价格表》）和《进境物品关税、增值税、消费税征收办法》所列税率和计税价格计算征税。

进出境物品是指中华人民共和国准许进出境的行李物品、寄递物品和其他物品。物品监管原则：自用、合理数量。"自用"是指个人携带进出境的行李物品、邮寄进出境的物品为本人自用、馈赠亲友而非为出售、出租牟利或收取带工费等；"合理数量"是指符合进出境人员的情况、旅行目的和居留时间或者符合寄递物品的属性、特征、用途、价值等因素的正常数量。

2. 行邮税的征税标准

行邮税是行李和邮递物品进口税的简称，是海关对入境旅客行李和邮递物品征收的进口税。行邮税为综合税种，其中包括关税以及进口环节增值税、消费税。起征额为 50 元，少于或等于 50 元免征。

3. 个人携带入境与邮寄入境

（1）个人携带入境

进境居民旅客携带在境外获取的个人自用物品，总值在 5000 元人民币以内（含 5000 元）的，海关予以免税放行。

超出 5000 元人民币的个人自用进境物品，经海关审核确属自用的，海关仅对超出部分的个人自用进境物品征税。但对不可分割的单件物品全额征税。

（2）邮递入境

①个人邮寄进境物品，海关依法征收进口税，但应征进口税税额在人民币 50 元（含 50 元）以下的，海关予以免征。

②个人寄自境外的进境物品，每次限值为 2000 元人民币。个人寄往港、澳、台地区的进境物品，每次限值为 800 元人民币；寄往其他国家和地区的物品，每次限值为 1000 元人民币。

③个人邮寄进出境物品超出规定限值的，应办理退运手续或者按照货物规定（一般贸易）办理通关手续。

二、行邮税税费计算及个人进境物品缴税操作

1. 计算行邮税税费

（1）行邮税＝计税价格×进口税税率。

（2）进境物品依次遵循以下原则归类：

《归类表》已列名的物品，归入其列名类别；

《归类表》未列名的物品，按其主要功能（或用途）归入相应类别；

不能按照上述原则归入相应类别的物品，归入"其他物品"类别。

（3）进境物品计税价格遵循以下原则确定：

《计税价格表》已列明计税价格的物品，按照《计税价格表》确定；

《计税价格表》未列明计税价格的物品，按照相同物品相同来源地最近时间的主要市场零售价格确定其计税价格；

实际购买价格是《计税价格表》列明计税价格的 2 倍及以上，或是《计税价格表》列明计税价格的 1/2 及以下的物品，进境物品所有人应向海关提供销售方依法开具的真实交易的购物发票或收据，并承担相关责任。海关可以根据物品所有人提供的上述相关凭证，依法确定应税物品计税价格。

2. 邮政渠道个人物品通关流程操作

（1）申报邮件信息

邮政企业开拆邮袋后向海关提交邮件详细信息，已提前预申报邮件详细信息的除外。

（2）海关审核邮件信息

海关对邮件申报信息进行审核，分为系统自动审核和人工审核。

（3）海关查验、放行

海关在邮递物品监管现场通过现场巡查（含人员巡查、工作犬巡查）、过机检查、重点开拆查验等方式对邮件进行查验。海关主要检查个人进境邮递物品面单申报信息是否属实，实物与面单是否相符，是否存在禁限类物品，是否存在侵权行为，是否涉税等。对没有异常情况、不需要征收进口税的物品马上放行；对有异常情况或者要征收进口税的物品根据规定进行分流处置。

3. 缴纳行邮税

个人物品进境需要缴纳行邮税，有 50 元的免征额，按照海关规定的计税价格计算税额，商品价格不能超过 1000 元。海关已正式启用进境邮件税款信息联网项目，进境邮件收件人可通过"掌上海关"App/微信小程序、支付宝、银联等端口缴纳进境个人物品税款。除应缴纳个人物品税款外，海关不收取任何费用。

方式一：海关端"协议扣税"。

使用邮件预留手机号码，在"掌上海关"App、"掌上海关"微信小程序等注册实名账户，在"个人物品税款支付"服务栏，输入邮件号查询邮件应税信息，绑定银行卡完成在线支付。

方式二：银行端"查询缴税"。

通过支付宝、招商银行等 App 实名认证登录，搜索"个人物品税款支付"，输入邮件号查询邮件应税信息，完成税款缴纳。

完成税款支付后，可实名登录"掌上海关"App 或"掌上海关"微信小程序查询本人电子缴税凭证。

操作示范

2024 年 6 月，中国国内消费者小唐从国内某知名跨境电商平台购买了 4 瓶香水，10mL/瓶（税号 09010111），香水每瓶 300 元，通过快递运送入境。小唐是否需要缴税？请处理该笔业务。

根据描述，该商品是通过快递运送进境，因此，该商品适用行邮税的相关规定，可以按照行邮税的计算标准和流程进行操作。

一、确认该商品是否需要缴纳行邮税

根据《财政部 国家税务总局关于调整化妆品消费税政策的通知》（财税〔2016〕103 号）规定，取消对普通美容、修饰类化妆品征收消费税，将"化妆品"品目名称更名为"高档化妆品"。高档美容、修饰类化妆品和高档护肤类化妆品是指生产（进口）环节销售（计税）价格（不含增值税）在 10 元/毫升（克）或 15 元/片（张）及以上的美容、修饰类化妆品和护肤类化妆品。小唐购买的香水计税价格为 30 元/毫升，属于高档化妆品，需要缴纳行邮税。

二、计算行邮税

根据进境物品计税价格确定原则，《计税价格表》已列明计税价格的物品，按照《计税价格表》规定，香水计税价格为 300 元/瓶，小唐实际购买价格为 300 元，符合《中华人民共和国进境物品计税价格表》（表 5-5）的规定，因此，该笔业务的计税价格为 300 元/瓶。

计算行邮税。

行邮税＝计税价格×税率＝300×3×50%＝450 元

表 5-5　中华人民共和国进境物品计税价格表（部分）

税号	品名及规格	单位	计税价格（元）	税率
09000000	化妆品、洗护用品			
09010000	-化妆品			
09010100	--高档芳香类化妆品	瓶	300	计税价格≥10 元/毫升（克）的，税率为 50%
09010200	--普通芳香类化妆品	瓶	300	计税价格<10 元/毫升（克）的，税率为 20%
09010300	--高档唇用化妆品	支	150	计税价格≥10 元/毫升（克）的，税率为 50%
09010400	--普通唇用化妆品	支	150	计税价格<10 元/毫升（克）的，税率为 20%

智关强国

全国首笔境外外币银行卡缴纳行邮税业务落地广东

2024 年 6 月 3 日，全国首笔外籍旅客使用境外外币银行卡（以下简称"外卡"）缴纳行邮税在拱北海关所属港珠澳大桥海关成功办理。

一名来自中国澳门的葡萄牙籍旅客携带应税物品经港珠澳大桥海关进境时须办理缴税手续，工作人员在 POS 机上输入应缴税款人民币 150 元，旅客使用境外外币银行卡直接刷卡完成了该笔行邮税缴纳。国家金库珠海市中心支库收到经收银行划缴的该笔税款后，按有关规定办理入库手续。这是在全国各口岸首次实现"境外银行卡+旅检行邮税"支付场景落地。今后，外籍来华人员等群体多样化的支付服务需求将得到更好满足。

今年 3 月 1 日，国务院办公厅印发《关于进一步优化支付服务提升支付便利性的意见》，强调要更好满足老年人、外籍来华人员等群体多样化的支付服务需求，进一步提升支付服务水平，更好服务社会民生，优化营商环境，促进高水平对外开放。

近年来，拱北海关深入推进智慧海关建设和"智关强国"行动，立足关区口岸进境旅客通关量大、支付服务需求多样化等特点，与中国人民银行珠海市分行、中国银行三方联动，继实现行邮税电子缴库、数字人民币缴纳行邮税后，又实现了凭外卡缴纳行邮税在港珠澳大桥海关成功落地，进一步丰富了行邮税缴税方式，方便了境外旅客缴纳税款，提高了旅客通关速度和税款入库效率。

资料来源：《中国国门时报》，有删改

跨境电商行邮税相关知识

一、跨境电商行邮税概述

1. 跨境电商行邮税与综合税

跨境电商行邮税与综合税的比较见表5-6。

表5-6　跨境电商综合税与行邮税比较

	跨境电商综合税	行邮税
含义	跨境电商综合税即跨境电商零售进口税，是对从其他国家或地区进口的《跨境电子商务零售进口商品清单》范围内的商品征收的进口税。按照货物征收关税和进口环节增值税、消费税。	行邮税是行李和邮递物品进口税的简称，是海关对入境旅客行李和邮递物品征收的进口税。行邮税为综合税种，其中包括关税以及进口环节增值税、消费税。
适用范围	跨境电商零售进口商品	1. 个人非贸易性质的物品 2. 入境旅客和运输工具、服务人员携带的应税行李物品 3. 个人邮递物品 4. 馈赠物品 5. 其他方式入境的个人物品
纳税人	个人、电子商务企业、电子商务交易平台企业或物流企业	1. 入境旅客及运输工具服务人员 2. 进口邮递物品的收件人 3. 以其他方式进口应税个人自用物品的收件人
计征方法	从价税	从价税
计税价格及税率	实际交易价格	计税价格表

表5-6 续

	跨境电商综合税	行邮税
计算方法	计税价格×跨境电商综合税税率 综合税＝关税+消费税+增值税 关税＝进口货物计税价格×关税税率 消费税＝（进口货物计税价格+关税）÷ （1−消费税税率）×消费税税率 增值税＝（进口货物计税价格+关税）÷ （1−消费税税率）×增值税税率	行邮税＝进境物品计税价格×税率
免税额度	无免税额度	进口税税额小于50元人民币，免征

2. 个人物品携带入境与邮寄进境

（1）个人物品条件及范围

《海关法》第四十六条规定："个人携带进出境的行李物品、邮寄进出境的物品，应当以自用、合理数量为限，并接受海关监管。"因此，个人物品需要满足两个条件：一是"自用"（既包括自己使用，也包括赠送亲戚朋友），二是"合理数量"。两个条件缺一不可，否则不能以"个人物品"形式申报进出境。

无论是对于货物还是物品，我国都颁布了相应的禁止性和限制性规定。1993年2月26日，海关总署发布了《中华人民共和国禁止进出境物品表》和《中华人民共和国限制进出境物品表》（海关总署令第43号）；2013年8月16日，海关总署发布了《关于〈中华人民共和国禁止进出境物品表〉和〈中华人民共和国限制进出境物品表〉有关问题解释的公告》（海关总署公告2013年第46号），对禁止进出境物品和限制进出境物品进行了列举性规定。其中，对于危害国家及人民生命安全的一律禁止进出境，对于受国家保护的珍贵文物，濒危、珍贵动植物禁止出境。另外，烟酒限制进境，金银等贵重金属及其制品、外币、一般文物限制出境，国家货币限制进出境。

此外，个人或企业要遵守《中华人民共和国禁止携带、寄递进境的动植物及其产品和其他检疫物名录》的规定，跨境电商C2C模式进口的"个人物品"均不得涉及名录（"负面清单"）内的商品。

（2）个人物品携带入境

①个人物品限额

海关总署公告2010年第54号规定，进境居民旅客携带在境外获取的个人自用进境物品，总值在5000元人民币以内（含5000元）的；非居民旅客携带拟留在中国境内的个人自用进境物品，总值在2000元人民币以内（含2000元）的，海关予以免税放行，单一品种限自用、合理数量。

进境居民旅客携带超出5000元人民币的个人自用进境物品，经海关审核确属自用的；进境非居民旅客携带拟留在中国境内的个人自用进境物品，超出人民币2000元的，海关仅对超出部分的个人自用进境物品征税，对不可分割的单件物品，全额征税。

②分离运输行李通关

依据《中华人民共和国海关对进出境旅客行李物品监管办法》（海关总署令第9

号），"分离运输行李"指旅客在其进境后或出境前的规定期限内以托运方式运进或运出的本人行李物品。旅客以分离运输方式运进行李物品，应当在进境时向海关申报。经海关核准后，自旅客进境之日起六个月内（含六个月）运进。

旅客携运属下列情形的物品，海关不予放行，予以退运或由旅客存入海关指定的仓库。物品所有人应当在三个月内办理退运、结案手续。逾期不办的，由海关依照本办法第十条的规定处理。

  a. 不属自用的；

  b. 超出合理数量范围的；

  c. 超出海关规定的物品品种、规格、限量、限值的；

  d. 未办理海关手续的；

  e. 未按章缴税的；

  f. 根据规定不能放行的其他物品。

（3）邮寄进境限额

根据海关总署公告 2024 年第 176 号规定，个人寄自境外的进境物品，每次限值为 2000 元人民币。个人寄往港、澳、台地区的进境物品，每次限值为 800 元人民币；寄往其他国家和地区的物品，每次限值为 1000 元人民币。但邮包内仅有一件物品且不可分割的，虽超出规定限值，经海关审核确属个人自用的，可以按照个人物品规定办理通关手续。

（4）进出境物品申报

《海关法》第四十六条规定："个人携带进出境的行李物品、邮寄进出境的物品，应当以自用、合理数量为限，并接受海关监管。"第四十七条规定："进出境物品的所有人应当向海关如实申报，并接受海关查验。海关加施的封志，任何人不得擅自开启或者损毁。"

在进出境邮件的面单上应写明邮寄物品的情况，包括品名、数量、价格等。不能笼统以"日用品""生活用品"等概括性词语描述，更不能故意对内装物品进行伪报、瞒报。进出境人员行李物品申报单如图 5-4 所示。

中华人民共和国海关进出境人员行李物品申报单				
请仔细阅读申报单背面的填单须知后填报				
姓　　名		性别　　□男　　□女		
出生日期　　年　月　日		国籍（地区）		
进出境证件类型　□普通护照 □往来港澳通行证 □往来台湾通行证 □港澳居民来往内地通行证 □台湾居民来往大陆通行证 □公务护照 □外交护照 □边民证 □其他				
进出境证件号码				
进境人员填写		出境人员填写		
来自何地		前往何地		
进境航班号/车次/船名		出境航班号/车次/船名		
进境日期　　年　月　日		出境日期　　年　月　日		
携带有下列物品的，请在"□"划√		携带有下列物品的，请在"□"划√		
□1．禁止进境物品； □2．限制进境物品超过限额、限量要求或者应当提交许可证件以及其他证明材料； □3．动植物、动植物产品和其他检疫物； □4．血液等人体组织、病原微生物、生物制品等关系公共卫生安全的物品； □5．受到检疫传染病污染或者存在传播检疫传染病风险的物品； □6．超过规定数额货币现钞； □7．超过规定免税数额或者限量要求物品； □8．货物、货样、广告品； □9．以分离运输方式运进行李物品； □10．需办理暂时进境手续的行李物品； □11．其他依法需要书面申报的行李物品。		□1．禁止出境物品； □2．限制出境物品超过限额、限量要求或者应当提交许可证件以及其他证明材料； □3．货物、货样、广告品； □4．血液等人体组织、病原微生物、生物制品等关系公共卫生安全的物品； □5．受到检疫传染病污染或者存在传播检疫传染病风险的物品； □6．超过规定数额货币现钞； □7．需办理暂时出境手续的行李物品； □8．其他依法需要书面申报的行李物品。		
携带有上述物品的，请详细填写如下清单				
品名/币种	型号	数量	金额	海关批注
我已经阅读本申报单背面所列事项，并保证所有申报属实。				
进出境人员签名：_____				

图5-4　进出境人员行李物品申报单（正面）

二维码5-1　进出境人员行李物品申报单（反面）

课后习题

一、单选题

1. 以下哪一个不是跨境电商行邮税纳税人？（　　　）

A. 境内消费者　　　　　　　　　　　　B. 入境旅客

C. 进口邮递物品收件人　　　　　　　　D. 运输工具服务人员

2. 从价关税的应纳税额计算公式是（　　　）。

A. 成交价格×关税税率　　　　　　　　B. 计税价格×关税税率

C. CIF 价格+关税税率　　　　　　　　D. FOB 价格+关税税率

3. 跨境电商综合税的纳税人通常为（　　　）。

A. 消费者　　　　B. 平台企业　　　　C. 物流公司　　　　D. 以上皆可

4. 现阶段中国海关总署对行邮税应征税额起征额为（　　　）。

A. 50 元以上　　　B. 100 元以上　　　C. 500 元以上　　　D. 1000 元

5. 小关通过京东国际购买了一双价值 500 元人民币的鞋子（随附购物发票），店家寄到国内，她收到国内邮局发来的"国际邮件办理手续通知单"，要求她去办理个人物品纳税手续，这种情况下小王应该办理的海关手续是（　　　）。

A. 按照电子商务（代码 9610）申报进口

B. 按照保税电商（代码 1210）申报进口

C. 按照保税电商 A（代码 1239）申报进口

D. 缴纳个人物品税金后提取包裹

二、多选题

1. 直购进口订单确认并成功支付后，电商企业、物流企业、支付企业就分别向与海关联网的电子商务交易平台交易发送"三单"信息，包括（　　　）。

A. 申报清单　　　B. 物流单　　　　C. 支付单　　　　D. 订单

2. 征收行邮税的物品，包括（　　　）。

A. 进入境个人物品　　　　　　　　　　B. 邮寄进入境物品

C. 跨境电商平台邮寄物品　　　　　　　D. 保税中心货物

3. 货物或物品的合规进口方式可以分为（　　　），其税收政策各有不同。

A. 一般贸易　　　B. 跨境电商　　　　C. 行邮物品　　　　D. 海淘

4. 直购进口采用三单合一的监管政策，办理形式为跨境电商企业或其代理人提交《申报清单》，可在（　　　）平台上申报。

A. 国际贸易"单一窗口"　　　　　　　B. 海关的跨境电商通关服务平台

C. 海关官网　　　　　　　　　　　　　D. 电子口岸平台

5. 跨境电商行邮物品进口，通关分为（　　　）步骤。

A. 申报　　　　　　　　　　　　　　　B. 查验

C. 缴纳跨境电商行邮税　　　　　　　　D. 放行

三、判断题

1. 进境物品，指准许应税进口的旅客行李物品、个人邮递物品及其他个人自用物品。（　　）

2. 计税价格是关税计算的基础，通常以 CIF 价格为准。（　　）

3. 进口环节消费税仅适用于高档商品，不适用于一般消费品。（　　）

4. 个人寄自或寄往其他国家和地区的物品，每次限值为 2000 元。（　　）

5. 根据跨境电商政策，消费者在年度限值内购买商品不需缴纳税费。（　　）

能力训练

1. 请分别计算下列商品"9610"进口税和邮递进口的行邮税，判断成本较低的进口渠道。

练习1：1 袋奶粉（1 千克），单价 200 元。

奶粉，增值税税率 13%，无消费税，行邮物品计税价格 200 元，行邮税率 13%。

进境渠道	商品类型	单价	税率	税费	含税价	结论
"9610"直购	奶粉	200				
邮递	奶粉	200				

练习2：1 件服装，单价 300 元。

服装，增值税税率 13%，无消费税，行邮物品计税价格 300 元，行邮税率 20%。

进境渠道	商品类型	单价	税率	税费	含税价	结论
"9610"直购	服装	300				
邮递	服装	300				

练习3：1 瓶香水（20 毫升），单价 300 元。

香水，行邮税率 50%，增值税税率 13%，消费税率 15%，行邮物品计税价格 300 元。

进境渠道	商品类型	单价	税率	税费	含税价	结论
9610 直购	香水	300				
邮递	香水	300				

2. 某消费者在境外网站订购了服装，由于该网站没有直邮中国的服务，他找了一家转运公司，以快件方式寄回国内，税费自理。快件清关需主动申报，申报信息如下所示：

内件详情：

Levi's 品牌牛仔裤共 1 件，单价 $ 31.00，总价 $ 31.00

Levi's 品牌牛仔裤共 1 件，单价 $ 14.99，总价 $ 14.99

U. S. POLO ASSN 品牌男士衬衫共 1 件，单价 $ 16.56，总价 $ 16.56

U. S. POLO ASSN 品牌男士 T 恤共 1 件，单价 $ 15.18，总价 $ 15.18

总申报价值：$ 77.73

问题：

（1）牛仔裤的税号为 0401.0200，衬衫和 T 恤的税号为 0401.0400，请确认此 4 件商品的计税价格和税率各是多少。

（2）若美元兑人民币汇率为 6.67，则该消费者需缴纳多少进口税？

（3）假设你是一名海关工作人员，请将下面的《海关旅客行李、个人邮递物品进口税款缴纳证》模板填写完整。

JG46

中 华 人 民 共 和 国　　　　　海 关

旅 客 行 李 、 个 人 邮 递 物 品 进 口 税 款 缴 纳 证　№ 01631101

纳税人姓名（地址）　　　　　　　　　海关编号（　　）A2019—

收款联：收款盖章后退海关作征收会计凭证	代号	品 名 和 规 格	数 量	完税价格	税率%	进口税金额	完税物品代号对照
							1. 计 算 器
							2. 药 品、动植物药料
							3. 缝 纫 机
							4. 录音机（多用机）
							5. 电 视 机
							6. 体育用具、乐器
							7. 食品、饮料
							8. 参、茸、麝香
							9. 棉、麻制品
							10. 收音机、电唱机
							11. 电 冰 箱
							12. 洗 衣 机
							13. 电 风 扇
							14. 自 行 车
							15. 摩 托 车
							16. 丝、毛、化纤制品
	进口税合计：人民币（大写）　　　　　　　　　元						17. 照像机、照像器材
							18. 录像机、录像器材
							19. 手表、怀表、钟
							20. 烟、酒
							21. 其 它

日　期　　　　　　　　　　　关员代号：

3. 国内某消费者从京东国际平台购买 1 瓶 Swisse 牌男士复合维生素（120 片/瓶，5.37%维生素 E，1.17%维生素 A，0.19%维生 B），秒杀价为 299 元人民币/瓶，京东国际平台正在进行满 299 元立减 80 元的促销活动和发放优惠券 15 元的活动；另外该消费者为京东 Plus 会员，可以享受 95 折。平台规定，商品满 99 元即可免收基础运费。请问，该消费者应缴纳多少跨境电商综合税？购买该产品实际应支付多少金额？

项目六

跨境电商查验、放行与退货申报

学习目标

【知识目标】

1. 熟悉海关查验方式、内容、流程；

2. 熟悉跨境电商商品通关所需单证；

3. 熟悉跨境电商退货政策；

4. 熟悉跨境电商退货流程。

【技能目标】

1. 能配合海关完成跨境电商商品查验任务；

2. 能处理跨境电商商品查验过程中的异常情况；

3. 能根据货物放行进程提供相应单证；

4. 能处理货物放行过程中的异常情况；

5. 能完成跨境电商商品退货申报；

6. 能处理跨境电商商品退货过程中的异常情况。

【素质目标】

1. 培养学生严谨细心、合规操作的工作作风；

2. 培养学生团队合作、与人沟通的能力；

3. 培养学生创新意识、国际视野、家国情怀。

思维导图

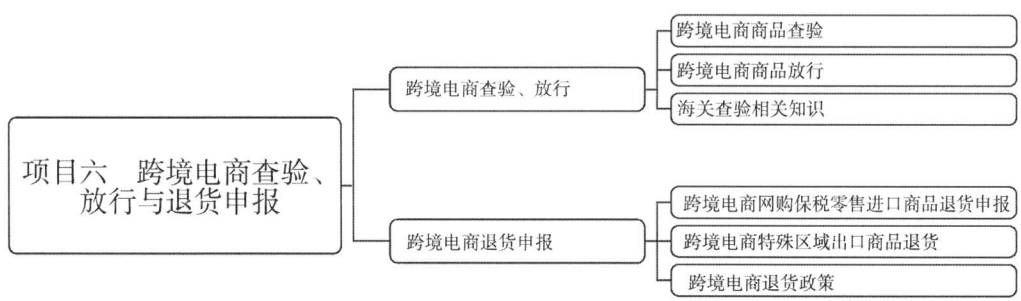

项目导入

　　跨境电商商品完成申报后，就进入海关查验、放行环节，这是跨境电商通关的关键一环，直接影响货物的通关效率、通关成本，也关系到企业的海关信用和企业声誉。近年来，为推动跨境电商新业态的发展，提升便利化水平，海关不断创新海关监管体制，通过重构查验管理机制、优化查验作业流程、创新查验监督机制、打造立体风险防控，实现查验管理优化升级。推动科技创新，利用 H986、CT 机、手持式监管物项识别仪、顶照式车辆检查设备、底盘机器人、行包/货物智审系统等海关查验"黑科技"，探索"非侵入式查验"，推动查检合一，提升跨境电商商品通关效率。同时，为打造跨境电商进出口完整闭环，海关总署不断创新完善跨境电商进出口商品退货监管措施，通过建立安全高效的退货渠道，提升顾客消费体验，提升跨境贸易的便利性。

任务 6-1　跚境电商查验、放行

配合查验是货物收发货人应尽的义务。跨境电商商品查验因其模式不同，查验流程分为批量进出口货物查验和零售进出口货物查验（跨境小包）。

一、跨境电商商品查验

1. 批量进出口货物查验流程

海关查验流程如图 6-1 所示。配合查验的主要步骤如下。

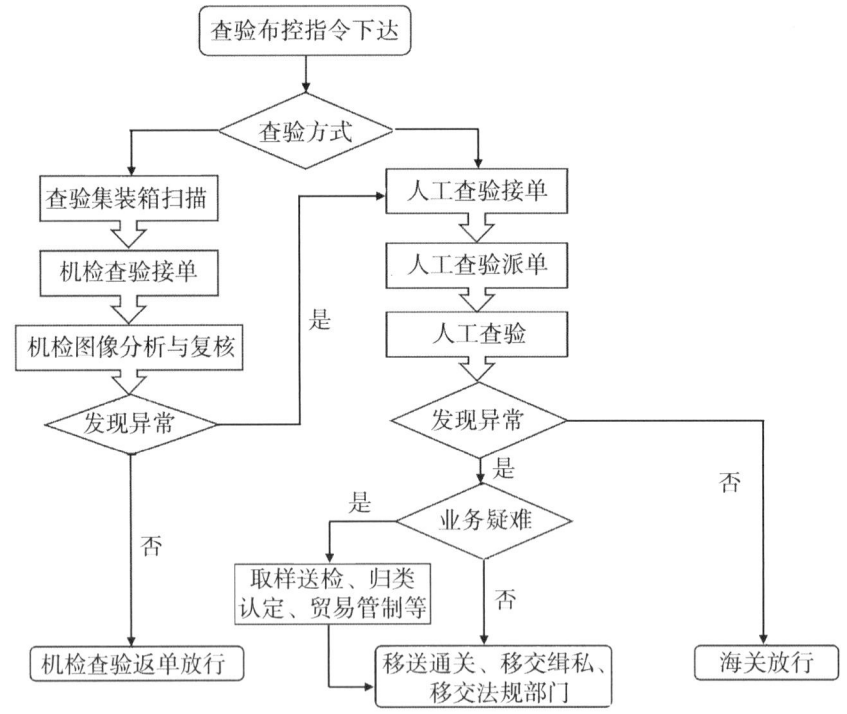

图 6-1　海关查验流程

第一步，接收海关查验通知。报关单收发货人可通过微信公众号、网站查询、系统对接 3 种方式接收查验通知。以网站查询为例，进出口企业也可使用"单一窗口"的"口岸执法申报"账号直接登录查验信息推送系统，实现海关查验通知信息在线查询、查验信息详情展示如图 6-2 所示。

图 6-2　查验通知信息查询

第二步，将查验通知书发给收货人及其代理人，告知查验流程并备齐查验资料，包括发票、装箱单、报关单备用联、提单场站收据、海运提单/海运托运单正本等，提前了解收货人及其代理人对于待查货物的注意事项。

第三步，向海关提交查验单证，将提货单/托运单、发票、装箱单、报关单等海关作业单提交给海关查验部门，海关对需查验货物进行风险评估及查验指令细化，选择机检、人工查验或机检加人工查验 3 种模式之一，并打印海关查验作业单。

第四步，根据确认的海关查验时间、地点、方式、集装箱号等查验信息，向堆场发送一条预约提箱进场信息，监管场所中控部门根据查验信息进行集装箱吊运处理。

第五步，现场查验。报关员确认集装箱已移至海关查验场所后，核对集装箱号及封条号，通知海关该票货物可派单查验。海关确认集装箱号及封条号后，通知监管场所搬运工人开柜，并按海关查验指令进行掏箱卸货及堆放。进出口货物收发货人或代理人陪同海关查验，按照海关要求搬移货物，开拆和重封货物的包装，并如实回答查验人员的询问以及提供必要资料。对人工查验不能确认的情况，需协助海关提取需要作进一步检验、化验或鉴定的货样，收取海关开具的取样清单。

第六步，接收查验结论。根据查验结果，查验人员在《海关查验记录单》上填写相关查验情况及处置结论，收货人或其代理确认签名后再转交查验科科长复审签字，海关关员在系统上录入查验结果及办理放行手续。查验结束后及时在"单一窗口"查询查验结果。货物经查验无异常的，在纳税人缴纳税费或提供相应担保之后，海关予以放行。货物查验异常的，转入相应部门处置。

第七步，货物放行。海关会将放行信息同时发送给报关单位和货物存放的监管场所经营人，进出口企业提取/装运货物时直接凭电子放行信息办理，不需要提供纸质放行凭证。需要注意的是，没有经过海关放行的监管货物，任何单位和个人都不得提取或发运货物。

2. 零售进口货物查验流程

（1）扫码：将跨境小包放在查验线上，逐个扫描分运单号，通过获取到的分运单号自动去系统数据库中查找对应的小包信息。小包信息获取成功的允许上线，否则，不允许上线。

（2）称重：跨境小包在查验线上传输至动态秤时，自动获取小包的重量数据，并将该数据与对应的小包分运单号进行绑定。

（3）X光机成像：跨境小包在查验线上传输至X光机时，光机扫描成像，并将图像与对应的小包分运单号进行绑定。

（4）同屏比对阅图：查验关员的阅图工作站平面上会同时显示小包的报关信息、实测重量信息、X光机图像信息。

（5）分拣：查验关员对图像进行人工审核，未通过审核的小包，关员可通过阅图界面上的"分拣"按钮将该小包分拣至开拆查验区；通过审核的小包，自动放行至放行区，等待打包装车。

（6）查验开拆：查验关员对分拣至开拆查验区的小包进行分运单扫描，将上线查验时的图像信息和小包的报关信息调取出来进行图像审核。审核通过，无须开拆；审核未通过，人工开拆，然后在跨境电商统一版系统中录入开拆查验结果。

（7）放行装车：放行货物打包、装车。

3. 查验异常处理

查验结束后，海关下达查验结果单。查验无异常的，海关予以放行；查验有异常的，则转入相应部门处置。

查验问题一般处理流程如下：

（1）查验完毕后，海关下达查验结果单。确认所查货物与申报不符时，海关会进行升级彻底查验；涉及拼单的，需加调其他放行单证查验；涉及一票多柜的，需加调其他柜。

（2）查验科将案件移至处置科。

（3）案件到达处置科后，处置关员派单。

（4）处置关员受理中，等待作出案件处理结果。案件为简单案件的，处置科根据查验结果将案件转移至通关科，给予是否处罚或删改单等处置措施。案件为一般案件的，即情节较重的，案件需移至缉私科立案处理。案件涉及侵犯知识产权的，案件需移至法规科立案处理。

（5）案件处理完毕，等待发起删（改）报关单，如涉及舱单数据有改动，则需做删舱单动作。如有特殊指令、查验结果与实际出口相差甚大或该货物出口监管条件不具备等，海关给予退关处理，需做退关动作。

（6）涉及属地申报需删单的，处置科会发函到属地相应科，由属地删（改）单完成后回函至口岸处置科。

（7）删（改）报关单放行后，海关解锁完毕。

特殊情况处理如下：

（1）查验货物需要优先查验和申请外验

①优先查验。对于危险品或者鲜活、易腐、易烂、易失效、易变质等不宜长期保存的货物，以及因其他特殊情况需要紧急验放的货物，经进出口货物收发货人或者其代理人申请，海关可以优先安排查验。

②申请外验。因货物易受温度、静电、粉尘等自然因素影响，不宜在海关监管区内实施查验，或者因其他特殊原因，需要在海关监管区外查验的，经进出口货物收发

货人或者其代理人书面申请，海关可以派员到海关监管区外实施查验。

（2）海关查验，企业不在现场

如果企业不在现场，海关是否可以查验？这里分为两种情况，一种是企业申请免于到场协助；另一种是海关径行查验。

①企业申请免于到场协助

根据海关总署公告 2020 年第 24 号，海关货物查验时收发货人可免于到场协助。收发货人可选择"免于到场协助"或"委托存放待查验货物的监管作业场所经营人、运输工具负责人到场陪同查验"方式。填写《不到场陪同查验的说明》，通过电子邮件发送给对应的海关。"免于到场协助"查验方式不收取费用。因货物具有特殊属性，需予以特别注意的，应当在海关实施查验前声明。

②海关径行查验

根据《中华人民共和国海关进出口货物查验管理办法》有关规定，以下情形中海关可以在进出口货物收发货人或者其代理人不在场的情况下，对进出口货物进行径行开验：进出口货物有违法嫌疑的；经海关通知查验，进出口货物收发货人或者其代理人届时未到场的。

海关径行开验时，存放货物的海关监管场所经营人、运输工具负责人应当到场协助，并在查验记录上签名确认。

在此提醒，各进出口货物收发货人或其代理人在海关通知查验后，一定要按时到场配合海关开展查验工作。

（3）海关查验时货物发生损坏

《中华人民共和国海关行政赔偿办法》对海关在依法查验进出境货物、物品时，损坏被查验的货物、物品的行政赔偿的范围、如何依法申请赔偿有详细的规定。但是，请注意有下列情形之一的海关依法不承担赔偿责任：

①由于当事人或其委托的人搬移、开拆、重封包装或保管不善造成的损失；

②易腐、易失效货物、物品在海关正常工作程序所需要时间内（含代保管期间）所发生的变质或失效，当事人事先未向海关声明或者海关已采取了适当的措施仍不能避免的；

③海关正常检查产生的不可避免的磨损和其他损失；

④在海关查验之前所发生的损坏和海关查验之后发生的损坏；

⑤海关为化验、取证等目的而提取的货样；

⑥属于《中华人民共和国海关行政赔偿办法》第七条规定的情形的。

（4）查验时货物侵犯知识产权

在海关查验中，出现涉嫌侵犯知识产权的货物时应采取以下措施。

①海关发现涉嫌侵犯已备案知识产权的进出口货物的，将会中止货物通关，并通过《海关确认知识产权状况通知书》书面通知权利人货物及相关知识产权信息。

权利人在收到海关通知之日起 3 个工作日内，应当向海关书面答复涉案货物是否侵犯知识产权。如果认为侵权，应在上述时限内向海关提出扣留侵权嫌疑货物的申请并按要求提供担保金。逾期不答复或答复认为不侵权的，海关将放行货物。

②被扣留的侵权嫌疑货物，经海关调查后认定侵犯知识产权的，由海关予以没

收，并对进出口企业处以货物价值 30% 以下的罚款。如果进出口侵犯知识产权货物的行为构成刑事犯罪的，海关会将案件移送公安部门，依法追究刑事责任。被没收的侵犯知识产权货物可以用于社会公益事业的，海关应当转交给有关公益机构用于社会公益事业；知识产权权利人有收购意愿的，海关可以有偿转让给知识产权权利人。被没收的侵犯知识产权货物无法用于社会公益事业且知识产权权利人无收购意愿的，海关可以在消除侵权特征后依法拍卖，但对进口假冒商标货物，除特殊情况外，不能仅清除货物上的商标标识即允许其进入商业渠道。侵权特征无法消除的，海关应当予以销毁。

二、跨境电商商品放行

跨境电商商品放行是指海关在完成对跨境电商进出口商品的监管流程后，允许商品离开海关监管区域，进入境内市场或运往境外目的地的行为。海关在查验跨境电商商品后，如果没有发现异常情况，即可对单证和商品进行放行。

1. 跨境电商单证放行

（1）跨境电商单证种类

跨境电商单证主要分为业务单证和随附单证（包括基本单证、特殊单证和备用单证），其中业务单证因进口和出口的流向不同有所差别。跨境电商业务单证使用电子单证，企业对于其向海关所申报及传输的电子数据承担法律责任，电子单证数据使用数字签名技术。

①跨境电商进口业务单证

跨境电商进口业务单证主要包含清单、订单、运单、退货申请单、入库明细单等。

②跨境电商出口业务单证

跨境电商出口业务单证主要包含清单、订单、运单、离境单、退货申请单、退货理货明细单等。

③随附单证

跨境电商随附单证主要分为基本单证和特殊单证。

基本单证指随报关单交验的货运、商业单据，主要有代理报关委托书（委托报关协议）、装箱清单、载货清单（舱单）、提（运）单、合同、发票。海关认为有必要，报关单位还应交验贸易合同、订货卡片、产地证明等。

特殊单证是指按照国家有关法律法规实行特殊管制的证件，主要包括进出口许可证件、电子账册、原产地证明书、进出口商品预归类决定书、进出口商品预归类商品意见书、担保文件等。其中进出口许可证是指法律、行政法规规定的各种具有许可进口或出口性质的证明、文件。

无法取得上述单证的，可用具有相似内容或作用的其他资料进行单证备案。除另有规定外，备案单证由进出口企业存放和保管，不得擅自损毁，保存期为 5 年。

（2）跨境电商单证放行流程

跨境电商单证放行可以通过国际贸易"单一窗口"或跨境电商通关服务平台，实现全程电子化，对符合条件的报关单自动放行，推动跨境电商货物快速放行。跨境电商单证放行分为跨境电商进口和出口两种流向。

①跨境电商进口单证放行

进口业务单证及责任主体管理：在跨境电商进口业务中，进口清单由电商企业或其代理人负责，电子订单由电商企业或电商平台或受委托的快件运营人、邮政企业负责，支付单由支付企业或受委托的快件运营人负责，运单由物流企业负责，撤销申请单由电商企业或其代理人负责，退货申请单由电商企业或其代理人负责，入库明细单由海关监管作业场所经营企业负责。

进口交易管理：可在该功能模块进行订单查询、支付单查询、物流运单查询、物流运单状态查询。

进口清单管理：电商企业或电商平台/报关企业查询发送的，或在界面录入的"暂存"状态的清单数据。

进口修撤单管理：电商企业/代理报关企业查询修改清单信息。

进口税单管理：海关定期汇总电子税单生成缴款书，企业凭缴款书缴纳税款的凭证，根据清单中的商品信息、税率等，生成税单，并凭以核扣税款。

进口监管场所管理：直购进口进境的货物须到海关监管场所进行理货，监管场所经营人理货形成的入库明细单数据。

进口退货管理：依照海关总署公告 2020 年第 45 号《关于跨境电子商务零售进口商品退货有关监管事宜的公告》执行。

进口担保企业管理：在海关备案的电商平台企业、物流企业或申报企业作为税款的代收代缴义务人依法向海关提交足额有效的税款担保。

②跨境电商出口单证放行

出口业务单证及责任主体如表 6-1 所示。

表 6-1　出口业务单证及责任主体

序号	业务单证	责任主体
1	出口清单 CEB603Message	电商企业或其代理人
2	电子订单 CEB303MEssage	电商企业或电商平台
3	收款单 CEB403Message	电商企业
4	运单 CEB505Message	物流企业
5	运抵单 CEB507Message	海关监管作业场所经营企业
6	离境单 CEB509Message	物流企业
7	清单总分单 CEB607Message	电商企业或其代理人
8	撤销申请单 CEB605Message	电商企业或其代理人
9	汇总申请单 CEB701Message	电商企业或其代理人
10	退货申请单 CEB213Message	电商企业或其代理人
11	退货理货明细单 CEB215Message	海关监管作业场所经营企业

出口业务申报模式：报关单或备案清单（单票低于 5000 元人民币且不涉证、不涉检、不涉税的货物，可以申报清单）。

出口数据流向：汇总申请单：汇总结果单＝1：n；汇总结果单：汇总报关单＝1：1。出口数据单据关系如图6-3所示。

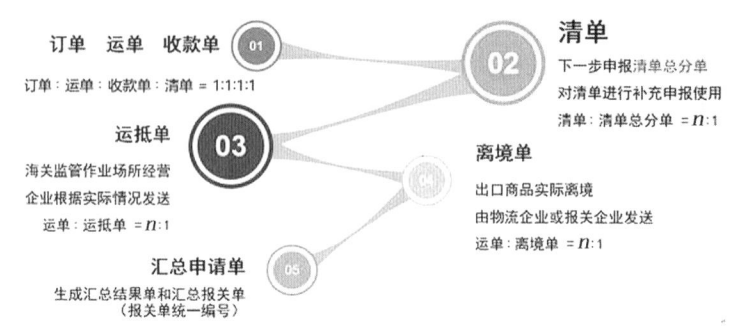

图6-3　出口数据单据关系图

出口交易管理：查询出的数据为未结关的数据。可通过该功能模块进行订单查询（未审结）、订单查询（已审结）、收款单查询（未审结）、收款单查询（已审结）。清单与订单的关系为：清单：订单＝1：1。

出口物流管理：物流企业根据订单的物流运输安排形成的物流运单，如图6-4所示。监管场所企业可在显示的查询结果中，点击蓝色"预录入编号"字段，页面将会跳转到运抵单未审结详情界面。

图6-4　出口物流运单、离境单查询截图

出口清单管理：

清单录入：企业向海关申报清单时，会自动触发系统向海关同步发送订单、运单及付款单，连同清单共计四单。海关在接收到清单后，立即开展四单比对审核，确保申报信息的准确性与一致性。

清单查询：在清单查询功能模块，企业可看到查询结果列表。点击蓝色"预录入编号"字段，系统将自动跳转至清单详情界面。企业仅能对页面所展示的清单详细信息进行查看，无法执行修改、删除等任何编辑操作。

清单总分单：向海关申报清单总分单数据，用以对清单进行补充申报。

汇总申请单申报：根据集中申报周期，电商企业将一段时间内的出境清单进行汇总，归并形成报关单后向海关申报。

汇总申请单查询：当清单完成结关流程后，申报企业需及时申报汇总申请单数据。

海关在接收到申报企业提交的汇总申请单数据后，生成汇总结果单及汇总报关单，以满足后续的监管与业务需求。

2. 跨境电商实货放行

（1）跨境电商进口商品实货放行

"9610"模式下，海关只需对跨境电商企业事先报送的出口商品清单进行审核，通过海关验放后就可以直接提货。

"1210"模式下的跨境电商进口商品实货放行大体上要经历两个环节。

①商品一线入区

企业申请的清单和入区核放单经海关审批通过后，货物从境外进入海关特殊监管区域或保税物流中心（B型）保税仓，理货上架，同时核增海关底账。

网购保税进口商品按照个人自用进境物品监管，不执行有关商品首次进口许可批件、注册或备案要求，但相关部门明令暂停进口的疫区商品，以及出现重大质量安全风险的商品启动风险应急处置时除外。

享受跨境电商试点城市优惠政策的区域报关的贸易方式为：保税电商（代码1210），不需要提交通关单。

其他区域报关的贸易方式为：保税电商A（代码1239），需要提交通关单。

②商品二线出区

出区申报。具体流程为：订购人购买商品—相关企业向海关推送三单信息—海关比对三单信息。

货物放行。申请出区核放单经海关审批通过，车辆出卡口时，海关会对车辆或申报清单进行抽查，查验无异常的，货物直接出区。

退货。如果涉及退货，电商企业应在海关放行之日起30日内提交《中华人民共和国海关跨境电子商务零售进出口商品退货单》申请退货。

（2）跨境电商出口商品实货放行

跨境电商商品出口一般是通过海关特殊监管区域进行，因此其实货放行要经历入区通关和出区通关两个环节。

①入区通关

出口报关单申报成功后，企业申报入区核放单，货物运抵海关特殊监管区域。

货物通过特殊区域卡口时，车辆凭入区核放单验放，海关进行随机布控查验，查验无异常的，海关予以放行，查验有异常的，转入相应部门处理。

海关放行后，货物可以入区进行理货上架，向海关发送运抵报告，将货物存入保税仓库。

②出区通关

清单申报，海关将对订单信息、运单信息和支付信息进行"三单"对碰的逻辑校验，通过校验的，向海关推送。

出区核注清单申报、备案清单申报（特殊区域出口海外仓零售模式）、跨境电商货物离开海关特殊监管区域前，进行出区核放单申报。

在保税仓库根据订单和运单信息完成理货、打包、贴面单等事项，完成出区前的准备工作。海关特殊监管区域的卡口严格验核出区核放单，对已验核通过的车辆执行自动放行操作，车辆过卡口的同时，系统针对出区核放单所关联的商品信息，同步进行自动核扣处理。

智关强国

青岛空港启用首条出口快件智能分拣线

2023 年 6 月 1 日，青岛胶东国际机场快件监管中心大厅内，搬运工人将出口快件从货车卸到传送履带上，自动扫描设施获取快件面单信息，比对数据库海关审核指令后，仅需 0.1 秒即可发出指令至分拨器进行分拨，快件自动流向放行、查验、待审核、未报关等不同货物处置线路。这是青岛胶东国际机场首条投入运营的快件智能分拣流水线。

这条智能分拣线涉及信息获取、指令分析、处置传达等十余项技术，由输入装置、集中控制装置、读码装置、含集货功能的分拣格口以及传送履带组成，其中的关键核心是分别设置在陆侧和空侧区域的 2 台六面自动扫描设施。无论包裹哪一面朝上，无论面单在哪个位置，自动扫描设施均能迅速识别获取，并快速比对数据库中的报关数据，按照不同的回执分拨至不同的线路进行下一步处理。

其中，经海关单证审核并验核无误收到放行指令的快件，自动分拨流向机场安检 X 光机开展安全检查进入空侧，再通过空侧的自动扫描设施，根据出境目的地信息，自动"奔向"对应的 11 个格口，等候打板装箱发往对应的海外转运中心。

青岛胶东机场海关采用"嵌入式"顺势监管模式，及时在国际贸易"单一窗口"反馈出口快件申报回执信息，引导企业利用自有的关务数据处理系统，将回执信息同步至智能分拣线数据处理系统，监管链嵌入企业作业链，实现出口快件自动快速分拣。出口快件智能分拣线运营首日，共分拣出口快件 4266 件，海关查验 76 件，整体运行效率较以往提升约 40%。

海关深化智慧监管，不断加强科技装备投入和应用推广，通过建立过机图像集中审核中心，拓展智能审图应用领域，持续优化算法升级，实现同屏比对人工审图和智能审图算法的优势叠加，实现智慧查缉，助力空港外贸保稳提质。

资料来源：海关总署官网，有删改

操作示范

一、接收查验通知

通过查看查验结果推送短信或上网查询，可以及时了解查验进程；如果报关单是放行结论，可以去通关部门或者码头现场进行放行操作；如果是转人工结论，可以去人工查验部门进行陪同查验。海关查验通知单如下所示：

海关查验通知单

海关编号：310120231218606345

宁波友达物流有限公司：

你单位于 2024 年 12 月 25 日所申报货物，经审核现决定实施查验，请联系港务等相关部门作好准备，于 12 月 28 日派员配合海关查验。

特此通知。

运货方式	水路运输（2）		提运单号	KKLUNB5303883A	
存货地点	宁波海关（3101）		申报毛重（KG）	80	
包装种类	纸箱（2）	申报件数 142	申报净重（KG）	56.8	
序号	商品编码	商品名称	数量单位	总值	
1	330510010	韩国紫吕防脱固发洗发水	400mL（油性）1092 千克	10570 美元	

联系人：×××　　　联系电话：3190803

经办关员：×××

签收人：

北仑海关（3104）
2024 年 12 月 25 日

注：海关查验通知一式两联，第一联报关单位留存，第二联海关留存。

二、明确查验到场陪同方式

收发货人或其代理人应提前确认查验到场陪同方式，并在报关单备注栏进行填写，具体规则如下。

如选择委托存放货物的海关监管作业场所经营人到场协助海关实施查验的，填写"<CY 委托查验>"（英文半角符号，"CY"均为大写，下同）；选择告知海关无法到场、在收发货人或其代理人不到场的情况下实施查验的，填写"<CY 不到场查验>"；选择到场陪同海关实施查验的，填写"<CY 自行陪同查验>"。

三、资料提供

对于选择"委托查验"和"不到场查验"方式的货物，收发货人或其代理人需要尽快在宁波舟山港集团"易港通平台"提供查验所需的相关资料，以便尽快完成移箱；未能及时提供资料的，宁波舟山港集团将通过电话等方式进行提醒。收发货人或其代理人可在宁波舟山港"EDI统一服务平台"和"易港通平台"查询查验进度情况。本案例中查验到场陪同方式为"自行陪同查验"，因此，关慧通需要准备与查验货物相关的单证，如发票、箱单、合同、提运单、报关单、中文标签（原文标签）、产地证、自由销售证书、化妆品收发货人备案号等。除此之外，由于查验商品"紫吕防脱固发洗发水"含有人参提取物成分，根据《进出口野生动植物种商品目录》附录，人参属于濒危物种，属于《进出口野生动植物种商品目录》所列监管进出口商品，根据商品编码查询监管条件为"ABEF"，因此，该商品还需要提供《入境货物通知单》和《濒危物种允许进口证明书》。同时，由于韩国紫吕防脱固发洗发水具有防脱发功效，属于特殊化妆品，因此，还需要提供特殊化妆品进口批件——《国妆特进字J20220001》。

四、移箱作业安排

通关部门在下达查验指令时，通过参数设定，由计算机随机选定倒箱方式。通关部门将移箱指令电子传输至查验部门和港务部门。港务部门接收到指令后，移箱至查验平台做好开箱、倒箱准备。移箱到位后，将信息电子传输至查验部门。对于选择"委托查验"和"不到场查验"方式的货物，宁波舟山港集团相关海关监管作业场所经营人将根据各口岸隶属海关作业计划、移箱指令产生的时间顺序和出口船期计划，直接将集装箱移至查验作业场地；选择"自行陪同查验"的，应及时根据查验作业安排配合海关实施查验。

选择到场查验方式的，报关员凭查验预约凭证与查验通知书先去港区业务室办理港区查验接单，带着港区出具的查验作业单到海关查验科领取新的封志号、施封记录单，确认货物所在位置，并准备好查验货物所需的通关单证。

五、现场查验

海关查验关员确认集装箱号及封条号后，通知监管场所搬运工人开柜，并按海关查验指令进行掏箱卸货及堆放。进出口货物收发货人或代理人陪同海关查验，按照海关要求搬移货物，开拆和重封货物的包装，并按海关要求提供查验货物所需的单证，回答海关提出的问题。

六、查验结论

海关查验没有异常的，查验人员在《海关查验记录单》上填写相关查验情况及处置结论，收货人或其代理人签名确认后再转交查验科科长复审签字，海关关员在系统上录入查验结果及办理放行手续。

知识链接

海关查验相关知识

海关查验是指海关在接受收发货人或其代理人的申报后，依法确定进出境货物的性质、原产地、货物状况、数量和价值是否与货物申报单上已填报的详细内容相符，对货物进行实际检查的行政执法行为。

二维码 6-1　海关布控查验类型

海关对进出口货物的布控查验分为计算机布控和人工布控两类，其中人工布控包含舱单布控、预定布控、预警布控、即决布控和随机布控五种指令。

二维码 6-2　海关查验方式

海关查验的方式主要分为机检查验、人工查验以及机检加人工查验。根据查验的比例和程度，又分为外型查验、开箱查验、彻底检查、抽查和机检查验等。除上述方式外，在查验现场，现场关员也会根据实际情况，实施径行开验、优先查验或复验。

海关查验主要查验的内容有核对品名、规格、数量、重量、价格、件数、唛头、产地、归类、新旧等，检查车体、箱体，是否夹藏、是否侵权以及取样送检等。

海关查验流程主要有以下几个环节：

1. 接收查验通知单。分为电子通知单和纸质通知单两种形式。电子通知单可以在"单一窗口"查询，海关确认需要查验货物之后，现场接单员会打印《查验通知单》纸质版，交由报关员。

2. 确认查验时间、地点。海关会按照人员和岗位来安排查验时间，通常会安排在打印通知单的第二日进行查验。

3. 现场查验。在海关查验货物过程中，货物的收发货人或其代理人需要到场，且要根据海关的要求负责搬移货物、开拆与重封货物包装，并如实回答查验人员的询问以及提供必要的资料。需要时，也可以申请免于到场协助查验。

4. 查验结束后，查验人员应当如实填写查验记录并签名，在场的进出口货物收发货人或者其代理人应当对查验记录进行校对，如校对无误应签名确认，如收发货人或者其代理人对海关查验结论有异议，可以向海关提出复验要求。

二维码 6-3　海关查验费用

海关查验是免费的，但货物收发货人及代理人必须把货物移到海关指定的查验场地，按海关要求拆分包装，在此过程中产生利用码头资源和人工所产生的费用要由货物收发货人自行承担。

二维码 6-4　海关查验损失赔偿

技能报国

赛题解读：海关查验关务操作方案

天津 A 企业以货样广告品的贸易方式空运出口货物，因归类错误影响了海关统计，海关将该批货物移交缉私局处理。A 企业在办理完缉私局手续后将货物退关运回 A 企业。作为关务师，请设计该项业务的操作方案。

根据对报关及相关企业的调研和咨询，在关务操作上的基本处理思路如下：

1. 该批样品已经移交缉私局，说明货物已经经过海关查验，并在查验过程中被发现归类错误，所以 A 企业将面临海关行政处罚，关务师应持查验通知书、查验记录单、发票、箱单、样品说明、样品照片等单证前往海关缉私局，取回"海关处罚决定书"。

2. 带上"海关处罚决定书"去银行缴清罚款，拿到银行回执。

3. 带上相关银行回执返回海关缉私局，获取与海关业务现场相关的工作联系单，准备办理删改单手续。

4. 带上工作联系单、填好的报关单修改/撤销申请表与发票、箱单和样品说明等单证，前往海关综合业务科办理删改单手续，并获取退关联系单。

5. 带上退关联系单前往货物所在的海关监管仓库，获取出库单，将货物运回 A 企业。

任务 6-2　跨境电商退货申报

一、跨境电商网购保税零售进口商品退货申报

为进一步畅通退货渠道，形成跨境电商渠道闭环，提升跨境电商便利化水平，根据《关于跨境电子商务零售进出口商品有关监管事宜的公告》（海关总署公告 2018 年第 194 号）及《关于跨境电子商务零售进口商品退货有关监管事宜的公告》（海关总署公告 2020 年第 45 号），允许跨境电商企业境内代理人或者其委托的报关企业对"1210 网购保税进口"方式进口的全部或部分商品向海关申请开展退货业务。通过国际贸易"单一窗口"或跨境电商通关服务平台向原验放海关发起退货申请，跨境电商企业及其境内代理人须验核退货商品是否为原跨境电商零售进口商品，并对此承担相关法律责任。具体流程如图 6-5 所示。

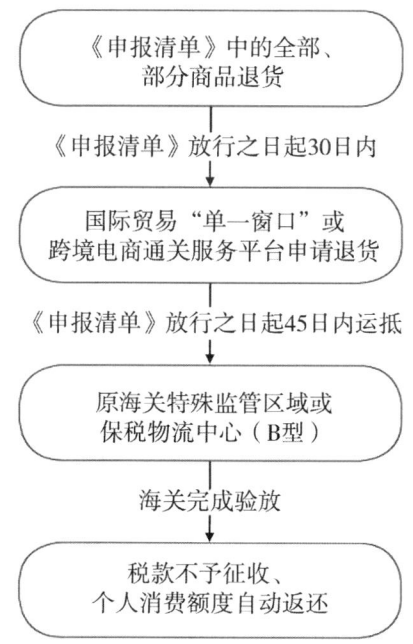

**图 6-5　跨境电商网购保税零售
进口商品退货流程**

第一步，消费者在购买渠道上发起退货申请，电商企业审核通过，通过物流企业回收并核实商品。

第二步，退货企业可以对原《申报清单》内全部或部分商品申请退货。可以通过国际贸易"单一窗口"或跨境电商通关服务平台申请退货。

第三步，退货企业须在《申报清单》放行之日起 30 日内提交退货申请，并且退货商品须在《申报清单》放行之日起 45 日内运抵指定地点。"9610"直购进口商品应运抵原海关监管作业场所；"1210"网购保税进口商品应运抵原海关特殊监管区域或保税物流中心（B 型）。如满足上述条件，相应税款将不予征收，同时消费者个人年度交易累计金额也会进行相应调整。

第四步，如果商品是"9610"直购进口的，商品退回原海关监管作业场所通过海关验收后，税款不予征收，个人消费额度自动返还，商品退货成功，退回商品通过境外物流运回商品所在地。如果商品是"1210"网购保税进口的，需要在"单一窗口"录入二期账册核注清单及核放单，商品退回原海关特殊监管区域或保税物流中心（B 型）通过海关验收后，运回仓库可以重新上架销售或作其他处理，原区域（中心）的跨境电商进口底账相应核增，相应税款不予征收，个人消费额度自动返还。

二、跨境电商特殊区域出口商品退货

为保证跨境电商特殊区域出口商品退货管理的规范有序，退货企业必须已在海关开展跨境电商出口业务并建立退货商品流程监控体系，能够主动向海关开放生产作业系统，同海关账册系统联动印证，并承担相关法律责任。企业应提前申请设立账册并按照不同账册类型实施严格退货管理："1210 包裹零售出口"商品退货，应退回原跨境电商出口账册；"1210 出口海外仓零售"商品（包括消费者正常原因或滞销商品）退货，应退回原海外仓账册。此外，跨境电商特殊区域出口的商品退货，可按规定流转至区内其他保税物流账册，海关按照现行规定实施保税监管。具体的退货流程因出口模式的不同略有差异。

1. 跨境电商特殊区域包裹零售出口商品退货

（1）退货申请

企业通过国际贸易"单一窗口"或跨境电商通关服务平台向海关提交退货申请，需要注意的是：退货申请的商品种类、数量等不得超出原出口清单的商品种类和数量范围，电商企业、平台企业须与原出口清单一致。系统自动审核并生成《中华人民共和国海关跨境电子商务零售进出口商品退货单》（以下简称《退货单》）。

（2）到货管理

在《退货单》放行前，跨境电商退货商品应存放在符合海关监管要求的退货商品理货区、待放行区。监管作业场所运营人按规定进行盘点，并向海关发送到货信息。

（3）入区管理

海关通过机检、人工查验加强对退回商品的监管，可利用商品的标识和企业数据库抽查等方式核对货物相关信息。查验在特殊区域外监管作业场所进行的，查验无误后退货商品应按现行规定返回原特殊区域，同时采取措施加强途中监管。

（4）申报核注清单

区内企业汇总已放行的《退货单》，向海关申报核注清单。核注清单审核通过后，对应的原特殊区域的跨境电商出口底账相应核增。

（5）退运至境内区外

以《退货单》方式从境外原状退回特殊区域的退货商品，需办理出区退至境内区外的，原境内出口企业应在原出口进区报关单放行之日起1年内，以退运货物（4561）监管方式向主管海关申报进口报关单，在报关单备注栏首位填写原出口报关单号，并提交不涉及退税或未退税、退税已补税等相关证明材料。经海关审核同意后准予不征税复进口至境内区外，如图6-6所示。

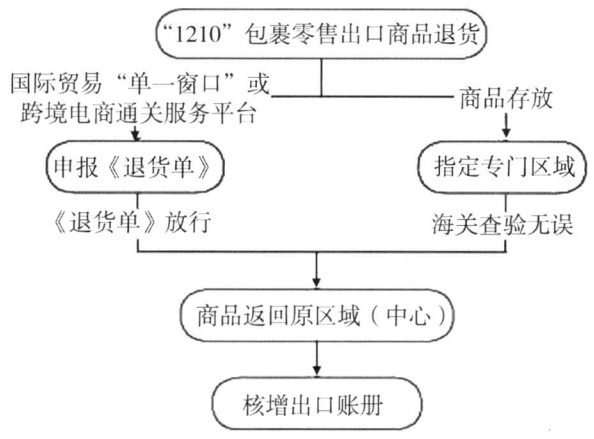

图6-6 "1210"包裹零售出口商品退货流程

2. 跨境电商特殊区域出口海外仓零售商品退货流程

（1）出口申报

企业通过国际贸易"单一窗口"按保税电商（1210）方式向海关申报出境核注清单和报关单/备案清单。

（2）退货申报管理

退货商品由境外退运至原特殊区域时，区内企业向海关申报保税核注清单，根据保税核注清单数据归并生成进口报关单/进境备案清单，并在报关单/备案清单录入界面"业务事项"选项中勾选"跨境电商海外仓"选项，监管代码为退运货物（4561），在备注栏首位填写区内原出口报关单号/出境备案清单号。

（3）入区管理

对跨境电商特殊区域出口海外仓零售的退货商品，海关按照布控指令进行查验，并重点验核其是否为原出口商品复运进境。对出口海外仓商品及其退货，优先查验。

（4）账册核增

退货商品对应的进口报关单/进境备案清单审核放行后，对应特殊区域的原海外仓出口底账相应核增。

（5）退运至境内区外

从境外海外仓原状退回特殊区域的退货商品，因品质或规格等原因需出区进口至境内区外的，原境内出口企业应在原出口进区报关单放行之日起1年内以退运货物（4561）监管方式向主管海关申报进口报关单，在报关单备注栏首位填写原出口报关单号，并提交不涉及退税或未退税、退税已补税等相关证明材料。经海关审核同意后准予不征税复进口至境内区外，如图 6-7 所示。

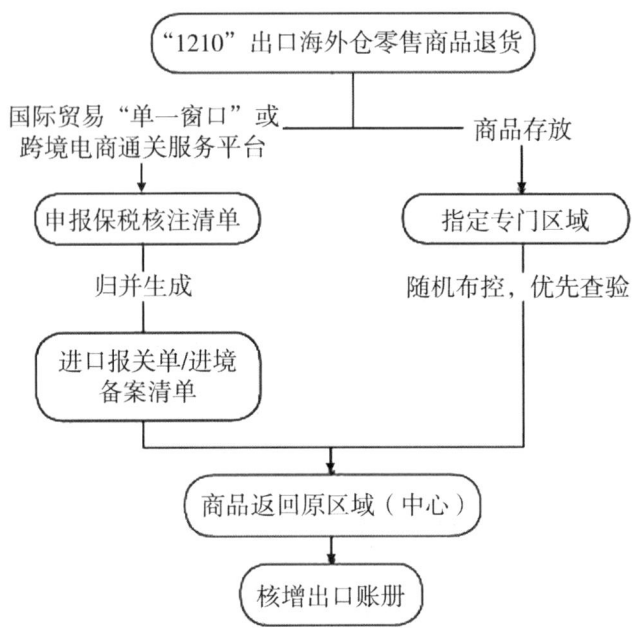

图 6-7   "1210" 出口海外仓零售商品退货流程

3. 其他涉及特殊区域的退货业务

（1）境外退运入区复出境

跨境电商出口商品仅需退回特殊区域再复出境的退货，按照退运货物（4561）退运申报进境入区。需要注意的是：进口报关单/进境备案清单备注栏首位填写"KJHW"。

（2）境内出口入区再退运至境内区外

境内出口入区的跨境电商商品再退运至境内区外的退货，原境内出口企业应在原出口进区报关单放行之日起 1 年内，向海关申报进口报关单。需要注意的是：报关单备注栏首位应填写原出口报关单号。

（3）海外仓现存货物的退货需求

目前海外仓内属于通过特殊区域出口、仍在退货时限内的跨境电商货物，如有因消费者正常退货或滞销等产生的退货需求，可以退运货物（4561）进境入区。

需要注意的是：进口报关单/进境备案清单备注栏首位应填写"KJHW"，同时在报关单备注栏填写原出口报关单/出境备案清单号。

智关强国

海关总署全面推广跨境电商零售进口业务商品条码应用

　　为促进跨境电商零售进口业务健康有序发展，推动外贸保稳提质，海关总署自 2023 年 2 月 10 日起在全国各关区推广跨境电商零售进口商品条码应用，我国跨境电商进口业务全面开启商品条码新时代。

　　商品条码（GTIN）是商品流通过程中的全球唯一身份标识，具有统一性、唯一性且全球通用的特点，是商品在全球终端消费市场流通的"身份证"和"通行证"，在很多行业，特别是快速消费品领域中得到了广泛应用。

　　将商品条码引入海关跨境电商管理，作为对商品识别的新技术支撑手段，推动标准化的信息传递和大数据交换，一方面，实现电商商城系统、仓库系统和清关申报系统数据的串联，在口岸查验、入库理货环节提升商品分类识别效率；另一方面，通过"凭码申报"，有效提高企业规范申报的准确性，简化申报手续，企业获得感大大增强。商品条码还能提高跨境商品透明度，来自全球的跨境商品都能有据可查、有源可循，从而真正实现跨境商品"放心买"。此外，海关可以运用商品条码更好地实现电商正面清单管理、食品安全、质量监测，也可与有关部门开展协作、综合治理，从而营造更加诚信、透明的电商生态，切实保障消费者权益。

　　跨境电商零售进口商品条码应用创新举措是海关深化通关改革的重要抓手，也是海关以"智慧海关"建设推动监管效能优化提升的重要体现，此举有助于对标更高标准国际规则，深入推进高水平制度型开放。

资料来源：海关总署官网，有删改

操作示范

　　下面以【代表性业务 3】中国纺织品出口美国通关业务为例进行展示，具体退货详情如下：2024 年 5 月 10 日，美国 Amazon 海外仓收到杭州智赢通过 1210 模式出口用于 Amazon 海外仓零售的床罩、被子、枕套等纺织品，其中已经售出的 20 条被子出现质量问题，经过协商，双方签订返货协议，决定将这 20 条被子退回至杭州瀚涵物流有限公司仓库并退回杭州智赢。杭州智赢委托宁波友达负责处理此笔业务。具体信息详见本书配套教学资源 XXY6-1、XXY6-2。

一、入区前准备

1. 确认商品是否符合退运条件

根据财政部、海关总署、税务总局发布的 2023 年第 4 号公告《关于跨境电子商务出口退运商品税收政策的公告》规定，跨境电商商品退运必须符合"原状退运进境"条件。"原状退运进境"是指出口商品退运进境时的最小商品形态应与原出口时的形态基本一致，不得增加任何配件或部件，不能经过任何加工、改装，但经拆箱、检（化）验、安装、调试等仍可视为"原状"；退运进境商品应未被使用过，但对于只有经过试用才能发现品质不良或可证明被客户试用后退货的情况除外。因此，宁波发达的关慧通与杭州智赢进行信息确认，确定此次退回的商品"20 条被子"符合跨境电商退货条件。

2. 确认退货模式

关慧通根据代理报关委托协议内容和委托人提供的质量检测报告、返货协议等单证资料，确认该笔退货业务符合《关于全面推广跨境电子商务出口商品退货监管措施有关事宜的公告》（海关总署公告 2020 年第 44 号）规定情形，"跨境电商出口海外仓及特殊区域出口海外仓零售模式仅适用因品质或规格原因向海关办理出口商品退货申请"。因此，该笔退货适用于"1210 特殊区域出口海外仓零售"出口退货模式。于是，关慧通按照该模式退运流程进行操作，并确认退货商品"被子"在保税物流账册中的顺序号为"2"。

二、一线进境申报

1. 进口保税核注清单申报

退运货物首先是返回到海关特殊监管区域中的杭州瀚涵物流有限公司仓库内，因此，需要先申报进口保税核注清单。关慧通认真审核完相关单证并了解到，这批货物的企业内部编号为"YINGLI ZHIYING 2 箱"，于 2024 年 5 月 10 日根据《保税核注清单填制规范》在"单一窗口"录入进口保税核注清单，并选择系统在核注清单自动生成备案清单表体草稿，如图 6-8 所示。

根据以上填报规范和业务信息，进口保税核注清单空白表格与操作示范详见本书配套教学资源 SCY6-1，申报后的保税核注清单统一编号为 QD299123I000010357。

保税核注清单(进口)

(仅供核对使用)

打印日期：20240510

预录入统一编号	202300000091759253	清单编号	QD299123I000010357	清单类型	普通清单	手(账)册编号	T2991W000789
经营单位编码	330166000M	经营单位社会信用代码	91330101MA26W8G089	经营单位名称	杭州瀚滔物流有限公司	加工单位编码	330166000M
加工单位社会信用代码	91330101MA26W8G089	加工单位名称	杭州瀚滔物流有限公司	申报单位编码	330166000M	申报单位社会信用代码	91330101MA26W8G089
申报单位名称	杭州瀚滔物流有限公司	录入单位编码	330166000M	录入单位社会信用代码	91330101MA26W8G089	录入单位名称	杭州瀚滔物流有限公司
录入日期	20240510	清单申报日期	20240510	清单进出卡口状态	未过卡	核扣标志	预核扣
企业内部编号	YINGLI KANGBO 2箱	进境关别	杭州综保	主管海关	杭州综保	启运国(地区)	中国
料件、成品标志	料件	监管方式	退运货物	运输方式	水路运输	申报表编号	
流转类型		报关标志	报关	报关类型	对应报关	报关单类型	进境备案清单
关联清单编号		关联手(账)册备案号		关联报关单编号		关联报关单申报日期	
关联报关单境内收发货人编码	3316962697	关联报关单境内收发货人社会信用代码	91330109710777777A		关联报关单境内收发货人名称	杭州智赢纺织有限公司	
关联报关单生产销售(消费使用)单位编码	3316962697	关联报关单生产销售(消费使用)社会信用代码	91330109710777777A		关联报关单生产销售(消费使用)单位名称	杭州智赢纺织有限公司	
关联报关单申报单位编码	3301280014	关联报关单申报单位社会信用代码	91330200MA29888888		关联报关单申报单位名称	宁波友达物流有限公司	
操作员卡号	2020040136884	备注					

表体

商品序号	报关单商品序号	备案序号	商品料号	商品编码	商品名称	规格型号	原产国(地区)	最终目的国(地区)	币制	申报单价	申报数量	申报计量单位	申报总价	法定数量	法定计量单位	第二法定数量	法定第二计量单位	征免方式	单耗版本号	自动备案序号	危化品标志
1	1		yl-kb-00003	9404404000	被子	无等	中国	中国	美元	16.5364	20	条	331.27	46.8	千克	20	件	全免			否

报关单草稿

报关单统一编号	商品序号	商品编码	商品名称	规格型号	申报单价	申报数量	申报计量单位	申报总价	申报币制	原产国(地区)	最终目的国(地区)
E20230001019117667	1	9404404000	被子	无等	16.5364	20	条	331.27	美元	中国	中国

图 6-8　进口保税核注清单表体信息

2. 进境货物备案清单申报

关慧通根据核注清单申报成功后系统自动生成的备案表体草稿，按照备案清单填制规范完善备案清单信息，将备案清单表头、表体信息补充完整，形成备案清单申报数据，完成备案清单录入操作并保存备案清单相关数据。进境备案清单表格与操作示范详见本书配套教学资源 SCY6-2。其中，在备案清单录入界面“业务事项”选项中勾选“跨境电商海外仓”选项，监管代码为退运货物（4561），在备注栏首位填写“PGTY+原出口报关单号”，即“PGTY299120230000006385”。进境备案清单整合申报录入后的核对单如图 6-9 所示。

中华人民共和国海关进境货物备案清单

预录入编号： 29912023000006385		海关编号： 29912023000006385		页码/页数：	
境内收货人 (91330101MA26W8G089) 杭州瀚涵物流有限公司	进境关别（2228） 洋山港区	进境日期	申报日期 20240510	备案号 T2991W000789	
境外发货人 Amazon	运输方式（2） 水路运输	运输工具名称及航次号 COSCO PORTUGAL/057D	提运单号 COSU803698913385	存放地点 杭州瀚涵物流有限公司仓库	
销售使用单位 (91330101MA26W8G089) 杭州瀚涵物流有限公司	监管方式 （4561） 退运货物	征免性质	许可证号	启运港 美国	
合同协议号 AMZHTTY00015-49	贸易国（地区） (USA) 美国	启运国（地区） （USA） 美国	经停港 （USA000） 美国	入境口岸 （311002） 洋山港	
包装种类 (22) 纸制或纤维板制品/箱	件数 2	毛重（千克） 48.8	净重（千克） 46.8	成交方式(1) CIF	运费	保费	杂费

随附证：
随附单证 1:保税核注清单 QD299123I000010438 随附单证 2:代理报关委托协议（电子）

标记唛码及备注
备注:跨境电商海外仓,PGTY29912023000006385 全国通关一体化,海运拼箱货 N/M 集装箱标箱数及号码：1;TGBU4788047;

项号	商品编号	商品名称及规格型号	数量及单位	单价/总价/币制	原产国（地区）	最终目的国（地区）	境内目的地
1（2）	9404404000	被子 4|2|化纤棉填充 |MOMTEC|68"*88"	46.8 千克 20 条 20 条	16.5364 744.14 美元	中国 (CHN)	中国 (CHN)	(330109杭州其他/杭州儞山区)

特殊关系确认：否	价格影响确认：否	支付特许权使用费确认：否	公式定价确认：否	暂定价格确认：否	自报自缴：否
报关人员	报关人员证号 29104314 电话	兹声明以上内容承担如实申报、依法纳税之法律责任			海关批注及签章
申报单位：91330200MA29888888 宁波友达物流有限公司		申报单位（签章）			

图 6-9　进境备案清单整合申报录入后的核对单

3. 货物入区

当申报的进境备案清单获得海关审批通过后，可直接办理入区核放单申请手续，核放单类型为"一线一体化进出区"。货物入区后，存放在专门指定区域，由海关进行随机布控查验，跨境电商海外仓货物可以优先查验。由于本票货物没有被海关抽中查验，因此货物可以返回原来的海关特殊监管区域，进入杭州瀚涵物流有限公司仓库。

4. 账册核增

正常入区核放单过卡后，关联的进口保税核注清单数据状态更新为海关终审通过，核扣标志为"已核扣"，对应海关特殊监管区域的原跨境电商海外仓出口底账相应核增。

三、退运至境内区外

1. 出口保税核注清单申报

退运商品"被子"需要从海关特殊监管区域退回至杭州智赢公司，因此，需要进行二线出区申报。首先是申报出口保税核注清单，将退运商品的数量、规格等信息如实填报后向海关申报，其中，核注清单类型为"保税电商"而不是"普通清单"，手（账）册编号仍然为公司的物流账册编号 T2991W000789，监管方式为"退运货物"而不是"保税电商"，运输方式为"保税港区"。出口保税核注清单空白表格与操作示范详见本书配套教学资源 SCY6-3，申报生成的核注清单编号为 QD299123I000010462。出口保税核注清单表头和表体信息分别见图 6-10、图 6-11。

保税核注清单(出口)

(仅供核对使用)

预录入统一编号	20230000091767529	清单编号		清单类型	普通清单	手(账)册编号	T2991W000789
经营单位编码	330166000M	经营单位社会信用代码	91330101MA2BA8G089	经营单位名称	杭州碗涵物流有限公司	加工单位编码	330166000M
加工单位社会信用代码	91330101MA2BW8G089	加工单位名称	杭州碗涵物流有限公司	申报单位编码	3301660 00M	申报单位社会信用代码	91330101MA2BW8G089
申报单位名称	杭州碗涵物流有限公司	录入单位编码	330166000M	录入单位社会信用代码	91330101MA2ZW7G453	录入单位名称	杭州碗涵物流有限公司
录入日期	20240510	清单申报日期		清单进出卡口状态		核扣标志	
企业内部编号	YINGLI KANGBO 2箱	出境关别		主管海关	杭州综保	运抵园(地区)	中国境内
料件、成品标志	料件	监管方式	退运货物	运输方式	保税港区	申报表单编号	
流转类型		报关标志	报关	报关类型	对应报关	报关单类型	进口报关单
关联清单编号		关联手(账)册备案号		对应报关单编号		对应报关申报单位代码	3301280014
对应报关申报单位社会信用代码	91330200MA29888888	对应报关申报单位名称	宁波友达物流有限公司				
操作员卡号	2010040120638	备注					

表体																	
商品序号	报关单商品序号	备案序号	商品料号	商品编码	商品名称	规格型号	原产国(地区)	最终目的国(地区)	币制	申报单价	申报数量	申报计量单位	申报总价	法定数量	法定计量单位	第二法定数量	第二法定计量单位	征免方式	单耗版本号	自动备案序号	危化品标志
1	1	1043 1	yl-kb-00003	940440 4000	被子	无等	中国	美国	美元	16.536 4	20	条	331.27	46.8	千克	20	件	全免			否

图 6-10 出口保税核注清单表头信息

表体																	
商品序号	报关单商品序号	备案序号	商品料号	商品编码	商品名称	规格型号	原产国(地区)	最终目的国(地区)	币制	申报单价	申报数量	申报计量单位	申报总价	法定数量	法定计量单位	第二法定数量	第二法定计量单位	征免方式	单耗版本号	自动备案序号	危化品标志
1	1	1043 1	yl-kb-00003	940440 4000	被子	无等	中国	美国	美元	16.536 4	20	条	331.27	46.8	千克	20	件	全免			否

报关单草稿										
报关单统一编号	商品序号	商品编码	商品名称	规格型号	申报单价	申报数量	申报计量单位	申报总价	申报币制	原产国(地区)	最终目的国(地区)
	1	9404404000	被子	无等	16.5364 4	20	条	331.27	美元	中国	美国

图 6-11 出口保税核注清单表体信息

2. 进口报关单申报

关慧通根据核注清单申报成功后系统自动生成的报关单表体草稿,按照报关单填制规范完善备案报关单信息,形成进口报关单申报数据,完成报关单录入操作并保存报关单相关数据。进口报关单空白表格与操作示范详见本书配套教学资源 SCY6-4。进口报关单导出核对单如图 6-12 所示。

中华人民共和国海关进口货物报关单

预录入编号： 海关编号： 页码/页数：

境内收货人（91330109077777A） 杭州智赢纺织有限公司	入境关别（2991） 杭州综保	进口日期	申报日期 20240510	备案号 T2991W000789
境外发货人 NO	运输方式 保税港区	运输工具名称及航次号	提运单号	货物存放地点
消费销售单位（91330109077777A） 杭州智赢纺织有限公司	监管方式（4561） 退运货物	征免性质 一般征税	许可证号	启运港
合同协议号	贸易国（地区） 美国	启运国（地区） 中国	经停港 中国境内	入境口岸 杭州出口加工区

包装种类（22） 纸制或纤维板制盒/箱	件数 2	毛重（千克） 48.8	净重（千克） 46.8	成交方式(1) CIF	运费	保费	杂费

包装种类（22）
纸制或纤维板制盒/箱

随附单证
随附单证 1:保税核注清单 QD2991231000010462 随附单证 2:代理报关委托协议（电子）

标记唛码及备注
备注:跨境电商海外仓,PGTY299120230000006385

项号	商品编号	商品名称及规格型号	数量及单位	单价/总价/币制	原产国（地区）	最终目的国（地区）	境内目的地	征免
1	9404404000	被子 4|2|化纤棉填充|HOMTEC|68"*88"	46.8千克 20条 20条	16.5364 744.14 美元	中国 （CHN）	中国 （CHN）	（330109）杭州其他/杭州萧山区	照章征税

特殊关系确认：否 价格影响确认：否 支付特许权使用费确认：否 自报自缴：否

报关人员 报关人员证号 29104314 电话 兹申明以上内容承担如实申报、依法纳税之法律责任

申报单位：91330200MA29888888）宁波友达物流有限公司 申报单位（签章）

图 6-12 进口报关单导出核对单

其中监管方式填写“退运货物（4561）”，在报关单备注栏填写“跨境电商海外仓”、“PGTY+原出口报关单号”（即“PGTY299120230000006385”）。同时提交质量检测报告、退货记录（含跨境电商平台上的退货记录或拒收记录）、返货协议等作为退运原因说明材料，并提交不涉及退税或未退税证明材料。

当申报的进口报关单获得海关审批通过后，可直接办理出区核放单申请手续，核放单类型为“二线进出区”，并关联出口保税核注清单编号。审批通过后，装载货物车辆出区过卡，返回境内的杭州智赢公司，此时关联的出口保税核注清单核扣标志为“已核扣”，海关底账数据会自动完成库存核减。

智关强国

跨境电商“上链赋码”创新退货数字监管模式

针对退货商品监管的“痛点”和“堵点”，杭州综合保税区探索全国首个退货数字监管模式，推进进口退货商品“上链赋码”数智监管项目，将杭州综合保税区的进口退货商品监管能力由现在的每月5万件提升至30万件，确保了退货销售流程的真实可追溯，为退货管理的常态化提供有效措施保障。

杭州综合保税区以运单号为单元，海关信息化系统接收企业散落在销售、物流、退货服务等多个内部系统中的碎片化数据，按进口入区、销售出区、退货返区的时间轴纵向排序串联形成完整的物流数据链，进行逻辑校验，为海关后台风险研判提供依据，也为退货商品提供了溯源底账。

　　与此同时，钱江海关探索"退货码"作为退货商品唯一"身份证"。"退货码"作为海关监管的"数据窗口"，将物流、销售、监管等各环节数据具象化显现，使海关能够在数据库中识别、定位到这个商品，并沿监管数据链向前追溯到上一个零售、保税仓储乃至境外生产环节，在实施商品来源真实性和质量溯源的同时，又可将风险警示信息沿监管链向前传递至前道主管海关；向后则可追踪到下一个保税仓储、零售乃至再次退货环节，在实现商品去向闭环管理的同时，还可以将二次退货的商品识别出来作为质量安全监管的重点。

　　为进一步提高跨境电商进口包裹退货通关效率，在原有进口退货模式的基础上，杭州综合保税区打造跨境电商进口退货"上链赋码"数智监管系统，通过优化监管流程，利用 AI 摄像头、退货溯源系统等软硬件技术，将退货商品进行流水线机检，通过扫描退货码，调取商品全链条信息，由信息化系统自动实现图像比对、重量比对、风险信息研判等，并根据风险等级分别予以"红黄绿"着色，绿码商品自动放行，红黄码商品由现场海关根据风险提示进一步核验，在提高通关效率的同时，能有效防范风险，形成监管闭环。

资料来源：杭州海关官网，有删改

跨境电商退货政策

　　为进一步优化营商环境、畅通退货渠道，促进贸易便利化，海关总署发布了《关于全面推广跨境电子商务出口商品退货监管措施有关事宜的公告》，并专门发布了配套监管方案，为跨境电商出口进一步释放了政策红利。进口退货方面由《关于跨境电子商务零售进口商品退货有关监管事宜的公告》（海关总署公告 2020 年第 45 号）作了进一步细化，出口退货方面则有《关于全面推广跨境电子商务出口商品退货监管措施有关事宜的公告》（海关总署公告 2020 年第 44 号）为规范跨境电商出口退货保驾护航。下面从进口和出口两个方面介绍退货管理政策。

一、跨境电商零售进口退货政策

1. 适用范围

　　根据《关于跨境电子商务零售进口商品退货有关监管事宜的公告》（海关总署公告 2020 年第 45 号）规定，在跨境电商零售进口模式下，跨境电商企业境内代理人或其委托的报关企业（以下简称"退货企业"）可向海关申请开展退货业务。

2. 退货商品要求

　　根据《关于跨境电子商务零售进出口商品有关监管事宜的公告》（海关总署公告 2018 年第 194 号）规定，退回的商品须符合二次销售要求，跨境电商企业应对退回商品是否符合二次销售要求明确相应标准，并做好品控。跨境电商企业及其境内代理人应保证退货商品为原跨境电商零售进口商品，并承担相关法律责任。

3. 退货时间要求

退货企业应于《申报清单》放行之日起 30 日内提交退货申请，并且在《申报清单》放行之日起 45 日内将退货商品运抵指定地点。其中，"9610"直购进口商品退回原海关监管作业场所，"1210"网购保税进口商品退回原海关特殊监管区域或保税物流中心（B型）。

4. 退货流程

（1）跨境电商进口商品如需退货，请先联系销售企业确认符合退货条件，并按照企业指引退回商品，由电商企业向海关办理退货申请。

（2）企业通过中国国际贸易"单一窗口"或跨境电商通关服务相关平台向海关提出退货申请。

（3）企业将已申报退货的商品运抵原海关监管作业场所。

（4）现场海关对退货商品确认运抵，并根据相关要求实施验放。完成验放后，退货商品所对应的税款不予征收，并调整个人年度交易累计金额。

5. 个人年度额度调整

根据《关于跨境电子商务零售进口商品退货有关监管事宜的公告》（海关总署公告2020年第45号）规定，退货企业按要求办理退货后，相应税款不予征收，并调整消费者个人年度交易累计金额。但需要注意的是，退货的商品经海关验放后，个人年度额度才会返还。

二、跨境电商出口退货政策

1. 适用范围

跨境电商渠道出口退货适用以下3种模式：

（1）跨境电商零售出口（9610出口）：跨境电商企业通过跨境电商交易平台实现零售出口商品交易，根据海关要求传输相关电子数据，并通过跨境电商方式申报出口，将商品送达境外消费者的模式。

（2）跨境电商出口海外仓（9810出口）：境内企业通过跨境物流将货物出口至海外仓，通过跨境电商平台实现交易后从海外仓送达购买者，并向海关传输相关电子数据的模式。

（3）跨境电商特殊区域出口（1210）：包括跨境电商特殊区域包裹零售出口和跨境电商特殊区域出口海外仓零售两种模式。跨境电商特殊区域包裹零售出口是指对进入特殊区域的商品，通过电商平台完成销售后，在区内打小包并离境（1210）送达境外消费者的模式。跨境电商特殊区域出口海外仓零售是指国内企业将商品出口报关，进入特殊区域，在特殊区域内完成理货、拼箱后，批量出口（1210）至海外仓，通过电商平台完成零售后再将商品从海外仓送达境外消费者的模式。

需要注意的是，截至2025年6月底，"1210出口海外仓零售"的出口及退货业务仅允许在国内综合保税区和经批准设立跨境电商综合试验区的特殊区域内开展。

2. 企业资质

申请开展退货业务的跨境电商出口企业、特殊区域内跨境电商相关企业应当建立退货商品流程监控体系，应保证退货商品为原出口商品，并承担相关法律责任。

3. 退货管理

退货企业可以对原《中华人民共和国海关出口货物报关单》《中华人民共和国海关跨境电子商务零售出口申报清单》《中华人民共和国海关出境货物备案清单》所列全部或部分商品申请退货。

（1）跨境电商零售出口及特殊区域包裹零售出口模式下，出口商品可单独运回也可批量运回。

（2）跨境电商出口海外仓及特殊区域出口海外仓零售模式仅适用于因品质或规格原因向海关办理的出口商品退货申请。

（3）开展"9610"出口退货的商品应具有可验核的标识，以便海关抽核退货商品是否为原出口商品。退货商品不得是国家禁止进境的货物、物品，且应符合国家检验检疫有关要求。

4. 退货时间

跨境电商出口退货商品可单独运回也可批量运回，退货商品应在出口放行之日起1年内退运进境。

5. 退货申报

企业通过中国国际贸易"单一窗口"或跨境电子商务通关服务相关平台向海关提出退货申请，并提供相关资料。

6. 退回商品流向

特殊区域出口退货的商品主要有两种流向：

（1）退回原区域（中心）后需复运出境，企业须按照有关管理规定办理进境入区手续，在区内对退货商品在保税状态下进行仓储、分拣打包、加贴标签及运单等处置并复运出境。

（2）需退运至境内区外的商品，如不涉及退税或者能够提供税务部门未退税证明、退税已补税证明，经审核为原出口电商商品、自出口放行之日起1年内且属于因品质或规格原因退回的，准予复运进境并可不征税办理出区进口至境内区外的手续，出口退货商品可单独运回也可批量运回。

《关于进一步促进跨境电商出口发展的公告》（海关总署公告2024年第167号）提出，推广跨境电商零售出口跨关区退货监管模式。在北京、天津、大连、哈尔滨、上海、南京、杭州、宁波、合肥、福州、厦门、南昌、青岛、郑州、长沙、广州、深圳、黄埔、成都、乌鲁木齐海关20个直属海关开展跨境电商零售出口跨关区退货监管模式试点。允许跨境电商零售出口（9610模式）退货商品跨直属关区退货，退货商品应当退至开展跨境电商零售出口业务的海关监管作业场所（场地）。开展跨境电商零售出口跨关区退货业务的企业应规范经营，具备企业生产作业系统数据并向海关开放或与海关信息化系统对接。

智关强国

"一点退全国"，杭州钱塘区跨关区
退货业务新模式试点启动

2025年3月，一批退运回国的跨境电商包裹搭乘航班运抵杭州萧山国际机场，分别在杭州萧山国际机场东区货站和杭州综保区完成退货通关手续，退回国内商家手中。此前，这批跨境电商包裹从上海浦东机场口岸出口，因无法妥投、海外消费者退货等原因退回国内。这是杭州海关办理的首批跨境电商零售出口跨关区退货业务。这标志着，杭州综合保税区在全国率先打破了跨境电商网购保税零售进口商品"原进原出"的退货模式，实现跨关区退货业务新模式试点启动。

近年来，钱塘区在跨境电商领域制度方面敢于"啃硬骨头"，为适应跨境电商多品种、小频次、频繁交易的新特征大胆探索，形成了一系列创新成果。如打造退换货中心仓，在全国率先实现跨境电商网购保税零售进口超期退货和跨关区退换货；打破跨境电商网购保税零售进口商品"原进原出"退换货模式，实现了"一点退全国"等。

随着跨境电商零售出口跨关区退货模式的顺利落地，杭州综合保税区成为目前全国唯一开展过跨境电商零售进口、零售出口跨关区退货的特殊监管区。

资料来源：钱塘发布，有删改

课后习题

一、单选题

1. （　　）适合快速检查大批量货物。

A. 人工查验　　　　　B. 机检查验　　　　　C. 样本抽查　　　　　D. 全面开箱

2. 网购保税进口商品退回保税区后，可执行以下（　　）操作。

A. 直接销毁　　　　　B. 重新上架销售　　　C. 转为出口商品　　　D. 全额退税处理

3. "9610"直购进口模式下，跨境电商零售进口商品退货的退回场所是（　　）。

A. 原海关监管作业场所　　　　　　　　　B. 原海关特殊监管区域

C. 原保税物流中心（B型）　　　　　　　D. 原出口仓库

4. 跨境电商零售进口商品的退货应在海关放行之日起（　　）内由电商企业申请退货。

A. 15天　　　　　　　B. 30天　　　　　　　C. 45天　　　　　　　D. 90天

5. 跨境电商出口商品的退货应在出口放行之日起（　　）内退运进境。

A. 30天　　　　　　　B. 45天　　　　　　　C. 90天　　　　　　　D. 1年

二、多选题

1. 海关查验的方式主要有（　　）。

A. 抽查查验   B. 外形查验   C. 彻底查验   D. 开箱查验

2. 海关查验的主要内容包括（   ）。

A. 申报单内容与货物的一致性   B. 货物是否符合质量标准

C. 商品运输路径的合法性   D. 税费缴纳的合规性

3. 人工布控的指令主要分为（   ）和随机布控。

A. 舱单布控   B. 预定布控   C. 预警布控   D. 即决布控

4. "1210" 网购保税进口模式下，跨境电商零售进口商品退货的退回场所是(   )。

A. 原海关监管作业场所   B. 原海关特殊监管区域

C. 原保税物流中心（B 型）   D. 原出口仓库

5. 电商企业或其代理人需要负责（   ）的申报。

A. 电子订单   B. 运单   C. 清单   D. 退货申请单

三、判断题

1. 跨境电商海关查验的目的是确保申报内容与实际货物一致。（   ）

2. 跨境电商进口商品退货，只要通过电商企业审核后就可以调整个人年度交易累计金额。（   ）

3. 退货商品必须符合二次销售要求才能重新进入市场销售。（   ）

4. 跨境电商进口商品退货时间是货物放行之后的 45 日之内。（   ）

5. "1210 出口海外仓零售" 的出口及退货业务适用于所有跨境电商试点区域。（   ）

能力实训

1. 某电商企业通过跨境电商渠道零售进口一批含有 "人参根提取物、库拉索芦荟叶提取物" 的 DHC 蝶翠诗纯榄润唇膏，在通过海关查验时显示查验异常，您作为关务人员，请处理此异常情况。

2. 消费者通过跨境电商平台购买了两支口红，其中一支包装已经破损，现在消费者想要全部退货，请问是否可以退货，并说明理由。